本书为 2018 年教育部人文社会科学研究青年基金项目"中国互联网广告行业自我规制研究"（项目编号：18YJC860052) 的最终成果。

中国互联网广告行业自我规制研究

Research on Self-Regulation of
Internet advertising industry in China

张艳 著

人民出版社

目　录

绪　　论

一、研究缘起

伴随互联网媒体的快速发展，当前互联网平台已经成为广告发布的主阵地，自 2015 年我国互联网广告的总量就已经超越电视、广播、报纸与杂志四大传统媒体的总量。在互联网广告快速崛起，给行业主体带来丰厚利益的同时，一些虚假广告、低俗广告、流量造假、隐私泄露、不正当竞争等违法违规现象也屡屡发生。2018 年全国共查处广告违法案件 4.13 万件，其中互联网广告违法案件达 2.3 万件，同比增长 55%，占违法广告案件总数的一半以上。互联网成为广告违法案件数量占比最高的媒介，国家市场监督管理总局已将互联网广告专项整治工作列为 2019 年广告监管的重点任务。

互联网广告的各种失范问题不仅危害到互联网广告生态的健康发展，更影响消费者权益及社会健康发展，最终也会危及行业主体的自身利益。但是由于智能技术在互联网广告行业的深入应用，各种程序化广告、智能创意等新的广告形态不断出现，互联网广告已经不是原来意义上的广告，原有的广告内容生产方式、广告交易方式以及广告投放流程都发生了颠覆性变化。互联网平台上大量用户生成内容，使得广告内容也不再仅仅是单纯的创意表达，互联网广告数据信息实时的动态更新，具有较强的技术性和隐蔽性，存在政府监管难度大、监管成本高的特点，传统的广告规制模式与规制理念受到了多方面冲击。[①] 在传统政府主导型广告规制模式下，政府承担

---

① 参见窦锋昌：《新〈广告法〉的规制效果与规制模式转型研究——基于 45 起典型违法广告的分析》，《新闻大学》2018 年第 5 期，第 114 页。

着广告规制绝对的主力军作用,行业组织和社会个体采取的行动相对有限。在传统媒体时代,这种广告规制模式是有效的。但是在互联网时代,由于互联网广告行业的专业技术壁垒,采用常规的监管和治理方法具有严重滞后性。因此,我国互联网广告规制体系应当坚持动态化、智能化与定期评估的建设原则,注重从源头防范和过程管理,而不是单纯的事后处理。相较于政府规制,行业自我规制更符合互联网广告行业特点,能更快适应市场变化,付出的整体成本也小得多,管理过程更为动态。①

在美国、英国、澳大利亚以及新加坡等国家,广告行业主要以自我规制为主导,并将这种自我规制模式延伸至互联网广告领域。美国的广告规制经验显示,只有5%的违法广告案件最终会进入政府规制机构,其他都在行业自我规制组织内部得以解决。② 可见,国际上广告行业建立自我规制体系已成为各个国家规制改革的趋势。这里需要注意的是,自我规制并不等于完全自治,有效的自我规制也是有严格的前提条件的。一般而言,政府规制机构会起到提供法律保障与合规指引的支撑作用,确保规制目标的实现,政府规制作为支撑可以克服行业自我规制的执行不力问题。③

一个行业自我规制的最小条件有三个:一是有政府规制作为支撑,二是行业有发展动力,三是具有少数行业巨头。④ 中国自1997年3月出现第一则互联网广告至今已有24年的发展历程,政府部门通过法律条例与市场监管等规制方式为互联网广告市场自我规制提供了有力的支撑条件。2020年我国互联网克服全球疫情影响,互联网广告总收入达4971.61亿元,⑤ 2010年至2019年互联网广告市场规模复合增速达40%以上,已成为世界

---

① 参见 Sonny Zulhuda, Ida Madieha Abdul Ghani Azmi:《马来西亚社交媒体监管:选择与挑战》,《全球传媒学刊》2017年第2期,第58—79页。

② Edelstein Jeffrey S., "Self-Regulation of Advertising: An Alternative to Litigation and Government Action", *IDEA: The Journal of Law and Technology*, 43(3), 2003, pp.509-543.

③ 参见宋亚辉:《竞价排名广告规制的转型:从政府规制到受监督的自我规制》,《中国市场监管研究》2018年第4期,第40—47页。

④ 参见 Peng Hwa Ang:《新加坡的社交媒体广告规制》,《全球传媒学刊》2017年第2期,第47—57页。

⑤ 参见中关村互动营销实验室:《2020中国互联网广告数据报告》,2021年1月。

第二大的广告市场,①并呈持续增长态势,行业发展动力强劲。至 2019 年市场马太效应进一步强化,腾讯、阿里、百度、头条等几大行业巨头垄断了互联网广告市场近七成的份额。我国互联网广告行业已经具备自我规制的基本条件,行业主体在自我规制方面已经具有市场需求,并建立了一些自律标准,但是目前尚缺乏完善的自我规制体系。基于此,本书聚焦互联网广告行业自我规制,以规制理论为依据,结合国际实践经验与国内现实状况,从规制主体、规制内容、规制方式与规制目标等维度探究我国互联网广告行业自我规制体系运行框架,以期增强互联网广告行业自我约束、自我规范的意识与能力,发挥行业自我规制的重要作用。

二、研究框架与主要内容

互联网广告行业自我规制属于新兴研究领域,目前尚未有针对中国互联网广告行业自我规制的系统性研究成果出现。已有研究成果集中在广告产业政府规制与自我规制的比较研究、国际互联网广告自我规制的实践经验总结以及我国互联网广告相关问题的自我规制理念探讨几个方面。这些研究提供了广告行业自我规制的理论依据,肯定了广告业进行自我规制的可行性,反映出国际互联网广告规制实践中以行业自我规制为主导的发展趋势,对我国互联网广告行业自我规制具有启示意义,但并不具备完全参考性,并缺乏对行业自我规制全面系统的学理观照以及自我规制体系运行机制的深入研究。

中国互联网广告规制最大的问题是沿用"泛行政化"的广告管理体制,造成体制不顺和管理缺位。新《广告法》虽然将互联网广告纳入法律规范范畴,但对具体的互联网广告行为规范、监管、处罚仍不够清晰、准确。互联网广告的数字性、互动性以及可链接性等特征,使得实际运作中出现的许多新问题无法用现有的法律法规来解决;社会舆论监督管理虽日益发挥重要作用,但往往多作用于事后监督。因此,本书认为互联网广告规制不能机械

---

① 参见普华永道:《2018—2022 娱乐及媒体行业展望》,2018 年 6 月 6 日,见 http://finance.eastmoney.com/news/1365,20180607884726965.html。

照搬基于大众传播媒介环境建立起来的传统广告规制模式,应该按照互联网广告自身独特的规律和技术特点,以全新的规范逻辑和规制手段应对互联网广告行业市场的快速发展,并充分调动行业主体的参与和潜能,充分发挥行业多元主体的权力、技术和专业优势,建立起一套完善的行业自我规制管理体系。因此,本书基于我国互联网广告行业自我规制从理论、现实、策略几个维度展开探讨,研究框架如图 1 所示。

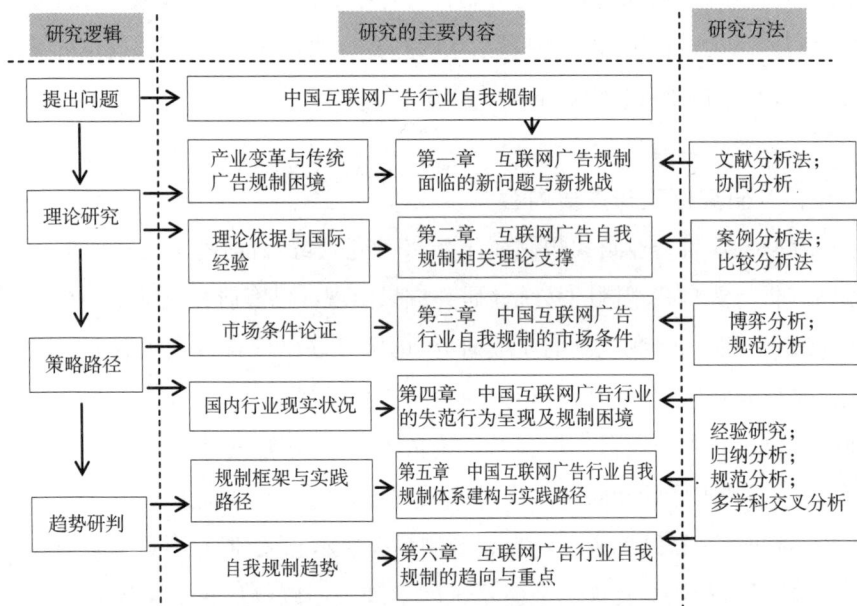

图 1 研究框架图

本书旨在剖析造成我国互联网广告规制滞后的根源所在,总结出市场规制需求,并提出互联网广告行业自我规制体系的运行框架,找到以政府规制为支撑、以行业自我规制为主导、以社会舆论监督为补充的共同规制路径,丰富我国广告管理行为的层次性和管理方式的丰富性。促进行业主体进行自律管理,从源头防范违法广告的投放,发挥互联网广告行业自我规制功能,提升行业规制效果。

为完成此目标,本书将深入探究互联网广告行业自我规制中的如下问题。

（一）在智能媒体时代,互联网广告的运作流程与产业链发生了哪些变革,通过对互联网广告的传播内容、传播形态与边界演变等的分析,探究当前互联网广告规制面临的新挑战与新问题。

（二）通过对西方规制理论形成的公共利益规制理论、规制俘获理论、规制经济理论、放松规制理论及激励性规制理论等进行回顾与分析,总结规制理论研究的核心理念以及研究范式的演变,为规制实践的设计机制提供理论依据,并探讨规制理论对广告行业规制研究的启示,论证自我规制对互联网广告行业的适用性问题。

（三）总结较早建立广告业自我规制体系的美国、英国、日本以及澳大利亚等国家的实践经验,研究其广告自我规制模式在互联网广告领域的传承关系及相应变化。

（四）论证我国互联网广告行业开展自我规制的市场条件,研究政府规制为行业自我规制提供的支撑作用,探究行业自我规制动力与生态环境,分析我国互联网广告市场是否具备自我规制的行业领导者,能否发挥自我规制的实践引领作用。

（五）分析我国互联网广告失范行为的主要类型呈现,以及这些失范行为的产生根源与危害影响,并研究其规制难点与行业自我规制需求,以及行业主体应如何加强有关失范行为的自我规制。

（六）在市场条件和技术环境变化的互联网时代,我国广告规制理念与模式发生了哪些变化;在互联网技术环境下,如何构建有效的互联网广告自我规制管理体系,并基于自我规制的基本理论、国际经验与国内市场环境,提出相应的规制框架与设想。

（七）探讨我国互联网广告行业的自我规制主体构成,并分析其主体职责与定位,明确互联网广告行业自我规制的内容涵盖、自我规制方式与自我规制目标。

（八）在智能技术快速发展下,互联网广告行业自我规制的趋向与重点会进行怎样的调整,如何加强智能技术在互联网广告行业自我规制中的应用,并更好地平衡个性化服务与个人隐私安全的问题,探究行业数据监测标准的议定难度与努力方向主要体现在哪些方面。

三、研究意义

（一）开展互联网广告行业自我规制研究，可以从学理上丰富广告规制理论与实践的内容。可以针对中国互联网广告规制中存在的问题，多角度、全方位地剖析其主要成因，深入分析互联网广告发展与行业自我规制之间的因果关系，全面系统地总结我国互联网广告行业自我规制的市场条件与影响因素，明确自我规制体系的运行机制，将有助于丰富广告产业规制研究范式的内容要素，丰富广告规制理论与实践的内容，有助于配合政府进行互联网广告管理，为促进中国互联网广告规制的调整和创新提供理论观照与智力支持。

（二）进行互联网广告行业自我规制研究，对规范我国互联网广告市场行为具有重要意义。互联网广告存在政府监管难度大、监管成本高的特点，自我规制更符合互联网广告行业特点。本书对于优化中国互联网广告行业市场结构，规范市场行为，净化广告环境，改变我国泛行政化广告管理体制造成的体制不顺和管理缺位现象具有现实意义；对于促进互联网广告行业升级转型，提高核心竞争力，完善互联网广告行业管理的制度网络，提高互联网广告规制有效性，提升互联网广告行业自我规制与政府规制的高耦合度具有实践意义，可以给互联网媒体运营管理者、广告主、广告代理公司、广告管理部门提供策略参考。

（三）开展互联网广告行业自我规制研究，对于提升行业主体伦理责任意识具有重要价值。本书认为我国互联网广告行业应该在政府规制的支撑作用下，建立起一套完善的行业自我规制管理体系，促进互联网媒体平台、广告主、代理机构以及第三方技术公司等多元行业主体共同参与行业自我规制与管理，并提出对互联网广告行业主体进行伦理责任培育等实践路径，可以帮助从业者面对智能技术时代各种复杂的伦理困境作出恰当的伦理决策，从源头上促进广告行为的规范化操作，并为互联网广告从业者提供规范指引。

四、研究方法

本书以规制理论和产业组织理论为基础，参照自我规制较为成熟的发达国家经验,然后面向我国实际,剖析互联网广告规制的症结所在,提出相关建议与设想,以国际经验、中国面向为经,以工具理性与价值理性为纬,对互联网广告行业自我规制进行探讨,具体运用的研究方法主要有以下几种。

(一)文献分析法。本书搜集了国内外大量相关文献成果,对于开展本研究提供了丰富的理论依据。本书对广告产业规制、自我规制实践、互联网广告监管、广告管理制度变革等方面的著作、文献进行细致的梳理,对于互联网广告自我规制的国内外研究现状与理论基础主要采用文献分析法完成,在规制经济学、产业组织理论、激励规制理论、生态学等学科领域,廓清相关基本概念。

(二)案例分析法。根据研究内容的需要,本书选取英国、美国、日本、澳大利亚等广告业自我规制较为成熟的典型国家,分别在自我规制机构设置、规制模式等方面考察其自我规制运行体系,为我国广告产业规制的创新提供借鉴。

(三)比较分析法。从整体结构安排上,对国际经验的借鉴与辨别运用了比较分析的方法。在海外典型国家广告业自我规制体系研究中,采用历时性比较的方法,剖析其互联网广告行业自我规制理念的变化;在分析各国互联网广告业自我规制机构与规制模式等时,采用共时性比较分析。

(四)归纳推理法。本书中关于英国、美国、日本、澳大利亚等国家互联网广告业自我规制体系特点、历史沿革等内容采用了归纳推理法。同时,对我国互联网广告行业自我规制体系构建的研究也采用了归纳推理法,通过对国内外研究成果和理论基础的深入研究,结合国内市场条件,归纳总结出互联网广告行业自我规制体系的实践路径和趋势重点。

除上述研究方法外,本书还采用了规范分析、博弈分析、多学科交叉分析研究方法等。各种研究方法之间并不是孤立地使用,而是有机地结合起来,兼收并蓄,博采众长,从不同视角、不同侧面揭示互联网广告行业自我规制的本质和内在的客观规律。

第一章　互联网广告规制面临的新问题与新挑战

世界上第一则互联网广告发布于 1994 年 10 月,由 AT&T 等公司投放在 Hotwired 网站上;中国的第一则互联网广告发布于 1997 年 3 月,由 IBM 公司投放在天极网(ChinaByte)上。① 从 1997 年天极网获得第一笔互联网广告收入以来,中国互联网广告已经历二十多年的发展历程,互联网媒体的快速发展为互联网广告业奠定了坚实的基础。截至 2020 年 6 月,中国网民数量达到 9.4 亿,互联网普及率为 67%。② 互联网的普及为互联网广告业带来快速增长机遇。据《中国互联网广告发展报告》数据显示,2020 年我国互联网广告总体规模达到 4971.61 亿元,保持了持续较快的增长速度。③

人工智能、媒介技术的快速发展和各种商业应用的不断创新,给互联网广告产业运作流程及监管都带来了革命性影响,互联网广告产业的快速发展与变革正在推动整个广告业日益步入崭新的发展阶段。

第一节　互联网广告的运作逻辑与全链路变革

人工智能、物联网、大数据、VR 等技术正在驱动广告业的全面变革,智

---

① 参见 Ratliff, James D. and Rubinfeld, Daniel L., "Online Advertising: Defining Relevant Markets", *Journal of Competition Law and Economics*, 6(3), 2011, pp.656-657;黄玉涛:《解析中国网络广告的发展轨迹》,《中国广告》2004 年第 7 期,第 91 页。

② 参见中国互联网络信息中心:《第 46 次中国互联网络发展状况统计报告》,2020 年 6 月。

③ 参见中关村互动营销实验室:《中国互联网广告发展报告》,2020 年。

能技术已经进入到广告调研与市场洞察、广告内容的定制化生成、用户画像匹配、精准分发、程序化投放以及效果实时动态监测等各个流程,带来互联网广告的全链路变革。在智能技术运用下,互联网广告已经不是原来意义上的广告。对互联网广告边界与概念的重新理解,有助于厘清广告主体职责变化及理论结构发展,并迎接智能技术为广告产业带来的重大变革。

一、概念与重新界定:理解互联网广告变革的基础

互联网广告属于广告的一种类型,具备广告活动的特征与要素。而在数字媒体时代,广告信息的生产与创意驱动、传播媒介的载体与技术、消费者的行为偏好与习惯以及品牌传播与营销管理都发生了巨大变化。广告行业在数字媒体时代的重大变革,也引发学界和业界对广告定义的重新思考。

（一）广告的边界及重新定义

在现代广告定义的演进过程中,影响力较大的有美国营销协会定义委员会(The Committee on Definitions of the American Marketing Association)对广告的定义:"广告是由可确认的广告主,以任何方式付款,对其观念、商品或服务所作的非人员性的陈述和推广。"[1]还有美国广告协会(American Association of Advertising Agencies)的定义:"广告是付费的大众传播,其最终目的是为了传递信息,改变人们对广告商品之态度,诱发其行动而使广告主获得利益。"[2]这两个典型的广告定义中反映了现代广告的几点重要特征:第一,在广告活动中要有"可确认的广告主",这一点也是对广告合法性的重要保证,要求广告主对自身的广告行为负责并承担责任。第二,广告是一种付费的大众传播方式,广告需要动用一定的经济资源,为销售某种商品或服务以获得利润,一般意义上的现代商业广告通常都是付费的。第三,广告是一种非人员性的(non-personal)传播和推广,这一点主要强调了广告需要通过一定的媒介进行传播,而非人员销售等人际传播的方式。第四,广告的最终目的是通过改变人们对商品的态度而产生相应的广告效果,以使广告

---

[1]　Alexander, Ralph S., "Report of the Definition Committee", *Journal of Marketing*, 13(2), 1948, p.202.

[2]　何辉:《广告学概论》,中国人民大学出版社 2011 年版,第 16 页。

主获得一定的利益。

进入数字媒体时代,以互联网技术为基础的数字社会对广告行业带来巨大冲击,广告行业在不断实现优化与重构以适应数字媒体时代的传播法则,既有广告定义已经难以体现广告活动的发展变化,广告的定义需要不断深化与重新理解。

2014 年 10 月,澳大利亚昆士兰科技大学的盖里·科尔(Gayle Kerr)和美国密歇根州立大学的杰夫·理查兹(Jef Richards)两位教授针对全球 18 位业界和学界专家进行了一份题为 *Delphi Study on the Definition of Advertising* 的研究。① 该研究针对数字时代的新变化提出 9 个问题,并发送给全球 9 位业界专家与 9 位学者参与讨论,最终于 2015 年提出新的广告定义:"广告是由一个可确定的品牌,利用付费媒体、自有媒体或者可拥有的媒体,意图劝服消费者在现在或者将来形成认知、情感或者行为上的改变的传播。"

2016 年美国广告学会的核心期刊《广告学研究》也发起众多权威专家对新广告定义的专题讨论,以厘清广告职责的转变与理论结构发展,适应数字时代品牌传播与市场营销的范式转换。各位专家对广告定义的讨论观点如表 1-1 所示。

表 1-1 美国《广告学研究》JA 期刊对广告定义的讨论梳理②

文献	来源	讯息	渠道	效果	媒介与否	主体目标
达伦和罗森格伦(2016)	品牌发起	传播	—	意图影响人	—	—
马丁伊森(2016)	品牌相关	传播	—	积极品牌的反应	—	—
拉塞尔拉兹聂克(2016)	品牌发起	传播	价值接触点	意图影响人	—	—

① 参见陈刚、潘洪亮:《重新定义广告——数字传播时代的广告定义研究》,《新闻知识》2016 年第 4 期,第 27 页。

② 参见顾明毅、姜智彬、李海容:《百年广告定义研究辨析》,《现代传播》2018 年第 4 期,第 125 页。

续表

文献	来源	讯息	渠道	效果	媒介与否	主体目标
罗兰拉斯特（2016）	品牌或消费者	—	交互双向传播	单个消费者反馈效应	口碑传播中心	公司
斯图尔特（2016）	品牌	—	赢得/自有媒体加强	说服和产生经济利益	口语传播加强	组织机构产品服务
吉塔吉哈（2016）	—	传播	—	说服消费者	—	产品、服务和品牌
许智修（2016）	可识别来源	付费	媒介	受控制的说服	非人际传播	组织或个人

2015年，我国广告学专家陈刚教授根据数字时代的传播特征与发展趋势，提出广告的新定义："广告是由一个可确定的来源，通过生产和发布有沟通力的内容，与生活者进行交流互动，意图使生活者发生认知、情感和行为改变的传播活动。"[①]

综合以上国内外广告学专家的观点，可以发现对于数字传播时代广告定义重新理解的几点变化：第一，广告需要有"可确认的来源"，只是这个来源已经不单单指"品牌发起"，也包含"消费者主导"的广告传播行为。第二，倾向弱化"付费"采购媒体的特征，正视企业自有媒体以及社会化媒体等媒介形态的传播效应。第三，突出与消费者的交互和双向传播，并接纳人际传播的方式，重视社交媒体上人际传播的显著效果，用户间的主动分享与品牌口碑传播受到前沿学者的观照。第四，广告效用评判更加多元，由单向的"广告说服效果"逐步向"用户的品牌反应"倾斜，消费者的社交品牌评议、用户参与创造的品牌效应以及用户与品牌建立的联结关系等表现都可以是"品牌反应"。国内外广告学专家对广告的重新定义反映了以互联网技术为基础的数字传播时代广告行业的变化，广告行业结构和组织方式的变革也在促使广告定义的内涵和外延发生改变，我们对互联网广告的界定和理解也应该建立在数字时代广告的重新定义基础之上。

---

① 陈刚：《广告的重新定义》，《广告人》2015年第12期，第148页。

（二）互联网广告的本质与理解

2016 年颁布的《互联网广告管理暂行办法》第三条对互联网广告的界定是："互联网广告是指通过网站、网页、互联网应用程序等互联网媒介，以文字、图片、音频、视频或者其他形式，直接或者间接地推销商品或者服务的商业广告。"这个概念中包含了通过互联网媒介推销商品或服务的各种文字链广告、图片或视频类广告、付费搜索广告、电子邮件广告以及电子商务平台上商业性展示中所含有的广告，也包括广告主在自设网站或拥有合法使用权的互联网媒介发布的商业性展示中的广告。[①]

以我国互联网广告的法律概念界定为基础，并结合互联网广告的特点以及行业对广告定义的重新认识，本书认为互联网广告就是通过互联网媒介向目标对象直接或间接进行商品或服务信息沟通的传播活动。对这一概念的内涵和外延可以从以下几方面理解：第一，互联网媒介包括所有能向目标对象进行信息传播与沟通的互联网渠道，包括企业自有网站，电子商务平台，搜索引擎，微博、微信、短视频等各种社会化媒体平台等。第二，互联网广告有文字、图片、视频等多种表现形态，包含各种网站、页面中直观展示类的品牌信息内容，也包括将商品或服务信息融入互联网媒体内容中的隐性品牌传播，比如短视频平台中的植入广告，在微博、微信等社会化媒体平台中以媒介内容形式呈现的原生广告，[②]以及在各类平台评论区出现的信息流广告等。第三，互联网广告是一种品牌信息传播活动，旨在通过互联网媒介与目标对象建立某种联结关系，进行交流互动，进而使其产生某种认知、情感或行为改变的传播活动。

二、互联网广告的传播特征与全链路变革

当前全球互联网广告市场规模已经占到整体广告收入市场的一半以

[①] 参见国家工商行政管理总局广告监督管理司：《〈互联网广告管理暂行办法〉释义》，中国工商出版社 2016 年版，第 18、20、23 页。

[②] 陈力丹教授在 2016 年第 12 期《新闻记者》发表的《原生广告及对传统广告的挑战》一文中认为："原生广告（Native Advertising）是近几年互联网新传播形态中的广告形式，其本质特征在于将媒体内容与广告内容无缝融合。"

上,互联网广告展现出巨大的商业价值和增长空间,在整体广告市场中所占比重越来越大,这与其所具有的明显传播优势密不可分。

（一）信息传播的即时性与"在场感"

互联网广告主要是基于数字技术和网络技术,其基本特征很大程度上归因于互联网媒介的传播特性。基于互联网媒介的信息传播不受任何时空限制,可以在全球范围内进行全天候不间断传播。互联网广告也不受传统媒体刊播时间的限制,可以实时快速发布并展现广告内容,并根据广告投放系统的数据回馈与投放需求即时更换广告内容。程序化广告在制作周期、方案策划、上线发布等环节都大大节省了所需时间,提高了投放效率,降低了交流沟通成本,同时也便于传播对象在对广告中产品怦然心动的那一刻完成即时购买行为。

当前移动互联网的快速发展,更是通过 AR/VR 以及社交性直播等方式为人们创造了一种"在场感"。哲学意义上的"在场"是一个复杂的概念,但是今天这个词已经被广泛使用,主要指主体在场,也就是身体在事物发生、进行的现场。① 当前各类网红、主播热衷的网络直播广告正是通过直观的产品内容及服务展示为用户营造一种强大的"在场感",丰富了信息传播维度,极大地提升了购物体验,同时融入了社交属性,拉近品牌与消费者之间的距离,让消费者很好地融入购物场景中。

（二）个体主动参与广告内容生产与分享

尼尔·波兹曼在《娱乐至死》中认为,每一种媒介都会带来一种特有的媒介文化。② 印刷术统治下的文化中,培养了人们对知识的分析管理能力以及阐释性思维;电视媒介则带领人们进入娱乐时代,改变了公众话语的内容和意义;进入互联网时代,用户的主动参与、互动与分享成为网络文化的基本特质。用户不再是被动的信息接受者,个体成为社会化媒体中信息传播的一个重要节点,每个用户都可以成为信息的生产者与传播者。在社交媒体环境下,企业越来越关注消费者的口碑传播,并寻求与关键意见消

---

① 参见彭兰:《移动互联网时代的"现场"与"在场"》,《湖南师范大学哲学社会科学学报》2017 年第 3 期,第 142 页。

② 参见尼尔·波兹曼:《娱乐至死》,广西师范大学出版社 2004 年版,第 67 页。

费者(KOC,Key Opinion Consumer)的合作,通过微博、微信、直播等各种社交平台请 KOC 分享自己的消费体验,产生更强的真实感与信任感,从而影响到更多消费者的购买决策。有学者进行了有关互动广告结构模型的实证研究,研究发现人与人的交互活动确实可以取得更为积极的消费者反应。[①]社会化媒体的发展极大地增强了用户的主动性与参与感,企业也开始思考如何以更丰富多元的方式将品牌信息融入消费者的口碑之中。

(三)广告信息具有可检索性及链接性

网络媒体的传播特点决定了互联网广告具有可检索性的特点,可以为用户的信息搜索提供便利。传统媒体广告往往是定点定时发布信息,受众不易检索;而互联网广告相关信息内容则可以长期保存在网页中,方便消费者随时检索查询。并且互联网广告具有可链接性,可以链接与商品或服务相关的文字、图片与视频等形式的广告内容,这在一定程度上丰富了互联网广告的信息含量,使互联网广告的信息传达不仅仅局限于有限的广告位之中。

(四)程序化广告自动投放实现精准营销

程序化广告(Programmatic Advertising)是指利用技术手段进行广告交易和管理。[②] 程序化广告自 2011 年进入中国以来,已成为当前互联网广告的主导交易模式,其最大的特点就在于可以实现高效投放与精准营销。2004 年,杰夫·萨宾(Jeff Zabin)和格莱士·布雷巴克(Gresh Brebach)首次提出精准营销的概念,认为精准营销是指捕获、管理并分析消费者的相关数据,在分析结果的基础上洞悉营销战略的要点,之后将这些战略要点付诸实施,以促进企业与消费者进行更为有效和有力的互动。[③] 当前程序化广告主要基于大数据技术的用户画像来实现目标人群匹配,对用户的搜索行为、兴趣偏好、地理位置、活跃时间、浏览轨迹等进行数据统计与建模,并按照不同标签定义用户群体,投放满足用户个性化需求的定制广告内容,并利用智

---

① Hanjun Ko,Chang-Hoan Cho,and Marilyn S.berts,"Internet Uses and Gratification:A Structural Equation Model of Interactive Advertising",*Journal of Advertising*,2005,34(2),pp.57-70.

② 参见梁丽丽:《程序化广告:个性化精准投放实用手册》,人民邮电出版社 2017 年版,第 6 页。

③ Zabin,Jeff and Brebach,Gresh,*Precision Marketing:The New Rules for Attracting,Retaining,and Leveraging Profitable Customers*,John Wiley & Sons,2004,p.2.

能技术实现广告投放的系统化与自动化,在实现精准营销的同时,也解决了海量广告制作的人工成本和时效问题。互联网广告正在依托程序化购买的方式实现广告投放过程的数据化、自动化与智能化,并逐步形成一套全新的营销模式。

（五）广告数据实时监测与效果优化

互联网广告因为具有技术上的优势,在广告效果监测与实时数据反馈方面具有传统广告无法比拟的优势。互联网广告借助广告管理系统可以帮助企业基于用户数据信息进行广告自助投放,并在投放后实时监测广告效果以及时调整优化方案。互联网广告管理系统具备以下功能特点:第一,可以利用各种数据追踪技术,获取并分析目标消费者数据以及渠道数据;第二,针对目标消费者审美偏好进行个性化广告创意内容生产,精准触达目标人群;第三,全流程监测广告投放效果,根据即时广告效果反馈进行创意调整与策略优化;第四,帮助广告主实现自助式广告投放,缩短效果监测反馈周期,使广告投放流程更加简便高效。相对于传统媒体而言,互联网广告的效果监测具有精准、及时的特点,并贯穿于整个互联网广告作业流程中,广告评估标准也更加强调投资回报和转化率,促使互联网广告传播效果的测定方式发生根本性变革。

（六）互联网广告形态的丰富与多元

伴随互联网技术的不断发展,互联网广告形态也在不断创新变化。从互联网广告所依附的载体与形式看,主要有以下四类:一是基于网页的常规展示类广告,主要包括横幅广告、按钮广告、文字链广告等图文类广告,以及扩展式富媒体广告与视频贴片广告。二是基于搜索引擎的关键词广告,主要指通过关键词检索所出现的品牌专区展示广告以及在搜索结果中出现的广告。三是信息流广告,美国互动广告局（The Interactive Advertising Bureau,IAB）把信息流广告分为社交类信息流（Social Feeds）、产品类信息流（Product Feeds）以及内容类信息流（Content Feeds）。[①] 社

---

① Susan Borst,"IAB Deep Dive on In-Feed Ad Units:A supplement to the IAB Native Advertising Playbook",https://www. iab. com/news/iab-deep-dive-on-in-feed-ad-units-a-supplement-to-the-iab-native-advertising-playbook/.

交类信息流,如微信朋友圈的信息流广告都属于此类;产品类信息流,如电子商务平台在产品陈列时部分产品会出现的推广字样;内容类信息流,主要包含以各种内容形式呈现的广告,比如软文及视频内容等形式的广告。[①] 四是电子邮件广告,主要通过发送电子邮件的形式向目标用户传达广告信息内容。

伴随各种新技术的出现,互联网广告的展现方式也日新月异,并且各种形态的广告可以相互融合,交叠出现。技术的发展为互联网广告展现方式提供了多种可能,技术仍将是互联网广告快速发展的重要驱动力,大数据、云计算、人工智能等技术在互联网广告作业流程中的作用越来越举足轻重,互联网广告将成为广告主常规、高效、主流的投放方式,并正在带动整个广告产业的全链路变革。

第二节　互联网广告规制面临的新问题与新挑战

在互联网经济的驱动下,互联网广告市场快速增长,但由于网络媒介传播主体的多元性、信息传播的即时性以及广告形态的多样性等特征,也使互联网广告规制面临前所未有的挑战。

一、形态复杂界定难

2015 年新修订的《中华人民共和国广告法》第十四条明确规定:"广告应当具有可识别性,能够使消费者辨明其为广告。"在传统媒体时代,电视、广播、报纸与杂志等媒介,都有较为明确的广告时段与广告位,广告信息具有明显的可识别性。但是在互联网媒介环境下,如何在庞杂多样的展示信息中界定哪些信息属于广告就成为一个现实问题。[②] 尤其是近几年新出现的原生广告类别,已经不再是单纯的展示广告,而是将广告信息嵌入到媒介内容之中,原生广告一定程度上模糊了媒体内容与广

---

① 参见庞云黠:《新闻与广告的边界真的模糊了么?——微信公众号 10 万+文章的软文现状分析》,《中国出版》2018 年第 16 期,第 24—25 页。

② 参见周辉:《网络广告治理比较研究》,中国社会科学出版社 2018 年版,第 3—4 页。

告的边界。① 喻国明教授指出："原生广告内容风格与页面一致,设计形式镶嵌在页面中,同时符合用户使用原页面的行为习惯。从狭义来看,原生广告应当是网站独特且原有的体验。"②原生广告传播具有很大的隐蔽性,还有一些电子商务平台中的销售页面也存在互联网广告与非广告信息界限模糊的情况。③ 在实践环节中,日新月异的各种广告表现形态使互联网广告信息的可识别度降低,互联网广告与非广告信息之间的界限愈发模糊,这也使得互联网广告规制难以准确切入。

二、主体泛化辨别难

在传统广告作业流程中,广告主、广告经营者、广告发布者等广告活动主体的身份界定明确。但是在互联网媒介环境下,任何网络用户都可以在网络平台中发布广告,人人都可以成为广告经营者和发布者。④ 尤其是程序化购买的发展,使互联网广告主体变得更为复杂多元。虽然 2016 年 9 月 1 日起施行的《互联网广告管理暂行办法》第十三条和第十四条中明确规定,程序化广告购买模式中"需求方平台"的经营者是互联网广告信息的发布者与经营者,应当承担相应的法律责任,但是在实践过程中,如何判定需求方平台经营者的主体身份存在一定困难。特别是当经营主体与多个广告联盟联合推送广告等情形时,并且经过程序化购买过程,用户看到的展示广告,其数据分析可能会经过不同主体间成千上万次的交互与组合,执法机关很难通过技术手段查实广告的具体来源,也就很难界定到底该由谁来承担广告发布者的责任。

三、即时传播取证难

当前,国内外互联网广告的投放主要通过互联网媒介的广告交易平台

---

① 参见陈力丹:《原生广告及对传统广告的挑战》,《新闻记者》2016 年第 12 期,第 77—83 页。

② 喻国明:《镶嵌、创意、内容:移动互联广告的三个关键词——以原生广告的操作路线为例》,《新闻与写作》2014 年第 3 期,第 48—52 页。

③ 参见姚志伟:《新广告法规中互联网广告概念的合理性辨析——以电子商务网站销售页面信息为中心》,《湖南师范大学社会科学学报》2017 年第 6 期,第 110—116 页。

④ 参见朗胜:《中华人民共和国广告法释义》,法律出版社 2015 年版,第 81 页。

进行,其最大的功能与特点就在于可以使广告发布者实时在线监测广告效果数据,并进行广告信息的即时更新与优化。这就增加了互联网广告监管的难度,不断更新变化的广告内容使监管部门难以追踪取证,并且当执法机关发现互联网违法广告线索时,其广告内容也可能很快就进行了修改或删除,无法形成有效证据链,增加了监管执法过程中的取证难度,也提高了取证成本。如何在海量的数据流中收集、固定有效证据,已经成为当前互联网广告监管需要解决的迫切问题。

四、方式隐蔽识别难

互联网属于一种虚拟空间,互联网广告传播具有一定的隐蔽性,有些违法广告发布者并未披露经营地址与名称,这就增加了追究违法责任的难度。并且伴随技术的快速发展,各种互联网广告违规操作也不断借助于先进技术,隐蔽性更强,呈现出技术化与仿真性的发展态势,比如互联网广告的虚假流量问题,已经从最初的人工刷量发展到现在的机器人刷量,出现静默安装、设备 ID 重置、流量劫持以及归因作弊等技术造假方式。[①] 这些新的技术手段就连许多第三方数据监测机构也难以准确监测与识别。当前我国大多执法机构缺乏专门的互联网广告违法查处部门,互联网广告监管的硬件设施不到位,尚缺乏专门的技术性人才,也就增加了互联网广告违法行为的鉴别和查处难度。

五、管辖权限确定难

因互联网传播不受任何时间与地域限制,许多互联网广告的投放也是跨地域、跨国界进行的,因而互联网广告的发布地、网络服务器所在地以及违法行为结果地可能重合,也可能各不相同,有的是在境外通过电子邮件等方式推送广告,这些都给地域管辖权的确定带来一定难度和挑战。还有些互联网广告经营者与发布者并不在统一行政区域,双方通过在网上签订合

---

① 参见鞠宏磊、李欢:《程序化购买广告造假问题的主要类型及影响》,《编辑之友》2019年第 1 期,第 61—62 页。

作合同,对于广告内容、费用问题、发布次数等违法情况也很难用传统的监管手段来获得,这些都增加了执法机关管辖权的商议与确定难度。

面对互联网广告发展中出现的各种新问题、新挑战,完全依托传统政府规制的方式存在监管难度大、成本高等问题,同时需要加大互联网广告行业的自我规制,提升自我规制与政府规制的高耦合度,促进我国互联网广告行业的升级转型。

第二章　互联网广告自我规制
相关理论支撑

我们对自我规制理论的理解离不开国内外学者对于规制理论的探讨，对规制理论及其演进与发展的了解有助于我们更为深入地理解自我规制的内涵与意义。

第一节　规制理论及其演进发展

"规制"一词来自于英文"regulation"，早期是规制经济学中的一个核心概念，在现实经济和社会中的应用十分广泛，当前也成为政治学、法学、公共管理学以及新闻传播学等学科领域中的一个重要概念。

一、规制：规制经济学的核心概念

"规制"一词的用法最早由日本学者植草益提出，他认为规制是指依据一定规则对构成特定社会的个人和构成特定经济的经济主体的活动进行限制的行为。①

也有学者将"regulation"翻译为"管制"，如我国台湾学者高凯 1983 年翻译的美国学者卡恩（Alfred Kanh）著作《管制经济学》，还有《新帕尔格雷夫经济学大词典》中都将该词译为"管制"，其反义词为

---

① 参见［日］植草益：《微观规制经济学》，朱绍文、胡欣欣等译，中国发展出版社 1992 年版，第 1 页。

"Deregulation",即"放松管制"或"放松规章管制"。我国学者陈富良区分了两种译法的使用情境,在论及计划经济体制时使用"政府管制",在谈到市场经济体制时则使用"政府规制"的译法。① 朱绍文等翻译植草益的《微观规制经济学》,认为翻译为"规制"能够表达出管制是有规则的,是有规可循的,并且规制可以恰当地表述我国政府在经济转轨期的职能定位转变。在实践中,我国政府部门使用较多的是"监管"一词,也有学者倾向于将其译为"监管",我国官方提及的"监管"主要是广义上的理解,监管主体基本涵盖了所有行政机关。② 美国经济学家杰瑞·乔丹(Jerry L.Jordan)认为,"规制"与"监管"这两个词在使用过程中是可以经常互换的,或者同时使用,两者差别不大。③ 在三种译法中,"管制"一词体现出更多统治和命令的特征,"规制"更倾向于影响产业行为的规则或程序,而"监管"多是在规制获得通过后进行监督或管理的行为。在本书中,为准确表达起见,主要使用"规制"一词来概括影响互联网广告市场行为的规则与要求,但结合我国在实践中的使用情况,有时也会使用"监管"一词来反映现实状况。

关于"规制"的定义,国内外学者观点各有不同,不同学科对规制的定义也各具视角。美国经济学家乔治·斯蒂格勒(George Stigler)认为规制是产业所需要的并为其利益所设计和操作的,是规制对象的一种经济需求并可以为其服务的一种工具。④ 这种理解一定程度上为西方国家"放松规制"提供了理论依据。日本学者植草益提出规制可以分为私人规制和公共机构规制两种形式,由私人约束私人的行为,即为"私人规制";由社会公共机构,主要包括司法机关、行政机关以及立法机关等进行的对私人及经济主体

---

① 参见陈富良:《放松规制与强化规制——论转型经济中的政府规制改革》,生活·读书·新知三联书店 2001 年版,第 2 页。

② 参见郭海英:《传媒行业政府规制体制研究》,中国广播影视出版社 2018 年版,第 28 页。

③ Jordan,Jerry L.,"Effective Supervision and the Evolving Financial Services Industry",*Economic Commentary*,2001(6),pp.1-4.

④ Stigler,G.,"The Theory of Economic Regulation",*Bell Journal of Economics*,2(1),1971,pp.3-21.

行为的规制,属于"公共规制"。① 植草益的《微观规制经济学》是翻译到国内的第一部规制经济学著作,国内一些学者早期对规制经济学的研究也大多以此书为出发点。② 我国学者在引进西方学者观点基础上,也提出了自己的独到见解。马英娟教授提出规制是以解决市场失灵、维持市场经济秩序为目的,基于规则对市场主体的经济活动,以及伴随其经济活动产生的社会问题,进行干预和控制。③

规制的定义还有很多,不同学者由于研究视角不同,所强调重点也会有所差别,可以看出许多定义都是立足于政府与企业关系视角,往往忽略了实践中的市场因素,使人难以明确区分规制与其他行政法规及措施之间的差异。其实规制并不完全等同于政府规制,规制存在的形式是动态变化、多种多样的,但是从规制主体来分,可以分为政府规制与自我规制。

本书以互联网广告行业为研究中心,从该视角出发认为规制是指政府及其行政机构、行业市场主体、社会公共机构以及社会公众等对市场主体行为的限制。基于规制的实施主体不同,可以分为政府规制与行业自我规制。我们通常所说的规制一般是指政府为规制主体对社会活动进行的约束行为,其本质是一种政府治理行为,具有强制约束性和制度依赖性。本书认为政府规制主要是指政府机构依照一定的法规对规制对象所采取的一系列行政管理与监督行为;自我规制的概念界定及理论依据后文有详细论述,在此暂不赘述。

二、规制理论发展与演进

早期的规制理论研究散见于微观经济学和产业组织理论之中,主要以政府规制为研究导向,探究市场失灵及政府的矫正措施。至 20 世纪 70 年代,规制研究逐步形成一个相对独立的研究领域,规制理论关注的核心问题

---

① 参见[日]植草益:《微观规制经济学》,朱绍文、胡欣欣等译,中国发展出版社 1992 年版,第 2 页。

② 参见王俊豪:《政府管制经济学导论》,商务印书馆 2001 年版;陈富良:《我国经济转轨时期的政府规制》,中国财政经济出版社 2000 年版。

③ 参见马英娟:《政府监管机构研究》,北京大学出版社 2007 年版,第 22 页。

是:规制原因(why)、谁来规制(who)、如何规制(how)以及规制效果如何? 围绕这些核心问题西方规制理论形成了以下几个有代表性的理论派别。

(一)公共利益规制理论

公共利益规制理论在很长一段时间内一直是政府规制最重要的理论依据。该理论认为政府规制可以弥补"市场失灵"与"自然垄断"等现象带来的效率损失。政府规制的目标是解决市场失灵问题,认为政府可以代表公众对市场作出理性的计算,并使市场规制过程符合帕累托最优原则,以保护公众利益不受损害。该理论包含三个基本假设:一是由于信息不对称、自然垄断等问题的存在,市场失灵情况常有发生;二是政府对于被规制企业拥有获知完全信息的能力;三是政府代表大众的利益,政府机构是能够通过规制来纠正市场失灵、维护公共利益的。[①]

公共利益规制理论为以强规制为核心的"罗斯福新政"成功帮助美国渡过经济危机提供了有力的理论支持,但是进入 20 世纪六七十年代,公共利益规制理论对发达国家经济现象的解释力逐渐衰弱。在现实经济环境中,公共利益研究范式的假设也受到质疑。有研究表明,规制并不必然与外部经济及垄断市场结构相关,更多情况是企业支持并促使外部活动来要求规制。[②] 并且政府规制效果并不总是那么显著,市场无法解决的问题,政府也不一定能够给出很好的解决办法,如果缺乏投入与收益分析的科学规制方法,还会形成阻碍市场竞争的更大壁垒。

(二)规制俘虏理论与规制经济理论

由乔治·斯蒂格勒开创并经佩尔兹曼(Sam Peltzman)发展的部门利益研究范式对公共利益理论发起了有力挑战。研究者发现,现实经济中不仅有市场失灵发生,也会有政府失灵现象,政府也并非始终代表一般公众利益,可能代表的是某一特殊利益集团的利益,甚至可能出现行政垄断代替市场垄断的状况,市场垄断还可以被规制,而行政垄断则难以被挑战,政府失

---

① 参见李彬:《中国传媒产业规制及其演进研究》,中国传媒大学出版社 2017 年版,第 21 页。

② 参见张文峰:《走向治理:媒介融合背景下西方传媒规制理性与实践》,西南交通大学出版社 2015 年版,第 11 页。

灵比市场失灵可能带来更严重的后果。部门利益研究范式的理论基础有两个:一是规制俘虏理论,二是规制经济理论。

规制俘虏理论认为,在市场运行中各种因相同利益聚集在一起的产业集团会对政府规制的决策过程施加压力,政府规制就会变成利益集团寻租的结果。规制俘虏理论隐含两个预设情况:一是政府会被利益集团说服,利用权力为其牟利;二是不管是规制者的供给者还是需求者,都有源自经济人的理性选择行为的最大效用。规制俘虏理论反映了规制过程中存在的一些问题,提醒人们反思规制体制,不过其中纯粹经济人的假设有些绝对,并不能解释所有规制机构设置的初衷,也不能全面评价政府规制的绩效。规制经济理论是在规制俘虏理论基础上进一步探讨决定规制制度倾向的影响因素有哪些。部门利益研究范式对实践的解释更有说服力,但也仅是对现实的经验性解释,难以解释规制实践中的一些动态现实,因此也受到质疑。

(三)放松规制理论

放松规制英文为"Deregulation",就是放宽或取消原有规制制度和政策,其目的在于引入竞争机制,减少规制成本,促使企业提高效率,改进服务。[1] 放松规制理论的产生背景是在 20 世纪 60 年代,现实中规制失灵现象越来越多,强化政府规制的活动中产生大量无效率和不合意间接效应,于是激励市场竞争并放松政府规制需求的呼声越来越高,于 20 世纪 70 年代末就出现了"放松规制"的发展趋势。[2]

放松规制理论倾向于在竞争与规制中找到社会管理的平衡点,由此衍生出若干放松政府规制模型,试图打破早期形成的竞争与规制二元对立范式,重新解读政府规制与市场竞争的关系,使得制度分析中传统意义上的二元对立框架逐渐被融合与互补趋势替代。[3] 放松规制理论的研究为探索尝试政府与市场在两极谱系中间的各自新定位提供了新的视角。

---

① 参见郭海英:《传媒行业政府规制体制研究》,中国广播影视出版社 2018 年版,第 35 页。

② 参见陶爱萍、刘志迎:《国外政府规制理论研究综述》,《经济纵横》2003 年第 6 期,第 60—63 页。

③ 参见张红凤、杨慧:《规制经济学沿革的内在逻辑及发展方向》,《中国社会科学》2011 年第 6 期,第 56—66 页。

（四）激励性规制理论

激励性规制理论形成于 20 世纪 80 年代,主要针对信息不对称和政府"黑箱"问题的忽视。政府为了制定有效的规制政策,就必须要获取真实的企业经营信息,激励性规制理论就是以研究如何采取激励手段,以最小成本获取规制信息,提高企业效率为目的。日本经济学家植草益认为,激励性规制就是在保持原有规制结构的条件下,激励受规制企业提高内部效率,从而降低规制成本,给予受规制企业以竞争压力和提高资源配置效率的正面诱因。激励性规制研究形成的主要理论有特许投标制理论、区域间标尺竞争理论、RPI-X 价格上限规制理论等。激励性规制理论的出现促使传统规制研究范式走向整合,在吸收传统规制理论营养上,构建激励性规制分析框架,从而超越了传统规制理论的单一性。①

通过对西方规制理论研究的回顾与分析,可以发现各理论之间有着很强的互补性。规制理论研究的核心理念从规制与竞争的对立逐步转向两者的融合,规制理论研究范式也从分离趋向整合,规制研究框架从"政府—市场"的二元定位逐步向"政府—市场—社会"的三位一体演进,规制实践的设计机制更偏向演变为寻求多元相关主体间合作机制的探索,而不是单一地使用某一种规制手段,并且所采用的规制工具体系也不断得到丰富和扩大。西方规制理论在演进中逐渐融入主流经济学,成为微观经济学研究的重要组成部分。

第二节　规制理论对广告产业规制研究的启示

规制理论与研究范式的演进,不论是在理论研究还是现实层面,都对广告产业规制研究与实践有着极为重要的指导作用。

一、规制对于广告产业发展的重要意义

广告产业的发展水平历来被认为是衡量现代社会经济发达程度的重要

---

① 参见王爱君、孟潘:《国外政府规制理论研究的演进脉络及其启示》,《山东工商学院学报》2014 年第 1 期,第 109—113 页。

标志,广告产业规制在广告产业发展与社会经济发展的联系中发挥着重要作用。

(一)营造广告生态系统运行的良好外围环境

从国际上看,广告产业规制主要依靠政府管理部门、行业主体、社会组织及社会公众监督的力量。政府及行政管理部门通过出台相应法律法规,可以对整个广告生态系统进行管理和监督。如美国1911年颁布的《印刷物广告法案》被认为是世界上最早的广告规制法规,其中规定任何具有欺骗性的广告宣传内容都将受到追查,《联邦贸易委员会法》则明确规定了虚假广告的含义及法律责任等问题;还有德国的《反不正当竞争法》《医疗广告法》《折扣法》《数据保护法》《商标法》等,均从不同层面对广告规制内容提出了严格而明确的规定。这些相应的广告规制建设为广告生态系统营造了良好的外围环境,对于广告生态系统而言,政府出台的政策及规范制度也是广告生态系统的重要组成部分,法律法规的管理与约束是保证广告产业内部系统正常运行、有序发展的基石,可以为维护广告生态系统的良性健康发展建立相应的保障基础。

(二)进行广告活动的监督与约束

广告活动的社会监督主要通过社会组织以及广大消费者自发成立的消费者组织,根据有关法律法规对广告活动进行日常监督,并对违法违规广告进行举报或投诉,甚至可以向相应政府行政机关提出立法请求和建议,其目的是为了有效制止或限制违法违规广告对消费者权益形成损害。如美国消费者团体1970年在消费者"四项权利"基础上提出了"对市场要求质和真实的权利",并最终促成以该项权利为基准而制定的《企业和消费者关系规制》。此外,还有各类社会组织的监督,如美国的改善商业活动者协会、消费者联盟以及中国的消费者协会等。这些广告规制中的监督力量,可以对广告活动进行监察和督促,也对广告产业生态系统的平衡与稳定起到相应的作用。

(三)规范广告系统内各要素间的协调发展

广告行业主体以及行业组织通过各种组织章程、行业标准以及广告规范等形式可以建立一种自我约束和管理制度,具有自我防御、自我管理的特点。如美国广告代理商协会(American Association of Advertising Agencies,

4A）是全球成立最早的广告代理商协会,协会制定了自律规则《实践标准和创作守则》,违反规则的会员会被开除会籍,以此来约束会员公司遵守行业道德准则。美国广告联合会(American Advertising Federation,AAF)也是美国历史悠久的广告行业组织,该组织成立于1905年,负责协调广告主、广告代理公司以及广告媒体三方利益,并依据联邦政府广告法规制定广告责任等标准规范,成为沟通产学研最主要的行业自律管理机构。这些行业组织不但对广告产业进行规制、监督和管理,还会对政府制定的有关广告法律法规进行评价,对于广告网络生态系统有积极的指导和推进意义,可以帮助进一步规范系统内各要素间的协调发展,促进各项广告传播活动的有序开展。

二、广告规制理论的相关研究

广告业是产业经济学中的重要分支,国外有关广告规制研究的文献主要集中在三个方面。

一是以法律的视角针对食品广告、药品广告、儿童广告等特殊领域进行深入分析。英国埃塞克斯大学法律系学者洛娜·伍兹(Lorna Woods)从法律角度探究媒体、广告主商业利益与受众之间利益关系的平衡问题;[①]美国学者玛丽亚·贝伦·萨卡利斯(Maria Belen Sakalis)分析美国、中国、英国、澳大利亚、加拿大、法国、德国、日本、韩国、墨西哥、西班牙和瑞典等全球不同国家的广告规制历史、国家监管系统的演变和变化,认为各国之间的广告规制异同主要体现在规制方法、对特定广告类型的规制以及规制重点领域等方面。[②] 印度学者马利卡朱纳·拉朱(T.Mallikarjuna Raju)认为基于保护消费者利益的广告监管机制,政府应在公民中提高意识,以防止误导性广告的损害。[③]

---

① Woods,Lorna,"The Consumer and Advertising Regulation in the Television without Frontiers and Audiovisual Media Services Directives", *Journal of Consumer Policy*, 31(1), 2008, pp. 63-77.

② Belen Sakalis, Maria, "The Global Advertising Regulation Handbook", *Journal of Consumer Marketing*, 32(4), 2015, pp.306-307.

③ Raju, T. Mallikarjuna, "Advertising Regulations in India", *Journal for Studies in Management and Planning*, 4(1), 2018, p.3.

二是从经济学角度研究广告规制问题,以外部性经济理论分析药品广告、酒类广告等特殊行业领域问题。美国经济学教授保罗·鲁宾(Paul H. Rubin)从信息经济学的视角论述通过广告进行商业欺骗的规制问题;① 瑞典乌普萨拉大学经济史系索非亚·穆尔姆(Sofia Murhem)通过 1300 多个广告样本分析了 18 世纪瑞典的商业生活,认为讨论历史营销时需要考虑制度背景的因素,市场准入的严格限制会影响营销及广告市场的发展;② 新西兰奥克兰大学的安德鲁·G.帕森斯(Andrew G.Parsons)和梅西大学的克里斯托普·舒马赫(Christoph Schumacher)结合市场中的动态变化在现实环境中探讨了规制的影响,运用博弈论模型分析了市场中不合规行为的诱因,认为企业可以通过扩大广告范围来获得市场优势,政府对广告监管的容忍程度会影响市场驱动型公司的成本付出,因此市场驱动者应尝试进入以市场为主导的自我监管市场,市场驱动型公司应寻求监管保护或集体行动以对第三方行使权力。③ 佛罗里达州立大学施琦通过研究 1971 年的香烟广告禁令来分析广告规制对行业的影响,作者引用非平稳遗忘平衡的概念,开发了结合品牌进入和退出的一种动态广告寡头模型,该模型为行业广告支出的特征提供了一种合理性解释,认为广告规制会导致更加集中的行业结构。④

三是基于广告行业的视角探究广告规制的相关问题。韩国南首尔大学广告与公共关系系崔敏旭(Min-Wook Choi)教授研究了广告监管中的公平性问题,认为需要根据广告内容或服务性质制定相应的广告监管政策,建议由多方主体组成综合性广告监管组织来运作广告监管系统,并提出了提高广告监管公平性的相应措施,以确保对各种新型媒体广告监管

① Rubin,Paul H.,"Regulation of Information and Advertising",*Cpi Journal*,4(1),2008,pp. 169-192.

② Murhem,Sofia, "Advertising in a Regulated Economy:Swedish Advertisements 1760-1800",*Journal of Historical Research in Marketing*,8(4),2016,pp.484-506.

③ Parsons, Andrew G., Christoph Schumacher, "Advertising Regulation and Market Drivers",*European Journal of Marketing*,46(11-12),2012,pp.1539-1558.

④ Shi Qi,"The Impact of Advertising Regulation on Industry:the Cigarette Advertising Ban of 1971",*The RAND Journal of Economics*,44(2),2013,pp.215-248.

的公平性。① 美国巴布森学院的罗斯·D.佩蒂(Ross D.Petty)教授考察了
自1800年以来美国广告规制的历史,认为广告规制目标发生了从最初保护
合法竞争到当前保护消费者权益的演变,伴随着商品的日益繁多与广告的
愈发普及,监管机构需要不断采取新的补救措施使广告规制跟上新的环境
变化。② 以色列学者阿夫沙洛姆·吉诺萨尔(Avshalom Ginosar)运用"新治
理"的理论框架,比较了以色列和英国的广播广告规制,认为从分级控制到
多元化监管的转变是一种服务于公共利益的更加有效和高效的方式。③ 法
国安德烈斯·席尔瓦(Andres Silva)等针对英国政府减少儿童接触高脂、高
糖和高盐食品广告的相关规定,量化分析了该项规定对家庭支出的影响并
进行效果评估,认为量化研究的三个阶段反映了英国监管制度的演变:无监
管时期,基于公司层面的自愿自我规制时期,当前基于行业规范的共同规制
时期。④

　　总体来看,国外广告规制研究开展较早,已经形成法律、经济、广告、行
政管理与公共政策等多元化的研究视角,研究领域也细化到儿童广告、食品
广告、药品广告、酒类广告等行业具体问题,研究方法较为多样,兼具定性分
析、定量分析、动态分析等多学科研究方法的运用,对我国的广告规制研究
具有启示意义,但不具备完全参考性。

　　国内广告规制理论相关研究自1979年中国广告业复苏以来,研究成果
的数量也随着广告业的问题逐渐暴露而日益增多,这些文献多聚焦于以下
三个方面。

　　一是关于广告规制体制的研究。重点分析我国现行广告规制体制的形

---

　　① Choi, Min-Wook, "A Study on the Equity of Regulation in Advertising", *Journal of Digital Convergence*, 16(11), 2018, pp.275-280.

　　② Petty, Ross D., "The Historic Development of Modern US Advertising Regulation", *Journal of Historical Research in Marketing*, 7(4), 2015, pp.524-548.

　　③ Ginosar, Avshalom, "Co-Regulation: From Lip-Service to a Genuine Collaboration—The Case of Regulating Broadcast Advertising in Israel", *Journal of Information Policy*, 2013(3), pp.104-122.

　　④ Silva, Andres, Higgins, Lindsey M. and Hussein, Mohamud, "An Evaluation of the Effect of Child-Directed Television Food Advertising Regulation in the United Kingdom", *Canadian Journal of Agricultural Economics*, 63(4), 2015, pp.583-600.

成、特点、影响及变化等问题,研究视角多集中于政府规制。张金海认为我国广告监管体制要发挥政府的主导作用,其他监管力量较为薄弱,需要依靠政府干预进行监管。① 同时,政府主导型广告监管体制暴露出的一些深层次问题也引起了学界的关注,这些问题主要集中在广告监管实践中"责任不清""条块分割""问责制度不健全"等管理缺位与越位现象;一些领域在监管过程中存在集中整治、非长效监管的方式方法问题;②广告审查存在"独立性缺乏与随意性泛滥""广告审查标准过于笼统抽象""广告审查结果的法律责任追究机制欠缺"等制度性缺陷;③我国现行广告监管体制对政府的高度依赖,造成广告监管中行业组织缺位、结构不合理等问题。④ 同时,有学者提出相应的解决对策,例如建立全国性广告监管信息系统,建立广告信用档案,实行对广告经营单位的分级管理,并制定广告经营单位的信用评价等级标准,提升广告监管效率。⑤ 复旦大学窦锋昌在我国官方机构公布的违法广告案例中选取45起典型案例,分析了我国广告规制效果及规制模式,认为我国广告规制模式面临着从"政府主导型"向"社会主导型"迭代的迫切需求,社会主体在广告规制中发挥着不可或缺的重要作用。⑥

二是从法律法规视角进行广告规制的研究。主要从广告法律法规体系的构建或实践中现存主要问题的角度提出具体化修订建议。徐程程以法国及澳大利亚的广告审查制度为对比,认为目前我国广告事前审查制度不够体系化,强制的事前审查范围仅局限于特殊商品以及服务类广告,存在法律漏洞,建议提高市场准入门槛,建立从上而下的审查模式,统一审查机构及

---

① 参见张金海:《我国广告监管体制的合理性建构》,《现代广告》2006 年夏季学术刊,第 16—17 页。

② 参见廖秉宜:《中国广告监管制度研究》,人民出版社 2015 年版,第 10 页。

③ 参见周茂君:《建立我国"行业类型"广告审查制度构想》,《武汉大学学报(哲学社会科学版)》2011 年第 6 期,第 166 页。

④ 参见徐卫华:《论我国"政府主导型"广告监管体制》,《湖南大众传媒职业技术学院学报》2006 年第 4 期,第 38 页。

⑤ 参见胡仁春:《建立我国广告监管信息系统的构想》,《新闻传播》2007 年第 2 期,第 36 页。

⑥ 窦锋昌:《新〈广告法〉的规制效果与规制模式转型研究——基于45起典型违法广告的分析》,《新闻大学》2018 年第 5 期,第 109—116 页。

审查主体。① 徐卫华通过对万方法律数据库检索发现，我国自 1978 年以来共颁布 2089 部直接与广告有关的法律法规及规范性文件，认为我国广告法制建设 40 年以来，已经构建起层次分明、结构合理的广告法规体系，并建立了门类齐全的广告法律规范；进入 21 世纪以来，在内外因素交织的作用下，我国广告监管体制也呈现出自我调适的趋向，"政府主导"正在转向于"政府引导"，"社会共治"的理念和实践正在成型。② 韩仁哲等基于保护与规制的平衡视角，认为我国新《广告法》对自然人荐证者"严格责任"的规定不利于广告市场的健康发展，提出应完善自然人虚假荐证责任制度，区分不同主体、不同主观心态下的荐证责任，平衡自然人荐证者民事权益与消费者利益，实现新《广告法》法律效果与社会效果的统一。③

三是关于广告规制具体问题的研究。这些研究多聚焦于植入广告、医药广告、保健品广告等某一类别广告，针对广告规制实践中存在的主要问题，有针对性地提出法律规制建议。闫海和张华琴基于我国《药品管理法》《药品广告审查办法》《药品广告审查发布标准》以及《广告法》等相关法律规定，提出健全药品广告审监分离监管体制，明确药品监管部门及市场监管部门职权，建立协调沟通机制，加强行业自律，提升市场监管部门规制能力等完善我国药品广告规制法律体系举措，认为针对违法药品广告，应当建立专门的惩罚性赔偿制度，加大行政罚款额度及增加资格罚的适用情形以及完善行刑衔接机制。④ 章祝与陶然认为我国有关"保健品虚假广告"的界定过于模糊，存在审查体制不完善，执法部门间缺乏有效的协作机制，保健品广告主体重叠难以鉴定法律责任等问题，并提出明确界定保健品虚假广告标准、完善广告审查制度、健全执法部门协作机制、增强责任主体监管以及

---

① 参见徐程程：《我国广告事前审查与事后规范的法律规制》，《法制博览》2020 年第 1 期，第 89—90 页。

② 参见徐卫华：《我国广告法制建设四十年：分期、特点及成果》，《浙江传媒学院学报》2018 年第 6 期，第 74—79 页。

③ 参见韩仁哲、李季刚：《新〈广告法〉下自然人虚假荐证责任之完善——基于保护与规制的平衡视角》，《新闻界》2018 年第 3 期，第 55—60 页。

④ 参见闫海、张华琴：《药品广告规制：准则、监管与责任》，《中国卫生法制》2019 年第 6 期，第 1—5 页。

扩宽消费者救济渠道等保健品虚假广告法律规制建议。[1] 中国人民大学舆论研究所"植入式广告研究"课题组参照英美规范植入式广告的内在逻辑,从英美两国植入式广告规制的演变得出不同规制理念、变化轨迹以及不同路径背后的共同逻辑,认为政府规制应以宽松为主调,提出我国应深化传媒体制改革,政府应引导传媒行业建立起完善的自律体系,充分发挥行业自律功能。[2] 黄婧怡认为我国 2018 年新修订的《广告法》对于植入广告规定的条文太过笼统化,存在监管漏洞,并借鉴欧盟《视听媒体服务指令》、英国《广播电视管理规则》以及美国《联邦通信委员会赞助商披露规则》中关于植入式广告的立法规定,提出制定统一行为规范、明确植入广告监管主体及监管职责等植入广告法律规制建议。[3]

此外,还有学者进行广告规制的比较研究,对英国、美国、日本、新加坡、欧盟等国家和地区的广告规制实践进行探究,[4]这些研究启发我们更深入地思考我国广告规制活动。总体而言,我国广告产业发展起步较晚,广告规制研究伴随广告产业发展呈现两个发展趋向:一是研究视角逐步丰富、研究内容日益精细化,如一些特殊行业、特殊形式广告的专门性规制研究逐渐增多;二是研究方法逐渐丰富而多元,注重深度访谈、内容分析等多种研究方法的运用以及多学科理论的运用,但多数研究成果还是立足于政府规制视角,缺乏对行业自我规制全面系统的学理观照。本书在前人研究基础上从宏观层面审视我国互联网广告规制转向,力图全面系统地探究中国互联网广告自我规制体系和运行框架,以回应中国互联网广告规制的现实问题,这

---

[1] 参见章祝、陶然:《浅析保健品虚假广告的法律规制与监管体制》,《医学与法学》2019年第 6 期,第 89—92 页。

[2] 参见喻国明、丁汉青等:《植入式广告:研究框架、规制构建与效果评测》,《国际新闻界》2011 年第 4 期,第 6—23 页。

[3] 参见黄婧怡:《植入式广告法律问题研究——以综艺为对象》,《法制与社会》2019 年第 11 期(上),第 59—60 页。

[4] 参见黄玉波、杨金莲:《美国信息流广告的规制框架及其借鉴意义》,《现代传播》2020年第 1 期,第 133—137 页;张文锋:《英国广告规制中的替代性规制及启示》,《青年记者》2015年第 3 期(中),第 85—86 页;范志国、毕小青:《变化中的日本广告规制》,《广告人》2010 年第 5 期,第 134—135 页;杜志华:《欧盟广告法律规制研究》,《法学评论》2002 年第 5 期,第 20—26 页等。

也是本书的价值所在。

三、互联网广告规制相关研究

国外关于互联网广告规制的研究是伴随 1994 年世界上出现第一则互联网广告开始的。1994 年 4 月美国亚利桑那州菲尼克斯的一家法律事务所 Canter&Siegel 在网上发出大量电子邮件广告推销其绿卡业务，"垃圾邮件"广告由此诞生，3 万多网络用户愤怒回应，致使事务所网站瘫痪。① 1995 年美国学者布雷恩·吉尔平（Brain G.Gilpin）从道德规范和网络礼仪的视角对该事件进行分析研究。② 伴随互联网媒体的快速发展，学者们对于互联网广告规制的相关研究也因此不断拓展。1999 年美国伊利诺伊大学的安·施洛瑟（Ann E.Schlosser）等从消费者利益的角度提出政府应加强对互联网广告的监管与规制。③ 2000 年以后，互联网发展进入更为理性和成熟的阶段，互联网广告规制研究也更为深入全面。2009 年安德鲁·麦克斯泰（Andrew McStay）研究了个人隐私、垃圾邮件广告、数据保护、面向未成年人的互联网广告等的监管问题，并对互联网时代美国的政府规制与行业自我规制进行了对比。④ 2017 年韩国南首尔大学广告与公共关系系崔敏旭（Min-Wook Choi）教授基于当前新的广告环境以及互联网广告规制特征，探讨了互联网广告规制的理想方向。⑤ 2019 年英国谢菲尔德大学的凯瑟琳·多米特（Katharine Dommett）和山姆·鲍尔（Sam Power）从政治经济学的视角基于 Facebook 平台解读了政治广告、竞选支出与规制监管的问题，认为

---

① 参见［美］约翰·帕夫利克：《新媒体技术——文化和商业前景》，周勇等译，清华大学出版社 2005 年版，第 23—33 页。

② Gilpin, Brain G., "Attorney Advertising and Solicitation on the Internet: Complying with Ethics Regulation and Netiquette", *John Marshall Journal of Computer and Information Law*, 13(4), 1995, pp.697-728.

③ Schlosser, Ann E., Shavitt, Sharon and Kanfe, Alaina, "Survey of Internet Users' Attitudes toward Internet Advertising", *Journal of Interactive Marketing*, 13(3), 1999, pp.34-54.

④ Andrew, McStay, *Digital Advertising*, New York: Palgrave Macmillan, 2010, p.274.

⑤ Choi, Min-Wook, "A Study on the Regulation of Online Advertising in New Advertising Environment", *International Journal of Applied Business and Economic Research*, 15(14), 2017, pp.145-159.

竞选支出需要适合目的并适应数字竞选趋势,并探讨了政治竞选活动监管主体的相关问题。[①]

西方发达国家广告产业发展比较早,广告规制方面的研究成果也较多,尤其是近年来有关互联网广告规制的研究,呈现出以下特点:一是研究内容精细化,如互联网服务提供商和其他相关方平台是否应对互联网广告欺诈等行为承担连带责任的问题,父母对孩子接触互联网广告的监管偏好以及规制倾向等问题的研究。[②] 二是更多关注互联网广告自我规制的有效性及合作规制的问题。[③] 西方学者关于广告规制的研究取向,与西方发达的广告产业及完善的广告规制体系密切相关。

国内互联网广告规制研究主要包括三个层面:一是从宏观视角审视互联网广告规制体制等问题的研究。如窦锋昌认为在新媒体环境下广告规制受到互联网广告实践的强烈冲击,规制模式面临着从"政府主导型"向"社会主导型"迭代的迫切需求。[④] 刘双舟提出互联网违法广告隐蔽性强、变化快,由于程序化购买及智能投放等操作手段不断创新,客观上难以实现对互联网广告全时段无遗漏的监管,单纯以政府相关部门作为监管主体已经难以应对互联网广告产业的迅猛增长,需要涵纳社会的、技术的力量实现有效监管,建立消费者投诉、广告主自律、行业协会监督的协

---

① Dommett, Katharine and Power, Sam, "The Political Economy of Facebook Advertising: Election Spending, Regulation and Targeting Online", *Political Quarterly*, 90(2), 2019, pp.257-265.

② Keaty, Anne, "Can Internet Service Providers and Other Secondary Parties Be Held Liable for Deceptive Online Advertising", *Business Lawyer*, 58(1), 2002, p.479; Vijayalakshmi, Akshaya, Lin, Meng-Hsien and Laczniak, Russell N., "Managing Children's Internet Advertising Experiences: Parental Preferences for Regulation", *Journal of Consumer Affairs*, 52(3), 2018, pp.595-622.

③ Brown, Andrew, "Advertising Regulation and Co-regulation: The Challenge of Change", *Economic Affairs*, 26(2), 2006, pp.31-36; Harker, Debra, "Towards Effective Advertising Self-regulation in Australia: the Seven Components", *Journal of Marketing Communications*, 9(2), 2003, pp.93-111; Xuemei Bian, Kitchen, Philip and Cuomo, Maria Teresa, "Advertising Self-regulation: Clearance Processes, Effectiveness and Future Research Agenda", *The Marketing Review*, 11(4), 2011, pp.393-414; Beard, Fred, "The US Advertising Industry's Self-regulation of Comparative Advertising", *Journal of Historical Research in Marketing*, 4(3), 2012, pp.369-386.

④ 参见窦锋昌:《新〈广告法〉的规制效果与规制模式转型研究——基于45起典型违法广告的分析》,《新闻大学》2018年第5期,第109—116页。

同共治模式。① 孟茹与查灿长的《新媒体广告规制研究》以英美为代表的西方国家的新媒体广告规制为研究对象,分析我国与西方国家在广告行业他律与自律监管体系和运作方式的差异,并思考西方国家在新媒体广告规制方面的管控经验对我国广告行业监管的启示。②

二是从法律研究的视角,针对短视频、电子商务等领域探讨互联网广告法律规制问题。张绕新认为互联网虚假广告具有监管主体不明确、广告内容审查难、调查取证难等监管困境,监管部门需要根据互联网特点创新监管方法,完善互联网广告事前审查制度,加强互联网广告国际法律交流。③ 李嘉丽针对自媒体植入式广告提出明确主体责任、主体义务、建立识别标准及行业准入标准等举措,以完善我国自媒体植入式广告监督管理体制。④ 张继红提出我国国家工商行政管理总局发布的《互联网广告管理暂行办法》中并未涉及互联网金融产品广告行为的特殊性规范,而这类产品的广告推介行为对消费者购买意愿所产生影响远甚于其他普通商品广告,需要特殊的规制路径,并提出明确互联网金融广告宣传标准及负面清单,设置事先审查制度,充分发挥行业协会自律管理能动性等建议。⑤

三是针对互联网广告实践中的某一类具体问题提出相应规制建议。王媛分析了自媒体短视频广告中存在的诈骗、暴力与假货等问题,提出严格自媒体广告审核标准,设置自媒体短视频举报功能,采用 AI 等技术手段甄别广告内容,运用大数据对广告进行 7×24 小时不间断自动监控,并建立反垃圾广告系统等规制举措。⑥ 刘燕南等提出,互联网原生广告以更具隐蔽性

① 参见罗江:《刘双舟:互联网广告监管需协同共治》,《经济》2019 年第 11 期,第 90—92 页。

② 参见孟茹、查灿长:《新媒体广告规制研究》,南京大学出版社 2018 年版,第 464—467 页。

③ 参见张绕新:《互联网广告的法律监管刍议》,《出版广角》2020 年第 2 期,第 80—82 页。

④ 参见李嘉丽:《浅析自媒体植入式广告的法律规制》,《法制与经济》2019 年第 11 期,第 161—162 页。

⑤ 参见张继红:《我国互联网金融广告行为的法律规制》,《经贸法律评论》2019 年第 5 期,第 132—143 页。

⑥ 参见王媛:《探析自媒体短视频广告的监管与治理》,《传媒论坛》2020 年第 2 期,第 171 页。

和侵蚀性的信息采集方式,进一步扩大了隐私悖论问题,使自我表露与隐私意识觉醒呈现出隐性化和滞后性的嬗变特征,并以规制视角比较了欧美、日本以及中国等不同国家的差异化措施,探讨疏导隐私焦虑的方法与手段。① 唐英基于2015年新修订的《中华人民共和国广告法》以及《互联网广告管理暂行办法》,探讨了微信信息流的监管困境,并提出严格市场准入、加强平台自律、构建网络社交场域传播信用模式等广告监管制度。② 窦佳乐等通过对十位自媒体人的深度访谈,发现在自媒体环境下形成了平台运营者、用户在线投诉举报的广告规制以及自媒体人自我规制三种新型广告规制方式,这三种约束力具有一定现实效果,但是在各种商业逐利行为的投射下又呈现规制失灵的面向,并提出制定自媒体广告营销专门规章制度,自媒体运营主体实施广告营销备案与用户举报机制,自媒体运营商和行政监管部门工作联动机制,行政主管部门划区域实施广告营销监测与处理联动机制等多主体规制体系的建构。③

总体而言,我国互联网广告规制的研究围绕互联网广告行业中出现的新问题,研究视角日益呈现多元化趋势,研究方法也较为丰富,研究话题逐步细化深入。这些研究为互联网广告产业的良性健康发展奠定了理论基础与外围环境,也为行业开展自我规制探索了一些可借鉴经验与思路。

第三节　自我规制对互联网广告行业的适用性

依据国际实践经验与规制理论发展,自我规制理念对于互联网广告行业具有一定的适用性。

---

① 刘燕南、吴浚诚:《互联网原生广告中隐私悖论的嬗变与规制》,《当代传播》2019年第6期,第84—87页。

② 唐英:《新〈广告法〉语境下微信信息流广告监管制度研究》,《当代传播》2020年第1期,第86—88页。

③ 窦佳乐、黄迎新:《自媒体广告的规制失灵与多主体规制体系建构——一项基于自媒体人深度访谈的探索性研究》,《新闻大学》2018年第5期,第117—123页。

一、自我规制理论研究

规制与自我规制需要放在一起来理解,前文从规制视角论述了其理论演进与相关产业研究,对于深入理解自我规制可以提供相关的理论视野,下文重点论述自我规制的内涵、类型、特征与优势等问题,以进一步厘清自我规制的外延内涵,并有助于我们理解自我规制对于互联网广告行业的适用依据。

（一）自我规制的概念理解

自我规制(self-regulation)理念缘起于西方国家,最早可追溯至欧洲中世纪时期的商业与贸易行会,它们利用行业组织主动进行自我规制,从而减少政府规制的介入与干预。① 后来自我规制一直在英美法等国家有所发展与实践,到 19 世纪末以后,在工业社会的经济发展下,政府的行政权力不断扩大,政府规制大有取代自我规制之势,于 20 世纪 70 年代末政府规制发展达到巅峰,有些国家被称为"规制国家"。但是由于自我规制有其现实优势,并且伴随前文提到的放松规制政策发展,在 20 世纪后期自我规制重新崛起,也有学者称之为"规制国家框架下的自我规制"或者合作规制(coregulation),于是自我规制理念也成为当前规制改革的重要举措之一,尤其是在社会管理、网络规制、人工智能问题等尤为复杂以及新技术发展迅速的领域。②

自我规制在实践中虽早已存在,但仍属于尚在发展研究中的概念。美国学者弗吉尼亚·豪夫勒(Virginia Haufler)认为自我规制是被规制对象自行设计并自我执行的自主性制度安排,而且不是比政府现行规制更加严格,就是在缺乏政府规制或标准的领域建立新的标准。与政府的强制性规制不同,自我规制是自愿实施的,把产业自我规制看成一种全球治理集体决定机制,既可在政府参与下运行,也可以在没有政府参与的情况下发挥作用。③ 英国学

---

① 参见葛文龙:《社会自我规制:政府与社会协同构建研究》,《四川省干部函授学院（四川文化产业职业学院）学报》2019 年第 2 期,第 118—112 页。

② 参见高秦伟:《社会自我规制与行政法的任务》,《中国法学》2015 年第 5 期,第 77 页。

③ Haufler, Virginia, "A Public Role for the Private Sector: Industry Self-regulation in a Global Economy", *Washington D.C.Carnegie Endowment*, 2001, pp.45-56.

者迈克·米诺格(M.Minogue)提出自我规制并不是政府规制的替代品,只是规制的一种技术形式。① 荷兰学者菲利普·爱杰兰(Philip Eijlander)认为,自我规制是组织或协会制定并实施规则,而且还调控对规则的遵守,并且在成员组织或协会内部执行规则。② 英国学者安东尼·奥格斯(Anthony Ogus)认为自我规制可能是由行业从业者自己制定的一项标准,其制定虽然是为了符合政府规制要求,但并不具有法定约束力,也可能是自我规制机构发布规定,并须经过政府部门核准的法定体制。③

以上这些学者对自我规制内涵理解的共同之处在于,他们都认为自我规制不同于政府规制,是组织或企业自行实施制定的一种自治型制度安排。基于已有研究成果,本书认为自我规制是指行业市场主体自发组织制定并在内部自愿实施规则,其规制内容、规制方式的选择以及内部激励机制的设计均由行业内部成员决定,并在成员组织或协会内部调控行业主体对规则的执行与遵守的一种特定规制形式。

自我规制在中国多表述为"自律",相关研究成果虽然较多,但自我规制的内部运作机理如何以及体系构建、与政府规制的共同协作与相互补充等问题尚未展开深入讨论。因此本书结合国际实践经验,深入论述中国互联网广告行业自我规制的可行性与必要性,并结合国内互联网广告行业实践基础,探讨中国互联网广告行业自我规制的体系构建与运行,以丰富广告产业规制理论内涵,提升互联网广告行业自我规制与政府规制的高耦合度,为促进中国互联网广告规制的调整和创新提供理论观照与智力支持。

(二)自我规制的分类与特征

各国学者对自我规制的分类并不一致,如表2-1所示。

---

① Minogue,M.,"Governance - Based Analysis Of Regulation",*Annals of Public and Cooperative Economics*,73(4),2002,pp.649-666.

② Eijlander,Philip,"Possibilities and Constraints in the Use of Self-regulation and Co-regulation in Legislative Policy:Experiences in the Netherlands-lessons to be Learned for the EU?",*Electronic Journal of Comparative Law*,9(1),2005,pp.102-114.

③ 参见[英]安东尼·奥格斯:《规制——法律形式与经济学理论》,骆梅英译,中国人民大学出版社2008年版,第112页。

表 2-1 各国学者对自我规制的分类研究

时间	学者	国别	自我规制分类
1996	汉斯·海因里希·图特（Hans-Heinrich Trute）	德国	国家决定责任框架内的私人行动与决定； 私人为确保公益而利用国家工具； 国家保障责任下的私人独立执行任务； 受国家规制与监督的自我规制； 受国家引导与影响的自我规制。
1996	朱莉娅·布莱克（Julia Black）	英国	授权型自我规制； 批准型自我规制； 压制型自我规制； 自愿型自我规制。
1999	乌多·迪·法比奥（Udo Di Fabio）	德国	书面审查程序； 受管控的自我监督； 第三人的监督； 合作规范具体化； 组织结构的公益导向； 独立履行组织； 补充执行等。
2000	朱迪·弗里曼（Jody Freeman）	美国	自愿型自我规制； 委托型自我规制。
2007	原田大树	日本	团体自律模式； 团体参与模式； 监察认证模式； 诱导模式四种。

德国学者图特对自我规制的分类主要以国家与社会间分工实现公共福祉形成的法律关系为基础；[1]德国学者法比奥对自我规制的划分主要是基于法学视角。[2] 日本学者原田大树以市场取向和团体取向为横轴，以国家法规律和社会自律为纵轴，将自我规制分为四种类型。[3] 美国学者朱迪·

---

① 参见高秦伟：《社会自我规制与行政法的任务》，《中国法学》2015 年第 5 期，第76 页。

② 参见陈军志：《公私协力法制下之社会自主管制》，硕士学位论文，（中国台湾）政治大学法律学研究所 2011 年，第 14 页。

③ 参见［日］原田大树：《自主规制的制度设计》，《山东大学法律评论》2008 年第 1 期，第 238 页（此文刊载的是 2007 年中日公法学研讨会专题内容，故表 2-1 中标示提出时间为 2007 年）。

弗里曼基于国家介入的程度强弱,将自我规制分为两类。① 英国学者朱莉娅·布莱克根据自我规制与政府之间可能存在的不同关系,将自我规制分为授权型、批准型、压制型与自愿型,其中授权型自我规制是指政府依法要求或者授权某一行业组织在政府所限定范围内制定并执行自我规制规范;批准型自我规制是指产业组织等自行制定规制方案,然后呈报政府批准并执行;压制型自我规制是指产业组织自行制定并实施的规制,但往往是对政府的威慑作出回应的结果,如果产业不制定,政府就会进行法定规制;自愿型自我规制主要取决于产业组织自我决定,政府不会以直接或者间接干预。②

英国学者卡罗尔·哈洛(Carol Harlow)和理查德·罗林斯(Richard Rawlings)分析了自我规制的分类依据,他们认为影响自我规制的可变因素主要包括垄断权力的大小、针对第三方规制的实际重要性、制度的规范化程度以及自我规制在法律地位上的差别。③ 综合以上研究可以看出,政府介入自我规制的形态呈现多样化,自我规制的类型也尚处于不断发展变化之中。伴随自我规制呈现出追求公共责任以及有效性等目标的现代趋势,自我规制也被逐渐嵌入到现代规制国家之中,政府规制与行业自我规制的合作式规制成为一种新形态。这种新的趋势目的在于发挥各自优势并克服其不足。各国学者们由于研究视角的不同,对这种新趋势的描述与理论架构也有所不同,主要使用术语还涉及附条件的自我规制、受审查的自我规制、可信的自我规制以及内嵌式自我规制等。④ 这些研究都呈现出自我规制与政府规制的交错与融合,以及自我规制逐渐得以制度化的发展趋势,这种新

---

① Freeman,Jody,"Private Parties Public Functions and the New Administrative Law",*53 Administrative Law Review*,2000,pp.813,831,834.

② Black,Julia,"Constitutionalising Self-regulation",*The Modern Law Review*,59(1),1996,pp.24-55.

③ Harlow, Carol and Rawlings, Richard, *Law and Administration*, 2nd Ed. London: Butterworths,1997,pp.233-280.

④ Wolfgang Schulz,Thorsten Held,Regulated Self-Regulation as a Form of Modern Government:an Analysis of Case Studies from Media and Telecommunications Law, University of Luton Press,2004.

的趋势与变化也使自我规制的谱系与发展相当复杂,体现出更加多元化的发展路径与可能。

关于自我规制的特征,西班牙学者哈维尔·努涅斯(Javier Núñez)认为主要体现在三个方面:一是自我规制组织也面临代理问题,规制效果最终取决于自我规制成员自身,二是自我规制组织对质量的控制以声誉为基础,三是自我规制常存在于"信任商品"产业中。① 荷兰学者菲利普·爱杰兰(Philip Eijlander)则认为自我规制有三个本质特征:一是自我规制主要涉及特定社会组织的行为规范,二是自我规制包括制定和实施组织内部的运作规则,三是所制定的相关规则能够约束自我规制组织成员。② 另外,自我规制组织所具有的垄断权力程度,比如是否规制市场上所有企业,还是仅规制该组织的成员,以及自我规制组织的规范化程度、法律地位的差异化程度、外部介入程度等相关因素都能帮助我们更好地理解自我规制特征。③ 相比政府规制,自我规制具有较强的内生性和自组织性,也更重视被规制者的参与。

(三)自我规制的优势与局限性

伴随经济全球化的快速发展,自我规制在经济社会发挥的作用也越来越大,相比政府规制而言,自我规制有其自身的优势与局限性。

自我规制优势主要体现在,与政府规制相比,自我规制组织往往具有更多的专业技术知识,也能够掌握更充分的市场信息,市场信息获取成本较低,因此进行规制及实施的成本也相对较低;行业内部对自我规制执行标准认可度较高,在发现违规行为和惩罚方面也更加有效;自我规制组织可以根据不断变化的市场环境快速调节,对规制标准的修正成本也相对较低;并且自我规制组织往往能够实现规制管理成本的内部化,而政府规制的成本最终还需纳税人来负担。④

---

① Núñez,Javier,"A Model of Self-regulation",*Economics Letters*,74(1),2001,pp.91–97.

② Eijlander,Philip,"Possibilities and Constraints in the Use of Self-regulation and Co-regulation in Legislative Policy:Experiences in the Netherlands-lessons to be learned for the EU?",*Electronic Journal of Comparative Law*,9(1),2005,pp.102–114.

③ 参见廖义铭:《产业自律性管制》,台湾翰芦图书出版有限公司2005年版,第28页。

④ Peter Cane,"Self-regulation and Judicial Review",*Civil Justice*,1987(6),pp.328–333.

政府规制可能导致产业生产效率和创新激励的下降,而自我规制是产业自愿实施的一种激励性约束机制,因此实施自我规制还会给产业带来以下优势:自我规制可促使行业主体为消费者提供更加安全、可靠的产品与服务。由于自我规制相较政府规制实施快、弹性大,对抗性较小,更有利于提高产业效率和推动创新,并推动公共产业政策的发展。① 美国学者罗伯特·皮托夫斯基(Robert Pitofsky)从产业角度全面分析了自我规制可能带来的利益,认为自我规制通过建立道德标准并惩罚不遵守标准的行为,可以为企业带来公平和诚实的良好声誉,并且实施自我规制有助于建立行业标准,比政府规制更加快捷有效,行业组织能够利用累积性经验解决政府规制难以处理的问题。② 美国学者彼得·德马佐(Peter M.DeMarzo)等认为企业强化自我规制的实施可以避免政府直接干预,因此在政府监督下,能够实现自我规制的最优。③

同时,自我规制也存在一定的局限性。有学者认为自我规制存在规制者被俘的可能性,导致这种现象的根本原因在于规制者和被规制者角色的重叠:一是因为自我规制组织往往缺乏充分的激励去监察并公开披露组织成员的违规行为;二是自我规制组织成员有动机贿赂组织帮其隐瞒违规行为,导致自我规制无效。除此之外,组织内部成员如果利用自身权力设置阻碍竞争障碍,则可能置新竞争者于不利的境地,从而产生反竞争效应。④ 还有学者提出自我规制可能会涉及国家授权问题,因此恰当的责任与控制手段必须相匹配,在现实执行中行业主体的自我规制约束力以及对规制准则的遵守程度等方面还存在令人遗憾的局限性;行业组织需要很长时间才能

① Valentine,Debra A.,"Industry Self-regulation and Antitrust Enforcement:An Evolving Relationship",*Prepared Remarks in Federal Trade Commission*,1998.

② Pitofsky,Robert,"Self-regulation and Antitrust",*Prepared Remarks in the D.C.Bar Association Symposium*,1998.

③ DeMarzo,Peter M.,Fishman,Michael J.and Hagerty,Kathleen M.,"Self-Regulation and Government Oversight",*Review of Economic Studies*,72(3),2005,pp.687-706.

④ Harlow, Carol and Rawlings, Richard, *Law and Administration*, 2nd Ed. London: Butterworths,1997,pp.251-255.

培育和发展自我规制的功能。① 荷兰学者菲利普·爱杰兰（Philip Eijlander）还论述了自我规制可能产生的风险与成本，主要体现在政府批准自我规制条例往往需要较高的成本，自我规制者在制定规则时可能会掺杂私利，公众可能不相信自我规制者会根据消费者利益进行规制，自我规制可能会因缺乏公开性、透明度和可接受性而偏离原定目标。②

综上可知，自我规制具有组织和信息成本等方面的优势，由于企业往往更愿意遵守那些自己制定的规则，而不是像对待政府规制那样抵触，自我规制所具有的内生性和自组织性特征，使得规制的控制和实施成本也更低。但同时，自我规制的这种自愿性、参与主体的多元性，也可能会产生集体行动中的成本分摊与收益共享等问题。要想规避自我规制的局限性而发挥其优势，还需完善自我规制的内部激励机制与外部约束机制，强化自我规制组织的内部治理结构。

（四）自我规制与政府规制的关系

自我规制与政府规制都属于治理市场失灵的一种制度安排。如何设计有效的规制体系就成为增进社会效率的关键，目前学术界基本形成两种观点，如表2-2所示。

表2-2　自我规制与政府规制关系研究

观点	学者	时间	观点
替代论	托马斯·格里格（Thomas Gehrig）	1995	当消费者和生产者拥有对称信息时，政府规制更有利于改善社会福利。但如果只有生产者能够获得为评价质量所需的信息，自我规制则优于政府规制。
	梅特兰（Maithland）	1985	应该依靠企业"良知"来规制企业行为，而不是通过政府规制来推动福利改善。

---

① 参见杨志强、何立胜：《自我规制理论研究评介》，《外国经济与管理》2007年第8期，第17—18页。

② Eijlander, Philip, "Possibilities and Constraints in the Use of Self-regulation and Co-regulation in Legislative Policy: Experiences in the Netherlands-lessons to be learned for the EU?", *Electronic Journal of Comparative Law*, 9(1), 2005, pp.102-114.

续表

观点	学者	时间	观点
互补论	约翰·鲁恩卡（John C.Ruhnka）	1998	自我规制与政府规制之间并不是替代关系，而是相互促进的关系。政府可正面激励企业实施自我规制，也可惩罚违规企业。
	琳达·森登（Linda Senden）	2005	自我规制与政府规制是一种互动、相容、互补的关系，政府规制可以为自我规制提供动力与制度保障，自我规制则可以弥补政府规制的不足，有利于政府规制功能的延伸与发挥。
	菲利普·爱杰兰（Philip Eijlander）	2005	一定规模的"组织规则"不仅不会威胁政府规制，而且还能与政府规制相配合，收到更好的规制效果。

在现实社会中自我规制是不可能离开政府规制单独存在的，如表2-2所示，学界对于自我规制与政府规制的关系一般有替代论和互补论两种观点。替代论认为自我规制是对政府规制的替代；互补论认为采取自我规制与政府规制相结合的混合机制，可以提高经济效率，更有效地解决市场失灵问题。美国学者彼得·格雷兹（Peter Grajzl）和彼得·默雷尔（Peter Murrell）认为自我规制是政府为规制经济而实施的制度安排之一，并非截然分开，不管采用哪种规制管理方式，都需要社会效率较高的规制管理体系，并在其符合社会利益的情况下才能付诸实施。[①] 美国学者伊恩·艾尔斯（Ian Ayres）和约翰·布雷斯韦特（John Braithwaite）提出在不同的法律、社会与历史环境下，应采取不同的规制策略，如在政府监督下的自我规制或强制性自我规制等。[②] 因此，政府规制与自我规制都只是一种规制措施，完全依赖某一种规制并不一定是最优选择，比较理想的方案是在政府规制的背景下，引入自我规制，实现规制方式的多元融合，充分发挥各种规制形式的优势，共同解决市场失灵问题。

---

① Grajzl,Peter and Murrell,Peter,"Allocating Law Making Powers:Self-regulation vs Government Regulation",*Journal of Comparative Economics*,35(3),2007,pp.520- 545.

② Ian,Ayres and John,Braithwaite,*Responsive Regulation:Transcending the Deregulation Debate*,Oxford:OUP,1992,pp.101-106.

二、互联网广告行业自我规制的相关研究

广告自我规制在英文中通常用"Advertising self-regulation"表述,也经常简写为ASR。基于前文对自我规制概念及相关理论的研究,我们认为互联网广告行业自我规制是指行业市场主体或组织制定并实施规则,同时调控行业主体对规则的遵守,并在成员组织或行业内部执行规则。① 其中互联网广告行业市场主体包括网络媒体平台、广告主、广告公司及其他相关行业组织,其规制内容、规制方式的选择以及内部激励机制的设计均由行业内部成员决定。

伴随互联网广告行业的快速发展,一些虚假广告、隐私泄露、不正当竞争等违法违规现象屡屡发生,这些问题已经危害到全球互联网广告生态的健康发展,最终也会危及行业主体的自身利益,更影响消费者权益及社会健康发展。面对这些行业问题,互联网广告业逐步产生了自我规制的自觉与市场需求,并开始不断采取一系列自我规制举措,建立自我规制体系也成为一些国家规制改革的趋势。

随着行业的关注与规制改革变化,学界对互联网广告行业自我规制的相关研究也有所增加。2011年英国诺丁汉大学的边雪梅(Xuemei Bian)、加拿大布鲁克大学和法国雷恩商学院的菲利浦·科钦(Philip Kitchen)联合意大利萨勒诺大学玛丽亚·特蕾莎·库莫(Maria Teresa Cuomo),三位来自不同国家的学者选择"Business Source Premium""ABI Inform Global"和"the International Bibliography of the Social Sciences"三个可以覆盖大多数排名很高的国际营销期刊的数据库进行系统的文献调查,共搜寻大约20个关键词,包括"广告规制"(advertising regulation)、"广告自我规制"(advertising self-regulation)、"广告标准"(advertising standard)、"行业规制"(industry regulation)、"行业自我规制"(industry self-regulation)、"广告主自我法规"(advertiser self-regulation)和"媒体自我规制"(media self-regulation)等,评估了自1980年以来国际上广告自我规制研究取得的进展,并分析了广告自我

———————

① 参见张艳:《美国互联网广告业自我规制:多元主体与路径选择——以广告数据欺诈防范为切入点》,《编辑之友》2020年第7期,第108—112页。

规制的审批流程、影响因素及有效性问题,认为美国和澳大利亚以外的媒体广告评估标准研究较为缺乏,尤其是在新媒体领域研究较少,提出该项研究结果有必要进行跨国验证。① 这也说明了互联网广告行业自我规制研究在国际上的重要意义。

以色列学者阿夫沙洛姆·吉诺萨尔(Avshalom Ginosar)研究了以色列互联网广告行业的自我规制,通过对行业代表和527名学生的调查,发现行业代表与公众对互联网广告规制的看法存在巨大差距。虽然业界支持对互联网广告进行技术方面的自我规制,但公众更希望对互联网广告进行技术和内容的共同监管,并提出互联网广告领域应该采用一种新的共同规制方式,而非完全的行业自我规制。②

澳大利亚是全球广告自我规制开展时间最长的国家之一。澳大利亚学者黛布拉·哈克(Debra Harker)采用定性的研究方法,对行业利益相关者进行深度访谈,认为传统的广告自我规制方法对于互联网广告的指导性较小,互联网的动态环境在保护消费者方面给所有利益相关者带来了新的挑战,互联网广告活动中的自我规制方法也是一个特别值得深入探索的新兴领域。③ 黛布拉·哈克和迈克尔·哈克(Michael Harker)发表的另外一篇论文中论述了在传统媒体时代广告行业自我规制对于政府规制的补充作用,认为互联网媒体的发展为监管机构和行业主体都带来了新问题,澳大利亚监管机构和行业合作伙伴都在努力探讨互联网广告的规制主体与责任,他们在研究中试图探讨一种广告自我规制的通用模型,并评估其在互联网环境中的适用性。④ 黛布拉·哈克认为随着互联网等新技术的发展,传统界限已经逐渐消失,对于广告自我规制议题的研究有助于促进全球广告业

① Xuemei Bian, Kitchen, Philip and Cuomo, Maria Teresa, "Advertising Self-regulation: Clearance Processes, Effectiveness and Future Research Agenda", *The Marketing Review*, 11(4), 2011, pp.393-414.

② Ginosar, Avshalom, "Self-Regulation of Online Advertising: A Lesson From a Failure", *Policy and Internet*, 6(3), 2014, pp.296- 314.

③ Harker, Debra, "Regulating Online Advertising: the Benefit of Qualitative Insights", *Qualitative Market Research*, 11(3), 2008, p.295.

④ Harker, Debra and Harker, Michael, "Responsibility for Regulating Online Advertising in Australia: an Exploratory Discussion", *Electronic Markets*, 12(2), 2002, pp.135-144.

的有效自我规制。她采用一种混合的数据收集方法,对监管机构、广告主和公众参与者深谈,同时对发生过的1万多起投诉进行历史分析,在此基础上提出了一个可以提高广告自我规制有效性的实践框架,这个框架中包括七项规范性准则。黛布拉·哈克认为成功的自我规制计划的关键基础是资金,限制资金的流动和数量就会限制资金的独立性和自治性,认为资金的管理应该由独立的机构来完成,并提出自我规制机构在接受有关行业失范行为投诉时,必须采取平等、公开、透明的态度,自我规制机构的小组成员应是专门招募的,且具有一定专业知识,同时能保持独立性的专业人士。①

总体而言,国外学者对互联网广告自我规制的相关研究起步较早,研究内容较为丰富深入,研究视角多元细化,研究方法也更为多样,研究成果反映出国际互联网广告规制实践中行业自我规制为主导的发展趋势,对我国互联网广告行业的自我规制具有启示意义。海外许多研究成果是在传统广告自我规制研究的基础上展开,探讨传统广告自我规制方法对于互联网媒体的适用性等问题,并试图探索一种通用型广告自我规制框架。研究主要内容还涉及互联网广告自我规制主体及责任问题,广告自我规制机构的资金来源问题,当前的广告自我规制系统对于互联网广告的适用性问题,互联网广告自我规制系统将在原籍国还是目的地国运行的问题,即失范问题广告该由广告来源国还是访问该广告的国家的规制机构承担责任等。

国内对于互联网广告自我规制的研究起步较晚,目前尚未形成系统性的研究成果,相关研究内容体现在两个方面:一是对于海外互联网广告自我规制的借鉴研究。薛敏芝分析了美国互联网广告规制架构重心由"维护市场竞争"向"消费者权益保护"的转变过程,认为广告行业自我规制体系已经成为美国广告规制系统中的重要组成部分,新媒体广告产业生态的各环节都可以制定相关的行业标准和原则。② 余平阐述了美国在线行为广告的三类自我规制主体,即广告行业协会、互联网广告约束组织以及跨行业的非

---

① Harker,Debra,"Towards Effective Advertising Self-regulation in Australia:the Seven Components",*Journal of Marketing Communications*,9(2),2003,pp.93-111.

② 参见薛敏芝:《美国新媒体广告规制研究》,《上海师范大学学报(哲学社会科学版)》2013年第3期,第61—69页。

政府机构,认为社会对消费者权益的日益关注以及立法规制的双重压力,使广告主体产生了实施自我规制的需求,以避免行业混乱而招致严格立法,并分析了美国自我规制理念的嬗变。① 李安渝等分析了美国、日本、英国的互联网广告规制,并进行了国内外比较,认为随着新广告法的颁布,我国互联网广告规制方向从依靠传统行政规制方式向注重运用市场主体信用规制方式转变,行业自我规制成为广告监督管理工作的必要补充,应充分发挥第三方广告自我规制审查机构的职能,提高整体广告行业的社会责任和伦理意识。② 这类研究以现状介绍、经验总结等描述性内容见长,研究成果反映出国际互联网广告规制实践中行业自我规制为主导的发展趋势,对我国互联网广告行业自我规制具有启示意义,但并不具备完全参考性。

二是我国互联网广告自我规制的理念探讨研究。代表性观点包括互联网的高度技术性、快速变化性等特点,要求我们不能将传统广告规制模式简单照搬到网络空间中,政府并不是互联网的唯一规制主体,自我规制组织也应发挥重要作用,自我规制与政府规制互相补充的合作式规制体制应成为我国互联网规制的发展方向;③互联网广告规制面临更为复杂的规制环境,我国也应在法律基础之上加强自我规制与共同规制,建构确定性高、一致性强而又足够灵活、反应迅速的规制体系;④新媒体技术的飞速发展,使广告主面临行业自律、道德伦理与企业价值选择等方面最为严峻的考验,任何时候来自外在的压力都没有内化的力量强大,因此广告主的自我约束与道德自律理应是最佳的管理利器。⑤ 互联网广告规制在思路、逻辑和技术工具上与传统广告都不同,互联网广告需针对自身特点和发展采用合适的规制

---

① 参见余平:《美国的在线行为广告自我规制理念嬗变》,《青年记者》2014 年第 11 期(下),第 94—95 页。

② 参见李安渝、朱峻萱:《互联网广告规制国内外比较研究》,《中国工商管理研究》2015 年第 4 期,第 28—31 页。

③ 参见李洪雷:《论互联网的规制体制——在政府规制与自我规制之间》,《环球法律评论》2014 年第 1 期,第 118—133 页。

④ 参见张文锋:《英国广告规制中的替代性规制及启示》,《青年记者》2015 年第 3 期(中),第 85—86 页。

⑤ 参见查灿长、孟茹:《第四种力量的崛起:网民舆论监督助推新媒体广告行业自律》,《上海大学学报(哲学社会科学版)》2015 年第 3 期,第 118—128 页。

模式,认为在数字化背景下,政府主导的规制体系正在向政府、行业、公众三者协同治理的方向转变,并尝试提出以互联网平台为枢纽的协同规制体系;①行业自我规制和社会监督是构建新媒体广告长效监管机制的重要保证,我国可借鉴美国、英国、法国及日本等国广告审查机构的做法,建立具有中国特色的广告自我规制审查机构,同时充分发挥广告行业协会作用,建立行业内部的相互监督机制,对违反自律规定的进行检举批评,促进新媒体广告业的健康发展。② 这些研究对我国互联网广告行业的复杂规制环境、行业自我规制意义以及自律规制组织的作用等问题进行了初步探讨,但是缺乏对于自我规制体系运行机制的深入研究。

总体来看,国内学者对互联网广告自我规制问题的研究较为零散。研究内容上,多在探讨行业进行自我规制的重要意义和作用,缺乏具有可操作性的深入研究;研究视角上,多是从政府规制的角度审视,缺乏对行业自我规制全面系统地学理观照;研究方法上,已有研究多以定性分析和静态分析为主,缺乏定量分析、动态分析等多学科研究方法的运用;研究的分析范式单一。本研究将在前人研究基础上,基于产业组织理论和规制经济学理论,全面系统地探究中国互联网广告自我规制体系和运行框架。

三、自我规制对互联网广告行业的适用性

自我规制的目的是为了规范行业行为,协调同行利益关系,维护行业间公平竞争,促进互联网广告行业的良性健康发展,也是目前世界上通行的一种行之有效的规制方式。③ 从海外经验看,广告行业自我规制发展较早,也较为完备,并将规制模式延伸至互联网广告领域,已经成为现代广告规制一个不可或缺的组成部分,发挥着重要作用。

（一）互联网广告行业进行自我规制的现实意义

互联网广告行业是一个生态系统,行业自我规制对网络生态的运行具

---

① 参见靳亚聪:《国内互联网广告规制研究——新〈广告法〉及〈互联网广告管理暂行办法〉出台后的新变化》,《广告大观(理论版)》2017年第8期,第80—93页。
② 参见陈德兴:《关于加强新媒体广告监管的思考》,《中国工商管理研究》2014年第2期,第37—40页。
③ 参见孟茹、查灿长:《新媒体广告规制研究》,南京大学出版社2018年版,第320页。

有重要意义。第一，发挥生态系统的自我调节作用。依据生态学理论，生态系统具有自我调节的能力，是系统发展从不平衡到平衡的一种动力机制，也是一种反馈呈现。生态系统内的某些要素如果出现问题，生态系统也会遭到破坏，而系统内的自我调节则可以帮助生态系统保持平衡。互联网广告行业的自我规制正是广告业的一种自我调节体现，通过行业自我规制能更好地改善自身发展过程存在的诸多问题，确保行业的持久健康发展，促进互联网广告生态系统的自我调节和运行发展。第二，增强生态系统的改进优化功能。互联网广告行业的自我规制也是网络生态系统的运行反馈，伴随行业发展各种新问题的不断涌现，会促使行业组织根据最新变化及时更新规制内容，改进生态系统的不良状况，促进网络生态系统的改进与优化。这个持续不断的自我规制的过程能促进互联网广告各种问题的解决，维持生态系统的改进与优化，形成良性发展的态势。

（二）海外互联网广告行业的自我规制实践

在广告产业较为发达的美国、英国、日本以及澳大利亚等国家，较早建立了广告行业自我规制体系，并伴随互联网技术的快速发展，将传统广告自我规制理念与实践延续至互联网广告领域，尝试探索其在新技术环境下的适用性以及创新路径，互联网广告行业的自我规制实践也成为国际上关注的一种趋向。

1. 美国互联网广告行业的自我规制实践

美国是互联网商业应用最早的国家，也是互联网广告发展最早的国家。自1994年世界上第一则网络广告发布以来，美国互联网广告市场一直呈现快速发展趋势。2019年美国互联网广告市场规模为1246亿美元，2010年至2019年互联网广告的年均复合增长率达19.02%。[①] 相应的，美国互联网广告自我规制实践也发展较早，并很难脱离其广告业的自我规制体系。

自我规制在美国广告产业规制中一直扮演着重要角色。早在19世

---

① 参见前瞻产业研究院：《一文带你了解美国互联网广告市场规模及竞争格局分析移动端占比不断提升》，2020年7月19日，见 https://baijiahao.baidu.com/s? id = 1672633313686911482&wfr = spider&for = pc。

纪末 20 世纪初,美国现代广告行业自律协会就已经建立起来。1891 年,美国第一个广告行业组织——美国户外广告协会(Outdoor Advertising Association of America,OAAA)诞生。1905 年,跨行业的自律组织——美国广告联合会(American Advertising Federation,AAF)成立,通过在其内部刊物上发布警告来对美国违反相关规定的行为进行斥责并勒令整顿。1910 年成立的美国广告主协会(Association of National Advertisers,ANA)开始为其成员提供广告和营销方面的信息服务。自 1912 年美国促进局成立后,整个广告行业有了系统规范的自律体系和原则。1917 年,美国广告代理协会(The American Association of Advertising Agencies,4A's)成立,它的出现为整个广告行业树立了标准与规范。表 2-3 为美国传统自律协会的机构设置、主要管理内容、具体工作形式及协会成员享有服务的具体情况。

表 2-3　互联网时代美国传统自律协会的机构设置和相关工作

协会	机构设置	主要管理内容	工作形式	成员享有服务
美国广告自律监管理事会(ASRC)	全国广告部,全国广告审查委员会,儿童广告审查部,网络广告组,电子零售自律监管组	1. 一般广告和儿童广告的自律监管 2. 新兴领域广告的自律监管并制定在线行为广告行业准则 3. 提供用以解决争议的用户友好论坛等	1. 开展会议 2. 提供在线服务 3. 提供论坛解决问题	提供知识和论坛服务等
美国广告联合会(AAF)	1. 设有 CEO 2. 全国教育执行委员会;全国 ADDY 奖项委员会;广告成就奖委员会;广告名人堂委员会;公司会员委员会;摩西理事会	1. 集思广益策划新颖有效的商业方案 2. 邀请公众参与,协助政府保护并推动广告活动和行业发展 3. 会员工作培训(包括创意、技术和营销能力等方面) 4. 帮助各地志愿活动领导者顺利开展项目 5. 招收多学科、多文化背景人才以保证广告活动多元化 6. 协助解决社会问题维护秩序稳定	1. 进行日常会议 2. 论坛讲座 3. 设置比赛项目(广告名人堂、全国大学生广告比赛等六项赛事)	1. 俱乐部服务 2. 教育服务 3. 政府服务 4. 企业服务 5. 会员利益 6. 资源库

续表

协会	机构设置	主要管理内容	工作形式	成员享有服务
美国广告主协会（ANA）	广告财务管理委员会；代理关系委员会；品牌管理委员会；B to B 委员会；整合营销委员会；法律事务委员会；营销计量委员会；多文化营销委员会；印刷广告委员会；高级市场总监智囊团；赞助与事件营销委员会；电视广告委员会	1. 提供信息咨询服务 2. 进行多样主题会议 3. 协助企业建立品牌并提供相关专业培训课程 4. 为广告行业设立相关管理条例并处理监督问题 5. 站在广告主的立场上出面协商政府与成员企业以及其他各个组织间的关系及矛盾	1. 开展会议 2. 提供在线服务	1. 提供知识产品（包括 e-book、Insight briefing、相关合作伙伴内容、magazines、videos、在线研讨会等） 2. 设置营销方面的课程
美国广告代理协会（4A's）	1. 董事会 2. 下设各理事会 3. 在美国东、西、中部设有 4 个办事处 4. 45 个专业委员会	1. 为广告行业设置标准与规范 2. 服务入会成员 3. 与华盛顿办事处游说国会和其他游说团体、协会建立良好关系	1. 开展全国性以及地方性研讨会、论坛、广告节 2. 提供在线服务	提供商业信息资源和研究服务（管理、媒体、产品、创意等方面）

时至今日，美国影响力最大的自我规制机构是美国广告自律监管理事会（Advertising Self-Regulatory Council，ASRC），其前身是 1971 年成立的美国广告评审委员会（National Advertising Review Council，NARC）。美国广告自律监管理事会的主要部门包括全国广告部（National Advertising Division，NAD）、全国广告审查委员会（National Advertising Review Board，NARB）、儿童广告审查部（Children's Advertising Review Unit，CARU）、网络广告组（Online Interest-Based Advertising Accountability Program，IBAAP）以及电子零售自律监管组（Electronic Retailing Self-Regulation Program，ERSP）。其中网络广告组和电子零售自律监管组主要是针对互联网广告领域的自我规制机构。美国广告自律监管理事会制定了在线行为广告的行为准则，并对行业内广告主体的合规活动进行指导与监督。虽然美国广告自律监管理事会的自律监管机制对行为主体的直接约束力有限，但是可以通过公开监管建议施加舆论压力，美国联邦贸易委员会等监管机构也会优先处理自律监管

机构移送的案件。① 目前,在商业促进局理事会的指导下,美国广告自律监管理事会已经为电子零售业自律项目、全国广告审查委员会以及在线利益导向的问责程序等制定了相应政策,并提供友好论坛以帮助行业各方解决争议性问题。

一些特殊行业的广告规制也都是通过相关行业协会来实施,这些行业协会在传统广告产业中已经形成较强的权威性,因此在实施相应的互联网广告自我规制时也比较有效。同时伴随互联网技术的不断发展,针对新技术环境下出现的各种新问题,美国广告行业自我规制机构针对互联网广告市场不断增添了许多新的规制与服务内容。主要包括以下几点:第一,增设专门管理网络广告的新兴部门,如"数字委员会"和"广告伦理研究所";第二,制定和修订适用于互联网广告规制的规范条例,如《广告伦理的原则和实践》;第三,成立互联网广告领域自律联盟以最大限度地发挥行业自我规制优势,如2010年成立的"美国数字联盟";第四,行业协会不断拓展互联网广告领域的研究内容,明确问题指向并开展高效的处理方式,如2011年6月发布的《在线广告研究的最佳实践》;第五,在互联网广告领域通过自我规制的方式保护用户个人信息,以减少由立法过早介入而阻碍行业发展的不良影响,比如确立个人信息保护的基本原则、建立广告选择图标机制、拒绝追踪机制等。②

美国广告互联网广告行业自我规制的主要内容除了包括传统广告行业中对于受众隐私权以及未成年人的保护内容,还包括对电子邮件广告、移动终端广告以及情景化广告等内容的规制。2018年美国加州出台《加利福尼亚消费者隐私法案》(CCPA),对于消费者权利进行了新的规定,包括企业收集个人信息的访问、删除和共享。企业承担着保护消费者个人隐私信息的责任,而消费者自己则有权控制并获得属于自己的个人信息。CCPA的出台提高了美国保护隐私的标准,对于不遵守法案或导致数据泄露的企业将会处以罚款。③

---

① 参见周辉:《美国互联网广告的法律治理》,《环球法律评论》2017年第5期,第142—161页。

② 参见孟茹:《美国互联网广告的行业自律监管经验》,《现代广告》2016年第21期,第11—14页。

③ 参见大数据中国:《美国"最严"隐私法案来袭! 个人信息保护的"中国方案"如何完善?》,2019年10月16日,见 https://www.bigdatas.cn/article-3527-1.html。

2019 年 3 月 6 日,美国商业促进局(Better Business Bureau,BBB)在发布的新闻案例中指出,儿童广告审查组在对有关儿童的应用程序进行审查时发现其广告投放过程中可能会模糊和传播内容间的界限,进而可能会误导儿童。① 为了防止广告商重复点击竞争对手的广告从而使对手的广告费用增加,进而产生恶意竞争,谷歌公司在网络前端加入无效点击监测系统来察觉恶意点击和其他无效的重复点击。② Facebook 公司让用户自行判断广告内容的真假与优劣,并对在其网页上投放的广告进行点赞,由此迫使广告行业内部进行自我规制,生产优质内容博得用户眼球。③ 由此可以看出,美国广告互联网广告行业自我规制内容在伴随新问题的出现而不断更新拓展。

美国广告行业自我规制体系拥有自身的特点。首先,政府、行业与公众监督之间联系相对紧密,这对于约束广告行为强而有力;④其次,行业自我规制机构结构相对完善且运行有序,层级与层级之间协作良好,规制覆盖广而全面,其权威与公正性得到行业内部的一致认同;最后,在自我规制组织机构进行广告内容审查的同时,又有相对独立的广告自律审查机构进行监督并发挥核心作用,因此其所做的决定也会更加客观与公正。⑤ 同时,其自我规制过程中也暴露出一些问题,一是规制对象的模糊性。不仅是对违规对象的不确定,同时还包括对于违规主体和违规内容的不确定性。新媒体的出现带来了许多新的广告形式,如电子邮件广告、手机广告、原生广告,它们并没有与内容划清界限,而是与内容交融一体,使得广告自我规划机构无法确定规制对象,同时由于广告形态的不确定所导致的广告内容违规与否的判定也出现了问题。而由于互联网环境下广告主、代理商、信息传播者和受众的身份有所重叠,因此也增加了违规主体的确定难度。二是对于用户

---

① 参见腾讯研究院:《年度观察报告:2019 年中美欧网络广告治理法律政策》,2020 年 1 月 4 日,见 https://mp.weixin.qq.com/s/jy4es7bRG6DtZ1pPZf8_dQ。

② 参见《Google 开创反点击欺诈网站》,《软件世界》2007 年第 9 期,第 16 页。

③ 参见冯利:《Facebook 让广告"隐形"》,《成功营销》2012 年第 4 期,第 34—36 页。

④ 参见刘晓丹:《欧美广告行业自律体系研究》,《现代商贸工业》2009 年第 12 期,第 125 页。

⑤ 参见李翠莲:《浅析美国广告自律体系及特征》,《声屏世界·广告人》2012 年第 12 期,第 220—222 页。

隐私的保护亟待加强。微软旗下的数字广告商"睿域营销"曾对英国、美国、中国、比利时四国 1500 人进行调查,研究报告称"平均 77% 的移动用户认为定向广告侵犯个人隐私"。可见对于用户隐私的侵犯是行业自我规制过程中迫切需要解决的问题。①

2. 日本互联网广告行业的自我规制发展

日本对广告行业的自我规制十分重视。日本的广告业规制包含两个方面:一是依靠法律法规与行政指导。《景品表示法》第 10 条规定:为了确保公平竞争,一些企业家或者组织根据"表示"及"赠品"的规定共同制定"公正竞争规约",经"日本公正交易委员会"认定后,可以作为行业自律与共同遵守准则,因为它不得损害消费者和相关企业的利益,代表着相关企业、消费者以及行业专家的意见。违反规约内容的企业可能会被公正交易委员会予以处罚。② 第一层面的政府规制很大程度上依靠法律法规的威慑力来促进行业主体的自我规制。二是依靠业界、广告关联团体以及媒介的自我规制来规范整个行业,遵守广告基准和自律以进行自我约束。③ 这些规则主要涉及广告主的自律公约、媒体的审查基准以及广告行业共同的伦理纲领等。另外,消费者的社会监督和批判也对日本广告业的自我规制有很大的影响。④

日本互联网广告行业自我规制主要体现在行业自我规制组织、行业内部自审部门以及行业主体制定的伦理规范等方面。其行业自我规制机构基本沿袭日本广告产业的发展,日本广告业的自我规制机构主要有日本广告业协会、日本广告主协会伦理委员会、日本广告审查机构、日本互动广告协会、日本杂志广告协会伦理委员会等。

日本广告业协会成立于 1950 年,原名日本报纸广告业者协会,1970 年正式更名为日本广告业协会(Japan Advertising Agencies Association,

---

① 参见孟茹:《美国在线行为广告的自律规制研究》,《新闻界》2016 年第 10 期,第 64—65 页。

② 参见日本的《景品表示法》可直译为《不正当赠品类及其不正当表示防止法》。

③ 参见刘晓丹:《探析日本广告活动管理体制——高度成熟,体系完善》,《经验管理者》2009 年第 17 期,第 130 页。

④ 参见范志国、殷国华:《日本广告自律机制给我们的启示》,《中国广告》2010 年第 5 期,第 122—124 页。

JAAA），大约由150家日本广告公司组成。它的成员加入采用会员制，由广告公司提交入会申请，符合条件的广告公司经董事会批准入会。JAAA以促进广告活动和广告业的健康发展，提高人们生活水平，为经济增长做贡献为业务目标，自成立以来所有会员公司的总处理金额约占日本广告总支出6.4万亿日元的70%，所以说JAAA具有极强的社会责任。为了使协会会员更好地履行社会责任，JAAA制定《日本广告业协会广告道德规范》，为该协会广告客户行为提供了详细的规范细则，并制定《广告伦理纲领》，成为广告行业自律的纲领性文件。

为了促进日本互联网广告行业的健康发展，日本广告业协会专门设立了互联网广告小组委员会，制定打击盗版网站的对策措施，改进网络广告效果常用指标，提供互联网广告交易指南等一系列针对具体问题的解决对策。例如其为打击在互联网上刊登盗版视频、音乐、出版物等非法拷贝的盗版网站，自2018年2月起从一般社团法人内容产品海外流通促进机构（CODA）获取恶意版权侵权网站等列表，除了利用这份清单外，还设立了一个讨论论坛，以便定期新分享信息，提供更实质性的对策。[①]

日本广告主协会（Japan Advertisers Association，JAA）成立于1957年，该协会旨在强化广告主的自我规制，促进广告活动的健康发展。该协会以提供对消费者有用的、高度可靠的消息，纠正地区差异，保护包括公众在内的利益相关者的合法权利，提高广告主的社会责任和道德意识，构建合理的广告消费模型为使命，在广告和社会之间建立双向对话。JAA的组织结构相对完善，在理事会下的常任理事会和委员长会议下设针对医药品部会、印刷出版部会、食品部会、运输机器部会等以行业分类的15个部会以及消费者委员会、报务委员会、杂志委员会、创意委员会等15个委员会，涵盖范围广泛。每个委员会为了实践协会事业，进行调查研究并进行信息共享，通过研讨会的召开、协会报告和协会主页向社会公开。

日本广告主协会推行的Web广告研究组是该协会针对互联网广告成

---

① 参见JAAA等：《加强对盗版网站的打击》，2018年6月8日，见 https://www.jaaa.ne.jp/2018/06/news-124/。

立的研究组,该研究组成立于 1999 年,针对在互联网上广告开发的各种问题,通过研究活动,推动互联网广告的健康发展。至 2018 年 11 月底,该研究组会员数量达到 403 家。Web 广告研究组为推动互联网广告的发展,主要进行以下活动:研究互联网广告效果的实证实验的调查研究;促进、研究和引入与互联网广告相关的新方法和服务;互联网网站管理的研究与探索;调查研究互联网广告相关问题,如知识产权、安全和隐私、网站管理以及对公共机构的行动;了解互联网市场的规模和普及状况、互联网广告市场的研究与探索;与国内外的互联网相关组织和团体交流,以及海外情况的调查与研究;推进互联网广告和网站运营的人力资源教育;互联网广告及网站运营健康发展所必需的事业。该研究组的成立以推动互联网广告的发展、创新为主,推动各个成员之间相互学习与交流。同时,该研究组在加强互联网广告行业的自我规制方面也发挥着重要作用。例如,在加强互联网对个人信息保护方面,Web 广告研究组于 2015 年 7 月 28 日召开研讨会,主题为营销人员应该知道的修订个人信息保护法的相关内容。个人信息保护法是 10 年前制定的,其内容已经不符合当今 IT 和系统的现状,所以个人信息保护法的修订成为重要的研究内容。研讨会对个人信息保护法的修订内容进行解读,并以 Credit Saison 和 Daiwa House 两个公司的情况为例回应个人信息保护法的修订,解读如何使用客户数据等问题。

日本广告审查机构(Japan Advertising Review Organization,JARO)被称为日本广告业"行业自律的中央机构",是日本考察美国的 BBB 与英国的 ASA 运营模式,于 1974 年成立的民间广告自我规制组织,最初有日本广告主协会(JAA)、全日本广告业联盟(JAF)、日本杂志广告协会(JMAA)、日本广告业协会(JAAA)、日本新闻协会(NSK)、日本民间放送联盟(NAB)六家民间广告团体。到 2013 年其会员公司达到 856 个,日本有名的广告主、媒体和广告公司基本都加入了 JARO。[①] 该组织由两个主要支柱组成:一是接受广告展示、投诉、咨询和审查处理的审查部门,另一个是负责机构运营的

---

① 参见朱志勇、鞠宏磊:《广告业公共治理的路径与方法——对日本广告审查机构(JARO)的调研分析》,《青年记者》2014 年第 6 期,第 82—84 页。

总务部门。审查部门对推进广告业的健康发展、加强行业自我规制发挥重要作用,其职责是处理消费者的投诉,以及为制定广告行业自律政策协调商界、媒介和广告公司之间的关系。JARO 以提高企业和广告的社会信誉,维护公平竞争,维护消费者信誉,促进社会、经济的健康发展为使命,处理消费者和企业的投诉与咨询,以广告审查和处理投诉为主要工作,每年通过电话、邮件、传真等接受约 5000 次咨询。JARO 的主要业务包括有关广告表现的咨询、审查、标准制定,与广告主、媒体等行业自律机构的联系和协调,与消费者团体、行政机关的协调,对消费者的广告知识教育,相关资料的收集与整理,等等。

针对互联网广告,JARO 设立了专门的互联网信息联络委员会,每年举行两次信息联络会议,主要讨论互联网相关公司的投诉案件以及与其他组织共同组织"互联网广告的合规性"等课程。其主页还开设了有关互联网广告的专业咨询窗口,受理有关互联网上不正当的收费、网络钓鱼、拍卖、邮件、公告板、未经授权的访问、在线游戏等各方面的咨询。2018 年上半年JARO 接收到对互联网媒体的投诉 1322 例,在所有媒体中占据第二,收到有关网页广告的投诉 26 例。随着互联网广告的迅速发展,JARO 对互联网媒体广告的审查比重在逐渐增加。

日本互动广告协会(Japan Interactive Advertising Association,JIAA) 于1999 年成立,旨在改善商业环境,培育可信赖的互联网广告媒体,同时也成为互联网行业的自律协会。JIAA 于 2010 年 4 月转变为一家综合性公司,2015 年 6 月更名为日本互动广告协会,至 2019 年 JIAA 已经有 271 家公司成为其会员。JIAA 为了完善互联网广告、获得消费者信赖,开展了以下项目:关于互联网广告的启蒙与普及活动;调查和研究活动,如消费者对互联网和互联网广告的接触态度、评价等;基于消费者保护观点的刊载基准调查、研究以及指导方针的制定和推进;关于互联网广告交易会计处理的合理化调查、研究以及指导方针的制定和推进;关于媒体数据的测量和表示的调查、研究以及指导方针的制定和推广;与相关组织的沟通以及与国内外组织的联系与合作等。为加强日本互联网广告行业的自我规制,JIAA 制定了《互联网广告刊登标准指南》,针对个人信息保护问题,还制定了《隐私政策指南》,指导规定成员公司在互联网广告业务中获取、管理和使用个人相关信息的处理,规定了会员公司应该遵守的基本事项。该协会还在 2018 年出版了《互联网广告发布指南》,被提议作为互联网广告健全发展的行业标准规则,发布的《互联网广告的基本实践》成为新参与网络广告工作者的重要学习资源。

　　日本还有许多其他的自我规制组织,如日本杂志广告协会伦理委员会、日本民营联盟播送基准审议会等。针对日本当前互联网广告市场面临的大广告、同一虚假广告在不同经营者网页中蔓延等问题,日本各组织不断强调"广告理念"的同时也对许多问题进行了具体化的规定。根据全日本广告联盟编辑的《广告关系法规集》显示,日本有关广告团体等的伦理纲领、自律规定约有七十多个。它们共同要求:(1)不得有损害广告事业的信誉和品位的行为;(2)不得有虚假、夸大、不当表示,要求真实的宣传;(3)不得违反法律。要考虑广告的教化作用,不得违反公共秩序和良好习俗。① 日本广告行业自我规制组织在提高商业广告质量与实效方面起到了一定的促进作用。值得一提的是,日本对于个人隐私的保护和对医药广告的审查十分严格,《个人信息保护条例》《行政机关个人信息保护条例》以及《独立行政机构个人保护条例》都是有关隐私保护的相关法案。其中,《个人信息保护条例》是法律效力最强同时也能为各级行政机关和民间组织共同遵循的法律条例。

　　日本自我规制组织在互联网广告规制过程中呈现出诸多特点。首先表现为其组织内部完善的管理体制。在互联网广告诞生之初,日本就成立了监管互联网广告的自我规制机构——互联网广告协会。此外,日本广告协会、日本广告主协会、日本审查机构等行业自我规制机构都下设了专门针对互联网广告的相关部门,对互联网广告进行专业管理,各个协会组织通过制定一系列的行业自我规制条例及行业标准对互联网广告进行严格监管。如日本互动广告协会在 2000 年制定的《互联网广告伦理纲领》以及《互联网广告刊登标准指南》对互联网广告的定义、内容、责任人以及违法广告的排

---

① 　参见周建明:《日本的广告自律与他律》,《国际新闻界》2005 年第 4 期,第 63 页。

除等进行了详细的规定,同时对广告进行审查,对未达到广告刊登标准的广告予以禁止。① 还有日本通信贩卖协会的"正式会员"资格认证、日本信息处理开发协会的"个人隐私认证"等对互联网广告的市场准入环节进行了严格的把关。各互联网广告行业组织各司其职,在有效抵制互联网广告违法行为的同时,也大大提高了行业自我规制意识。

其次,自我规制组织特别注重自身的道德规约,具有严格的自我约束力。日本广告业各协会组织会制定自身的"道德章程"等类似的自律条例,这些条例不仅是各个广告公司、广告主、广告媒体加入协会的必要条件,已经加入的会员如果违反条例也会被剥夺会员资格。这些道德约束的自我规制条例体现出组织及其成员的强烈的社会责任感,不仅可以由内而外地激发组织的自我规制意识,同时也可以作为组织的内部章程规范成员的行为,使其符合道德准则。如日本广告主协会在1961年制定的规范协会会员的"道德准则",从基本理念以及行为指南两方面规定了对协会会员的广告伦理要求。此外,像日本广告业协会、日本通信贩卖协会等都有自己的"道德章程"作为行业的内在约束力。

最后,自我规制组织内部分工有序,注重组织间的合作交流。以日本互联网广告推进协会为例,该协会下按照职能设立了广告标准委员会、测量指标委员会、数据政策委员会、交易运行委员会、数字平台委员会。广告标准委员会主要开展公众意识和教育活动,提高广告筛选的水平与知识;测量指标委员会主要研究广告可视性研究;数据政策委员会则是遵守个人信息保护法令,构筑以考虑消费者隐私为前提的数据应用规则;交易运行委员会制定应用型广告的贩卖、设定等业务流程的标准模型,以促进媒体交易的合理化,提高运营质量,改善工作环境;数字平台委员会则是为了确保广告刊登的品质,商讨并制定经营者应该实施的应对策略和指导方针,并推广创建机制。这些委员会之间职责明确,相互独立,有各自的工作与使命,但同时又相互开放,注重团体之间的交流与合作。2018年日本互联网广告协会就与

---

① 参见陈肖盈:《日本互联网广告的行政规制的现状与启示》,《经济法研究》2014年第2期,第283页。

日本广告业协会、日本广告主协会针对盗版网站问题共同制定了《关于强化对盗版网站的应对策略》。日本互联网广告协会还与 IAB 等国外相关组织建立合作关系,交换信息,并联合会员内外合作伙伴共同举办研讨会。日本的各个企业可以同时加入多个组织并开展组织间互相合作的局面推动了日本互联网广告业自我规制网络的形成。

3. 英国互联网广告行业自我规制体系及特点

英国广告业主要采取政府规制与行业自我规制相结合的管理模式,行业自我规制在其中占有极其重要的地位,英国互联网广告行业的管理依然延续了这种方式。1890 年,为抵制当时在广告活动中存在的与事实不符、内容低俗不符合主流价值观以及对各宗教信仰进行侮辱与诋毁的现象,英国户外广告商协会(the United Billposters Association)和伦敦户外广告商协会(the London Billposters Association)共同建立了广告联合审查委员会(Joint Censorship Committee)。① 1900 年英国"广告主保护协会"成立,这是继美国"户外广告协会"之后世界上第二个广告行业自律组织,并于 1920 年正式更名为"英国广告商联合会"(the Incorporated Society of British Advertisers,ISBA),它的成立对于众多广告公司在媒介使用市场上的商业自由与权益是一种保证。1961 年广告事务委员会(Committee of Advertising Practice,CAP)成立,负责根据相关法律制定广告准则。1962 年英国广告标准局(Advertising Standards Authority,ASA)成立,是英国广告行业自律组织的最高机构,负责广告的监管、审查以及受理投诉。广告标准财务委员会(Asbof)则为自我规制机构提供资金支持。1993 年电视广告审批中心成立,2003 年英国《通信法案》(Communications Act)颁布,它的出现标志着英国广播和电视广告的管理可以和印刷广告一样被纳入广告自我规制体系中,也标志着英国广告自我规制体系的完善与成熟。经过一百多年的发展,这些在不同时期自发建立起来的自我规制组织,在英国广告业的长期发展中具有相对的独立性和权威性,成为政府规制的有力补充力量。

互联网广告的快速发展使英国自我规制组织的探索方向也发生了转

---

① 参见谢胜男:《英国新媒体广告自律管理》,《编辑之友》2015 年第 10 期,第 107 页。

变,以英国广告标准局与广告事务委员会为中心的自我规制组织对互联网广告的关注越来越多,并出台了一系列自我规制条例,对"CAP 条令"进行内容补充("CAP 条令"是英国广告自我规制体系的最高准则),补充内容主要包括:扩大广告自我规制条例的规制范畴,明确新媒体广告的规制内容,针对电子游戏广告、用户生产内容等具体问题都进行了明确界定;规范新媒体广告标志应用,提升广告内容透明度,规定商家对网络用户的浏览信息进行数据采集时,须征得其同意,同时出台规范性文件教导消费者如何应用在线行为广告的退出机制;针对新媒体环境下的药品、烟酒、儿童等特殊类别广告出现的新问题出台相关应对政策,使自我规制内容适应新媒体传播特点。① 在 2010 年互联网广告发展初期,因为 2500 名消费者投诉互联网广告的意见没有相关部门受理,ASA 迅速制定应对措施,在 2011 年 3 月成立新的部门机构,专门负责监管在社交网络上投放广告的企业,同时接受网络用户对网络广告的投诉意见。② 图 2-1 为英国 ASA 消费者上诉审查程序。

依据 ASA 对互联网广告的补充内容,2013 年 5 月 1 日,ASA 对一个"用户生产内容"的案例作出裁决。一位年轻人将一张自己看似无意识躺在床上的照片上传 Facebook 社交平台,看似毫无挑剔的行为却受到 CAP 条令的管制,原因是这位年轻人头上悬挂着一面带有"你好,烈酒有限公司"(Hi Spirits Ltd)标志,印有"弱爆了!你能比这更强吗?"的旗帜。ASA 认为该公司使用用户肖像,与 UGC 达成合作关系,此行为已经属于电子营销行为。③ 2018 年 8 月,ASA 在消费者上诉后对亚马逊"一天送达"的表述展开调查,最终认定亚马逊广告表述存在含糊不清的情况,要求亚马逊必须放弃这样的表达,并且要告知消费者部分产品可能无法次日送达和每一年在销售高峰期或者特殊情况下无法实现一天送达的承诺。④

---

① 参见谢胜男:《英国新媒体广告自律管理》,《编辑之友》2015 年第 10 期,第 109 页。

② 参见胡瑞:《在变革时代继续领跑——专访英国广告协会 CEO 斯谛芬·伍德福德》,2019 年 1 月 8 日,见 http://www.maad.com.cn/index.php? anu=news/detail&id=7586,2019。

③ 参见谢胜男:《英国新媒体广告自律管理》,《编辑之友》2015 年第 10 期,第 107—112 页。

④ 参见陈小如:《英国广告标准局穷追不舍!亚马逊"次日送达"承诺恐将被迫取消》,2018 年 8 月 14 日,见 https://www.cifnews.com/article/37155。

消费者投诉

↓

评估投诉

没有问题
告知消费者不构成投诉条件

有问题

一般性问题
与广告商协商解决

严重问题
展开调查，要求
广告商给予回复

回复，有权申诉

不回复，自动视为违反规定

评估问题
专家审议
初步裁定

ASA理事会审议

无争议
最终裁定

有争议
投票表决

公布裁定结果

被申诉人有权要求复审

有异议
独立审核者审核

无异议
实行制裁

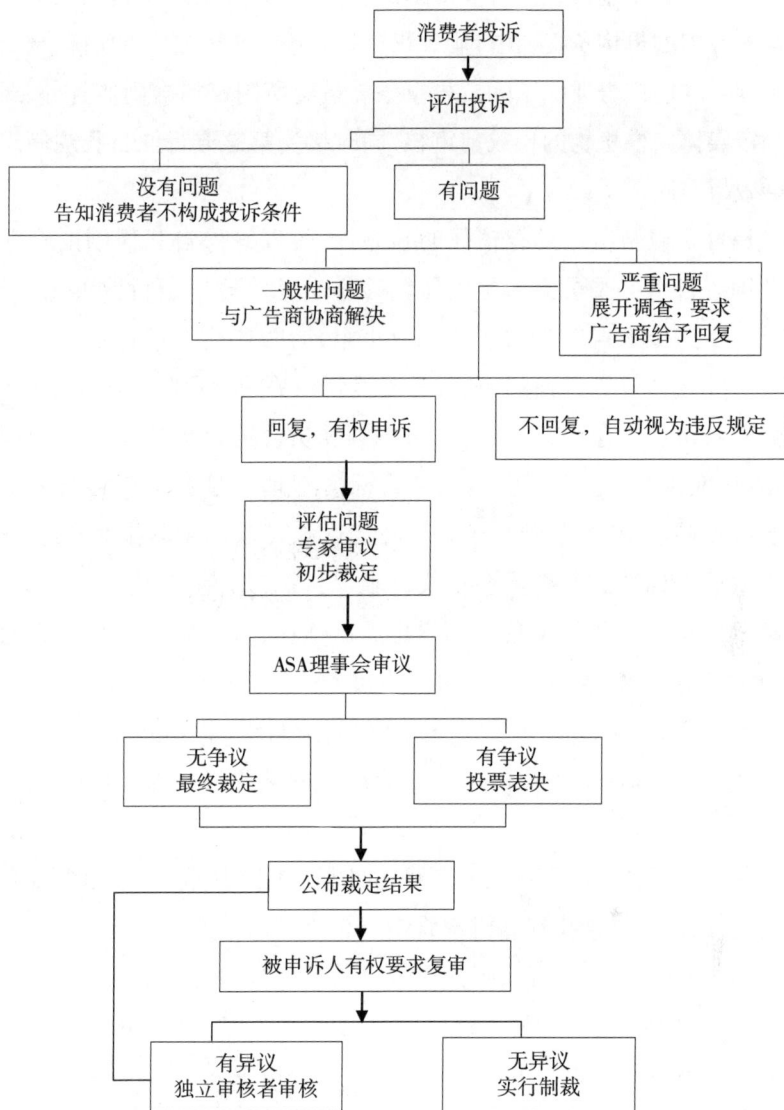

图 2-1　英国 ASA 消费者上诉审查程序①

　　英国互联网广告行业自我规制实践有以下特点：一是行业自我规制机构权责分明，注重广告发布前与发布后的全流程监管。如前文所述，英国互

————————

① 作者根据 ASA 处理投诉信息整理，见 https://www.asa.org.uk。

联网广告业自我规制过程中行业准则的制定、自我规制的实施以及资金支持等均有专门的机构负责,在行业自我规制体系中各组织分工明确,权责明晰。英国互联网广告业除了受广告事务委员会所制定的准则监管外,还会接受预审媒体广告机构的投放前审核,同时接受第三方行业自我规制组织的社会效果监测。

二是自我规制组织具有较强的独立性,可以确保自我规制的有效实施。英国广告事务委员会为了确保能够科学有效地制定行业准则,一般会设立至少三个来自广告行业的专业小组,同时还会专门邀请各行各业尤其是医疗与科技等方面的专家,每当遇到相关的专业问题时,这些专家会以独立身份提出建议,以帮助广告事务委员会可以更科学有效地制定行业准则,实施自我规制。① 英国广告标准管理局是英国广告行业的专职性自我规制组织,也是独立于政府的跨行业第三方行业自我规制组织,其主席由广告标准财务委员会正式征求广告标准管理局委员会意见,非正式征询广告协会及相关政府部门意见后任命,且主席须确保与政府部门等毫无利益关系,也不能是从事广告事务的人士;理事会成员必须作为个体参与监管,而不能服务任何一家广告行业组织,其委员包括许多社会领域人士,这些都保证了英国广告行业组织的独立性以及自我规制的纯粹性。

三是英国互联网广告行业的自我规制既受本国内部广告自我规制组织制约,又受跨国广告自我规制机构管制。它所受的两方面制约是在英国传统商业模式的影响下形成的,跨国广告自我规制机构主要指欧盟的广告自我规制机构以及其他国际性商业自律组织,这是在 20 世纪 70 年代英国加入欧盟之后逐渐形成的。伴随互联网技术的快速发展,欧盟陆续成立了一些新的广告自我规制组织负责规范各成员国的互联网广告行为,影响较大的有欧洲交互性数字广告联盟(the European Interactive Digital Advertising Alliance,EDAA)。该联盟成立后得到了欧洲整个数字广告业的支持,其成

---

① 参见张文锋:《英国广告规制中的替代性规制及启示》,《青年记者》2015 年第 8 期,第 85—86 页。

员包括网络媒体平台、广告主、电子商务营销等多领域代表。① 这些跨国自我规制组织成为英国互联网广告业自我规制体系中的辅助力量,既可以服务于英国的互联网广告市场,也可以针对各国互联网广告活动过程中出现的各种共通现象进行约束和管制,形成国际性经验与共识。

　　互联网广告行业自我规制在美国、英国以及日本等国的实践,启发人们重新思考国家、市场、社会以及组织机构在实现公共政策过程中的角色地位与功能,强调各规制主体在规制过程中多元互动,以多样互动模式应对不断变化的新媒体环境规制需求。这些海外自我规制实践对我国具有启示意义,我国互联网广告行业也需要在政府规制基础上,加强行业自我规制体系的建设,促进行业良性健康发展。

---

　　① 参见包娜:《我国与欧美国家广告行业自律的异同》,《中小企业管理与科技(下旬刊)》2017 年第 11 期,第 106 页。

第三章　中国互联网广告行业
自我规制的市场条件

一个行业自我规制的最小条件有以下几点:有政府规制作为支撑,行业有发展动力,具有少数行业巨头,[1]还有学者提出应该是一个成熟的行业。[2]中国自1997年3月出现第一则互联网广告至今已有24年的发展历程,政府部门通过法律条例与市场监管等规制方式为互联网广告市场自我规制提供了有力的支撑条件。当前我国互联网广告市场已成为世界第二大的广告市场,并呈持续增长态势,行业发展动力强劲,至2019年市场马太效应进一步强化,腾讯、阿里、百度、头条等几大行业巨头垄断了互联网广告市场近七成的份额。这些都满足了我国互联网广告行业自我规制的市场条件。

第一节　政府规制推动互联网广告
行业的自我规制发展

政府部门的规制为互联网广告市场的自我规制提供了稳固的市场环境,我国政府相关部门主要采取制定法律法规、丰富市场监管工具以及建设信用监管体系等举措开展政府规制。

---

[1]　参见 Peng Hwa Ang:《新加坡的社交媒体广告规制》,《全球传媒学刊》2017年第2期,第47—57页。

[2]　Ang,P.H,*Ordering Chaos:Regulation the Internet*,Singapore:Thmson,2005,pp.75-77.

一、法律法规成为规制支撑的有力条件

尽管在美国、英国、日本等一些国家行业自我规制是主要的广告规制模式,但法律并非没有发挥作用,事实上,法律是规范市场行为的有力武器,在政府以法律、行政监管等方式作为规制支撑的条件下,自我规制才是最高效的。因此,如果互联网广告投放过程中存在误导消费等问题时,会有相关法律法规作为惩罚失范行为的工具,这种政府规制支撑可以克服自我规制执行不力的问题。

当前,我国互联网广告经营额已经超过所有传统媒体广告之和。同时,伴随互联网广告的快速发展,互联网广告行业中的违规现象也屡屡发生,2018 年,互联网广告违法案件达到 2.3 万件,同比增长 55%,互联网成为广告违法案件数量占比最高的媒介。互联网广告的市场增长和广告形态变化,给政府带来新的难题,国家工商行政管理总局广告监督管理司表示开展互联网广告专项整治将成为近年来广告监管的重点任务。其实早在 1999 年我国政府部门就在酝酿出台规范性管理意见,并于 2000 年 2 月发布《关于展开网络广告经营登记试点的通知》。此后,政府对互联网广告规制的重视程度不断上升,基于自身权责出台了一系列法律法规以适应广告市场的新变化,如表 3-1 所示。

表 3-1　我国涉及互联网广告的有关规定①

发布时间	发布单位	文件名称
2000 年 2 月	国家工商行政管理局	《关于开展网络广告经营登记试点的通知》
2000 年 5 月	北京市工商行政管理局	《北京市工商行政管理局关于对网络广告经营资格进行规范的通告》
2000 年 9 月	国务院	《互联网信息服务管理办法》
2000 年 8 月	信息产业部	《互联网电子公告服务管理规定》
2002 年 6 月	新闻出版总署、信息产业部	《互联网出版管理暂行规定》
2003 年 5 月	文化部	《互联网文化管理暂行规定》

---

① 根据公开资料整理。

续表

发布时间	发布单位	文件名称
2004 年 7 月	国家广播电影电视总局	《互联网等信息网络传播视听节目管理办法》
2004 年 6 月	国家广播电影电视总局、国家工商行政管理总局	《关于加强影片贴片广告管理的通知》
2005 年 1 月	国家工商行政管理总局、信息产业部	《关于禁止发布含有不良内容声讯、短信息等电信信息服务广告的通知》
2005 年 2 月	信息产业部	《非经营性互联网信息服务备案管理办法》
2005 年 11 月	信息产业部	《互联网电子邮件服务管理办法》
2007 年 3 月	商务部	《关于网上交易的指导意见(暂行)》
2007 年 12 月	国家广播电影电视总局、信息产业部	《互联网视听节目服务管理规定》
2009 年 9 月	国家广播电影电视总局	《广播电视广告播出管理办法》
2010 年 3 月	国家广播电影电视总局	《关于发布〈互联网视听节目服务业务分类目录(试行)〉的通告》
2011 年 4 月	商务部	《第三方电子商务交易平台服务规范》
2012 年 4 月	国家工商行政管理总局	《关于推进广告战略实施的意见》
2012 年 12 月	全国人大常委会	《关于加强网络信息保护的决定》
2014 年 3 月	国家广播电影电视总局	《关于进一步加强网络剧、微电影等网络视听节目管理的通知》
2014 年 3 月	国家工商行政管理总局	《网络交易管理办法》
2014 年 8 月	中央全面深化改革领导小组	《关于推动传统媒体和新兴媒体融合发展的指导意见》
2016 年 6 月	国家新闻出版广电总局	《专网及定向传播视听节目服务管理规定》
2016 年 7 月	国家新闻出版广电总局	《关于进一步加快广播电规媒体与新兴媒体融合发展的意见》
2016 年 7 月	国家工商行政管理总局	《互联网广告管理暂行办法》
2016 年 8 月	国家新闻出版广电总局	《关于进一步加强社会类、娱乐类新闻节目管理的通知》
2016 年 6 月	国家网信办	《移动互联网应用程序信息服务管理规定》
2016 年 9 月	国家新闻出版广电总局	《关于加强网络视听节目直播服务管理有关问题的通知》
2016 年 11 月	全国人大常委会	《中华人民共和国网络安全法》

续表

发布时间	发布单位	文件名称
2016 年 11 月	国家网信办	《互联网直播服务管理规定》
2017 年 3 月	国家新闻出版广电总局	《关于调整〈互联网视听节目服务业务分类目录（试行）〉的通告》
2017 年 6 月	国家新闻出版广电总局	《关于进一步加强网络视听节目创作播出管理的通知》
2017 年 5 月	国家网信办	《互联网新闻信息服务管理规定》 《互联网新闻信息服务许可管理实施细则》 《互联网信息内容管理行政执法程序规定》
2018 年 2 月	国家工商行政管理总局	《关于开展互联网广告专项整治工作的通知》
2019 年 3 月	市场监督总局	《关于深入开展互联网广告整治工作的通知》
2021 年 4 月	全国人大常委会	《中华人民共和国广告法》（2021 年修订）

从政府发布的有关法律法规及文件数量来看，仅笔者的不完全统计，在互联网广告发展的二十多年里相继出台了 30 余部（份），且统计的样本绝大多数属于国家层面的政府规制文件，如果加之地方政府的有关文件，更是不可计数。从规制的内容来看，涵盖了产业发展方式、用户信息保护、广告监测等多方面内容，既有宏观的方向指引，也有落实到具体执行标准的行业细则。

伴随着互联网媒体的快速发展，互联网广告行业也渐趋成熟，《中华人民共和国广告法》于 2015 年进行修订，针对互联网广告实践增加了许多相关规定；国家工商行政管理总局为规范互联网广告活动，特专门发布《互联网广告管理暂行办法》，这也标志着政府有关部门对互联网广告产业规制问题的认识又迈向了一个新的台阶。这两部法规的出台可以说为我国互联网广告规制搭建起一个完整的框架，使互联网广告监管总体上有法可依，实现了互联网广告规制质的飞跃。① 并且为了适应不断发展的网络环境，政

① 参见靳亚聪：《国内互联网广告规制研究——新〈广告法〉及〈互联网广告管理暂行办法〉出台后的新变化》，《广告大观（理论版）》2017 年第 4 期，第 80—93 页。

府有关部门也在积极推动互联网广告管理条款的完善与更新,并为此颁布制定了一系列法律条款和规章制度作为补充,形成了以 2015 年修订《广告法》和《互联网广告管理暂行办法》为核心,以各行业具体规定为具体实施细则的法律体系。其中行业条款包括表 3-1 中囊括的《互联网出版管理暂行规定》《非经营性互联网信息服务备案管理办法》《广播电视广告播出管理办法》《互联网电子邮件服务管理办法》等。以上规定对互联网广告中的主体责任进行了明确的界定,为制约网络环境下的广告违规行为提供了明确的法律依据,丰富完备了互联网广告法律规制体系。

除了法律法规的硬性规制,政府有关部门还在加强对互联网广告的"软引导",通过加强对互联网媒体的行政指导,督促互联网信息服务单位落实广告审查责任,以切实提高网站的广告审核能力,强化网站自我规制意识和依法经营观念。① 这种行政指导一定程度上在源头遏制了互联网广告经营者的违法违规行为,也为其实现自我规制提供了观念上的指引。如2011 年 7 月在北京召开的互联网企业抵制虚假违法广告座谈会,会议要求互联网企业加强自律,进一步规范网络广告秩序,营造文明诚信网络广告环境。还有 2016 年 3 月 11 日由国家工商行政管理总局牵头召开的"互联网广告媒体座谈会",通报了 2015 年全国互联网广告监测监管工作情况,参会的二十多家互联网媒体介绍了自身履行广告审查责任情况,并就如何自觉履行市场主体责任进行了表态发言。

总体来看,我国政府监管部门对互联网广告产业的健康发展愈加重视,自 2000 年以来陆续出台了一系列相关管理条例进行规范引导,目前已经形成了从网络媒体平台、广告信息内容到广告投放全链条的规制模式,为产业自我规制创造了相对齐全的政策环境。政府出台的一系列政策和对行业的行政引导对推进互联网广告自我规制的作用主要表现为两个方面:一是为市场主体提供相对清晰的合规指引和自我规制框架,以此为互联网广告行业的自我规制划定边界,确保其在法定边界内开展自我规制。二是为整个产业创造

① 参见黄河、江凡、王芳菲:《中国网络广告十七年(1997—2014)》,中国传媒大学出版社 2014 年版,第 140 页。

一个相对健康的发展环境,并为其开展自我规制提供方法论上的指导。

二、市场监管工具的技术赋能

除了对互联网广告市场进行必要的法律规制和行政指导外,政府还积极布局市场监管工具的建设。受国家工商行政管理总局委托,由浙江省工商局建设,位于杭州的国家互联网广告监测中心于 2017 年 9 月启动试运行。面对飞速变化的互联网广告,工商管理部门主动出击,以"互联网+广告监管"理念搭建起这一检测平台。监测中心启用后,取得了显著成效。据浙江省民营经济发展中心披露的统计数据显示,截止到 2020 年 5 月 25 日,该中心已采集互联网广告疑似广告信息 21.98 亿条次,准确识别广告 4.16 亿条次,审核广告 2.87 亿条次,发现违法广告 174.68 万条次,全国互联网广告违法率从监测以前的 7.1%下降到 0.6%左右。① 经过四年的建设,监测中心平台的监测范围也实现了从传统互联网网站到移动端 APP、移动端自媒体公众号等互联网内容的覆盖。

国家工商行政管理总局新闻发言人说,利用互联网技术反制互联网违法广告,打造一个具备监测、预警、研判、调度等功能的全国性互联网广告监测平台,将为快速、精确打击违法广告行为提供强有力的支撑与保障。对此,有关专家也表示:有效的监管要善用技术本身的力量,由于互联网广告自身的技术特性,传统的监管手段难以发现如此量大面广的互联网违法广告,因此必须用互联网的手段来对互联网广告进行治理。②

我们看到,一方面,一系列的互联网广告配套规章和规范性文件陆续出台,市场环境得到进一步优化。另一方面,广告监管也在大力推进技术革新,通过互联网技术约束互联网广告中的违法违规行为。在这个过程中,一部分行业巨头主动为互联网广告的监管监测提供技术支持。腾讯公司的优图图像识别技术就是其中一项,此技术在国际人工智能领域处于领先地位,

---

① 参见徐峰、张律:《让监管水平与互联网技术一起迭代升级,浙江建设全国互联网广告监测中心平台取得阶段性成果》,《中国质量报》2020 年 6 月 2 日。

② 参见刘双舟:《"互联网广告监管"4 个阶段,5 大难题》,2019 年 12 月 8 日,见 ht-tps://www.sohu.com/a/359136294_152615。

并在公司内部多个业务模块广泛应用。腾讯主动向全国互联网广告监测中心提供"腾讯优图广告图像识别技术"支持,通过此举,监测中心的监管效能大幅提升。

行业领头羊为监测中心提供技术帮助,监测中心再通过技术集成运用到实际的互联网广告监管环节。在这个过程中,监测中心的技术难题一定程度上得到解决,企业本身也借助政府规制的力量减少了自身平台违法违规广告行为的发生,相应的处罚自然同步下降,还树立起负责任的社会企业形象,实现了政府部门和企业的双赢。

三、信用体系建设成为行业自我规制的又一保障

互联网广告的发展,极大地便利了人们的生活,个性化、智能化的推荐使选购产品变得更加省时省力。但与此同时,其虚拟性和隐蔽性的特点又让诚信经营成为一个问题。躲在线上交易的"马甲"后,一些互联网广告经营者以低成本的劣势产品牟取暴利,至于售后服务则敷衍了事。这些乱象背离了互联网广告发展的初衷,无论普通用户还是正常的商家,其利益都受到了损害。

2019年7月22日,国家网信办发布《互联网信息服务严重失信主体信用管理办法(征求意见稿)》,并向社会公开征求意见,这是对互联网信用体系建设的一个有益探索,也为营造互联网广告业清朗的市场环境提供了有力保障。这个管理办法明确了纳入互联网信息服务严重失信主体黑名单的范围,以及分类处理办法,对互联网上的失信主体而言是一个较为有效的震慑。它还积极引导失信主体修复信用,自觉实现自身转化,对于网上的诚信建设是有利的。要想对互联网广告进行有效的规制,就必须让广告主对规范内化于心,从而能自觉地、准确地对自身行为进行合理评判。① 也就是说,"当行动者的行动符合已被内化的规范时,他本人的感觉是受到奖赏;如果行动触犯了规范,行动者的感觉是内心深处受到谴责"②。一旦广告主

---

① 参见孟茹、查灿长:《新媒体广告规制研究》,南京大学出版社2018年版,第169页。

② [美]詹姆斯·S.科尔曼:《社会理论的基础》,邓方译,社会科学文献出版社2008年版,第225页。

对行业规范标准形成了一种认同和天然的敬畏心理,他们在投放广告时才会自觉地遵守各项规范,履行应尽的义务。

信用监管是构建新型市场监管体系在制度方面的创新,也是未来互联网监管的核心制度之一。在企业的信用信息公示系统里,企业广告出现违法行为后,除了要承担行政责任以外,还面临信用的惩戒,比如对违法违规广告进行面向全社会的公告。2006 年,国家工商行政管理总局、中央宣传部等 11 个部门联合发布《违法广告公告制度》,其目的在于加大对严重虚假违法广告的曝光力度,建立广告监管长效机制。

对违法违规广告进行公示,实际上是借助舆论的力量对企业行为进行规范。这是因为在互联网媒体环境下,企业面临的舆论空间是开放的,因而企业对信用的依赖程度很高,舆论导向和信用危机的影响有时是致命的。[①]以国内互联网广告三巨头 BAT(百度、阿里巴巴、腾讯)为例,国家工商行政管理总局在 2014 年《关于对阿里巴巴集团进行行政指导工作情况的白皮书》中指出,淘宝等网络交易平台存在主体准入不严、商品信息审查不力、销售行为管理混乱等问题,责令其进行整改,[②]阿里巴巴风评因此受到影响。发生在 2016 年的"魏则西事件"不但让百度身陷舆论旋涡,而且股价也出现暴跌,市值在短短时间内缩水约 52 亿美元,约合人民币 340 亿。

比起对违规广告开出的罚单,借助市场的力量更能让企业对自身行为始终保持警惕,这也就是以社会监督补充行政监管的不足。信用监管体系的建设进一步丰富和完善了互联网广告规制体制,成为法律和行政规制以及市场监管工具之外的有益补充。这种通过舆论威慑来约束企业行为的机制一定程度上可以激励互联网广告经营者发挥主观能动性,积极开展自我规制。

信用监管的作用主要体现在两个方面:一是在有关部门对违法违规广告的相关信息进行通报后,企业面临舆论的压力,担心形象受损,于是进行

---

① 参见靳亚聪:《国内互联网广告规制研究——新〈广告法〉及〈互联网广告管理暂行办法〉出台后的新变化》,《广告大观(理论版)》2017 年第 8 期,第 80—93 页。

② 参见《关于对阿里巴巴集团进行行政指导工作情况的白皮书》,《中国工商报》2015 年 1 月 28 日。

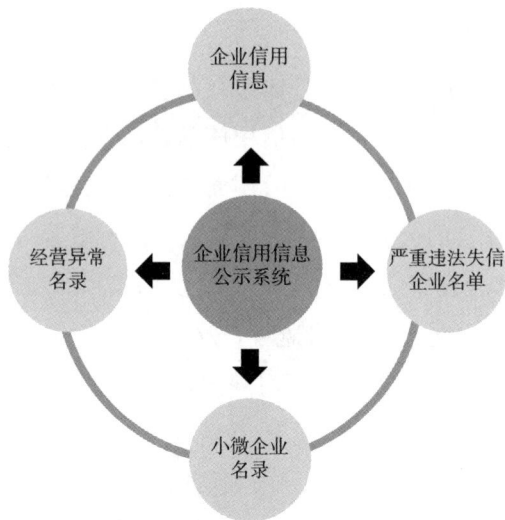

图 3-1　国家企业信用信息公示系统

改正。二是企业如果失信，将会被纳入经营异常名录或者严重违法失信"黑名单"中，其经营行为会受到限制。信用体系建设之所以能够成为促进互联网广告行业走向自我规制的又一重要推动力，归根结底还是利益因素驱使。企业进行广告宣传的最终目的是为了在激烈的市场竞争中打败竞争对手，进而获得高额的利润。在这个过程中，企业在消费者心目中的形象起到至关重要的作用。一方面，企业要提升产品质量以获得良好口碑；另一方面，企业主动加入广告行业协会或者将自身纳入国家信用监管体系当中，通过自我规制以赢得公众的认可，塑造正面的企业形象。

搭建行之有效的信用监管体系，也是在向互联网广告经营者说明：互联网空间不是法外之地，互联网广告的土壤也绝不允许滋生"害虫"。近些年对互联网广告各个主体的行为规范越来越多，对于互联网广告失信主体的惩戒，便是约束的一个部分。只有对其予以有效约束规范，我们才能更加放心地享受新媒体时代下广告为我们带来的便利。

我们看到，一方面，政府出台的法律法规为互联网广告行业的自我规制提供了良好的市场环境；另一方面，政府也在通过市场监管工具和信用体系约束着互联网广告经营者的行为，引导他们走向自查自律的道路。这也印证了规制理论中的观点:规制任务从政府向企业的转移,必须伴随着可归责性的设置。也就是说,即便是在自我规制过程中,政府也发挥着重要作用,即提供事前的合规指引和事后的归责框架。

随着政府对互联网广告重视程度的加深,相关部门也在不断加大对互联网广告规制的力度,一些组织和协会也更加积极地参与其中。可以说,政府的作为引发行业作出种种自我规制的努力,而我国互联网广告规制目前也开始呈现出政府规制与行业自我规制并行的态势。2004 年 6 月 10 日,由中国互联网协会互联网新闻信息服务工作委员会主办的"中国互联网违法和不良信息举报中心"网站开通,其宗旨是"举报违法信息,维护公共利益",这标志着中国互联网在加强行业自律和公众监督方面又迈出了实质性的一步。① 除了行业协会外,多家网络媒体还自发组建自律同盟,发挥广告活动主体自律的作用。2004 年 9 月 15 日,中国三大门户网站——新浪、搜狐、网易牵头成立中国无线互联网行业"诚信自律同盟",在同盟的成立宣言中提到,互联网企业和无线增值信息服务提供商肩负着重大社会责任,要坚决杜绝任何对消费者权益构成侵害的行为。

第二节　基于互联网广告行业生态发展的自我规制环境

行业生态的发展变化是互联网广告业自我规制动力的一个重要来源。首先是互联网广告步入成熟阶段,需要配套的自律体系促进行业健康有序发展;其次是互联网广告的新业态会促使自身产生自我规制需要,在经济活动中,这种自我规制行为实际上源于行业内部各主体的利益考量。

一、互联网广告行业步入成熟稳定发展阶段

（一）互联网成为主要的广告投放方式

从产业规模来看,中国互联网广告市场规模持续增长,互联网广告产业

① 参见黄河、江凡、王芳菲:《中国网络广告十七年(1997—2014)》,中国传媒大学出版社 2014 年版,第 86—87 页。

生命力依然旺盛,预计在 2021 年市场规模将达到近万亿。① 目前,搜索广告、社交广告、短视频广告、程序化购买广告占据互联网广告市场的绝大部分份额。② 从发展潜力和发展趋势来看,互联网广告具有互动性强、精准度高等优点,而且营销成本相对较低,越来越多的广告主选择互联网广告作为主要投放方式。尤其是近年来,随着移动智能终端设备的普及、移动互联网累计接入流量的增长以及移动互联网用户的增加,互联网广告也随之由 PC端向移动端迁移。据 CNNIC 发布的《第 46 次中国互联网络发展状况统计报告》,至 2020 年 6 月,我国手机网民规模为 9.32 亿,移动互联网用户数量的增长也推动着中国移动互联网广告市场的整体增长。

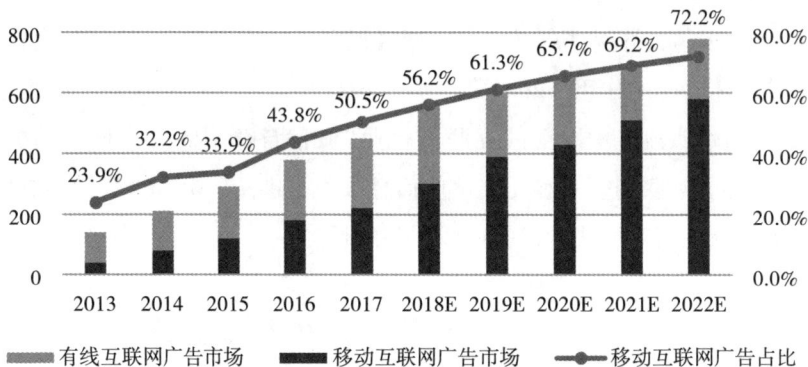

图 3-2　2013—2022 年互联网广告市场发展趋势③

从媒体及平台类型来看,应用型平台成为互联网最主流的广告渠道,其中展示、电商与搜索为最主流的广告形式,收入合计占比超过 80%。从计价方式看,效果类广告增长迅速,广告收入占比达到 64.9%。普华永道在《2018—2022 媒体及娱乐行业展望》中指出,2017 年中国网络广告收入达到 457 亿美元,预计中国的网络广告将以 11.8% 的复合年增长保持整体稳定增长的态势至 2022 年;而在 IAB 和普华永道发布的《网络广告收入报

---

① 参见艾瑞咨询:《2019 年中国网络广告市场年度监测报告》。
② 参见易观:《中国互联网广告市场年度综合分析 2018》,2018 年 8 月。
③ 参见中国信息产业网:《中国互联网广告营销市场发展概况分析》,2019 年 4 月 29日,见 http://www.chyxx.com/industry/201904/734554.html? tdsourcetag=s_pcqq_aiomsg。

告》中,2017 年美国网络广告收入同比增长 21.4%,达到 880 亿美元。现有数据表明,预计到 2022 年,中国有望超越美国成为世界第一大互联网广告市场。

总体上看,我国互联网广告行业发展的路径从以前的"低起点超高速度"逐渐转变为"高起点较高速度"。对于中国的互联网广告而言,要适应全球第二大互联网广告市场的定位,管理观念也应该与时俱进。就基本的管理观念而言,我国现有的广告管理观念具有明显的"小国广告"特征,即主要着眼于违法广告处置、广告资源管控和广告内容审查等显性的、具体的问题。① 面对如此大体量的市场,这些事后的处理显然不足以彻底解决互联网广告规制的难题。从源头上进行违法违规广告的治理,说到底还是要借助行业自我规制的力量。

(二)自我规制是行业发展到一定阶段的必然产物

自 1997 年中国第一则互联网广告诞生距今不过二十几年,从一个行业的发展进程来看,二十几年确实并不是一段很长的时间,但是互联网广告行业却经历了一系列重大的变迁。在这段时期中,互联网技术更新换代,网络媒体发展走向多样化,互联网广告产业链条上的各主体也发生了颇具颠覆性的变化。

从发展速度来看,互联网广告远超过传统媒体广告。电视广告经营收入从 100 亿元到 200 亿元,足足用了 5 年的时间,而互联网广告仅用一年时间就达到这个目标,并且互联网广告市场的多样化结构在仅有的 20 年间得到了不断的变化和升级。② 根据 Analysys 易观发布的《2018 中国互联网广告市场年度综合分析》,当前中国互联网广告市场处于成熟期,行业产业链发展健全,主要企业市场份额相对稳定,商业盈利模式已经成型。③ 在这一阶段,技术是互联网广告市场发展的核心推动力,也是市场主流厂商的发展

---

① 参见王昕:《广告生态系统变迁中的中国广告管理研究》,中国传媒大学出版社 2015 年版,第 91—92 页。

② 参见黄河、江凡、王芳菲:《中国网络广告十七年(1997—2014)》,中国传媒大学出版社 2014 年版,第 2 页。

③ 参见易观:《中国互联网广告市场年度综合分析 2018》,2018 年 8 月。

重点,视频、社交等广告形式发展迅速,为已经进入成熟期的互联网广告市场提供动力,带动市场不断创新发展。

我国学界与业界由于采用的依据不同,对互联网广告形成了不同的划分阶段,有依据互联网广告产品形态进行划分的;也有从广告活动过程切入,依据广告主体间关系变化为划分依据的;还有学者依据互联网广告市场的规模变化与特点,将我国互联网广告划分为三个或五个发展阶段。① 不论采用何种划分方式,我国互联网行业都已经摆脱了起步期,进入到下一个阶段。如果精确到具体年份的话,自 1997 年始到 2021 年,中国互联网广告业已经步入第 24 个发展年头。一方面,根据产业生命周期理论,一个 25 年保持连续增长的产业基本上可以判断为一个成熟的产业。而自互联网广告在我国出现以来,行业始终保持着高速增长的状态。另一个成熟产业的发

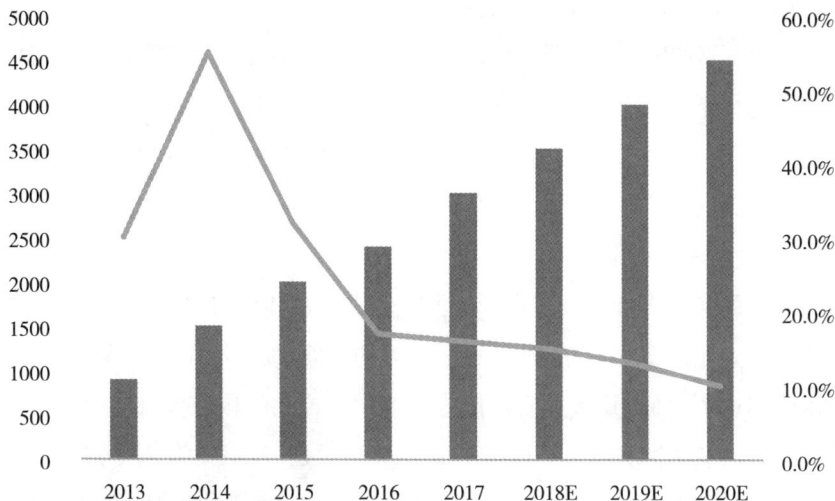

图 3-3 2013—2020 年中国互联网广告市场规模及增长率趋势②

---

① 参见黄玉涛:《解析中国网络广告的发展轨迹》,《中国广告》2004 年第 7 期,第 91—93 页;郭泽德:《中国网络广告 10 年发展过程研究》,《中国广告》2007 年第 11 期,第 144—145 页。

② 参见丁俊杰、陈刚:《广告的超越:中国 4A 十年蓝皮书》,中信出版社 2016 年版,第 21 页。

展特征是在高基数发展水平上增速逐步放缓。① 从近些年的统计和预测数据中可以看出,自 2014 年开始,互联网广告市场规模的年增长率趋于平缓,这一特征的变化,也说明互联网广告产业步入了成熟稳定的发展阶段。

自我规制是广告业发展到一定阶段的必然产物,它对于提高广告行业自身的服务水平、维持广告活动的秩序都有着不可替代的作用。随着我国互联网广告行业迈向成熟期,市场越来越呼唤一种行之有效的自我规制体系出现。

二、网络媒体新发展带动产业变革

广告生态系统是传媒生态系统的支撑性子系统,它的发展趋势和路径在很大程度上受到传媒生态系统变迁的影响。从这个角度看,当前我国互联网广告自我规制中遇到的困境和问题,不仅仅发轫于互联网广告生态系统内部,更是与媒体环境的变化息息相关。因此,我们在讨论互联网广告自我规制的行业动力时,应该放眼于互联网整体,尤其是网络媒体的变化发展,更是在互联网广告业的自我规制进程中发挥着重要的推动作用。

(一)网络媒体竞争态势愈演愈烈

网络媒体是互联网广告呈现与传播的载体,因而互联网广告的优势基本都是源于网络媒体的特性,互联网广告监管难等问题也是源于这些特性。互联网从 web1.0 向 web2.0 再到 web3.0 转变的过程中,用户信息消费内容和媒介接触行为也在发生改变,在以关系为语境、以人为中心的全新传播环境下,新型网络平台层出不穷,社交网站、视频网站、移动应用等于近年迅速崛起,这些新的进入者搅动着互联网广告市场竞争的格局。

网络媒体的经营生态呈现出累进与竞争并行的趋势。一方面,主要网络媒体在网络广告营收中所占比重进一步提升,"马太效应"明显,流量向优质

---

① 参见金桔 IPO 大数据:《2018 互联网广告行业研究摘要》,2018 年 12 月 26 日,见 https://m.sohu.com/a/284759621_355066。

媒介集中,2018 年中国互联网广告市场前 10 名媒体占据了 90% 以上的份额。过去传统媒体的广告投放不断向互联网媒体聚拢,近几年我国互联网的爆发式增长又进一步加速了这一结构性转变。从媒体平台类型看,2018 年电商和搜索平台收入占比合计超过 50%,仍为最主流的广告渠道,如图 3-4 所示。①

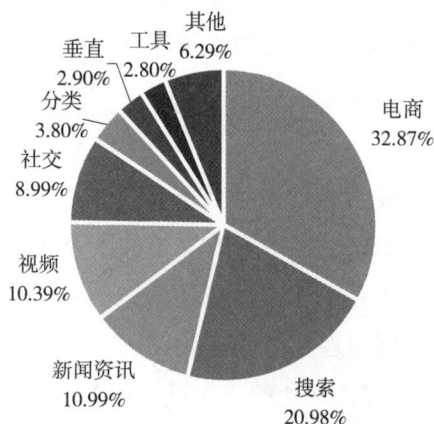

图 3-4　2018 年我国广告市场媒体投放渠道份额

另一方面,市场中新进入者的挑战使得网络媒体之间的竞争愈发激烈。新型网络媒体不但投放过程轻松,而且效果往往不错,互联网广告违法违规行为屡禁不止的乱象正是与这种较低的投放门槛有关。除了主要门户网站的品牌图形广告、富媒体广告和视频网站的贴片广告之外,其他类型的网络广告总体来说价格较低,投放也简单、快捷。② 以现在大部分企业都使用的"两微一抖"平台举例,开通微信公众号和认证官方微博的成本几乎可以忽略不计,只要运营得当,很容易取得良好的成效。除开通自己的抖音账号进行营销,以抖音平台的开屏广告和视频信息流广告来说,千人展示费用也只需要 200 元(见表 3-2)。③

---

① 参见前瞻产业研究院:《2018 年中国互联网广告行业现状及竞争格局分析:BAT 占据前三,市场份额合计达 72.46%,同时新势力强势崛起》,2019 年 7 月 19 日,见 https://www.qianzhan.com/analyst/detail/220/190718-61a7e2a2.html。

② 参见黄河、江凡、王芳菲:《中国网络广告十七年(1997—2014)》,中国传媒大学出版社 2014 年版,第 236 页。

③ 此费用是 2018 年抖音移动端硬广官方报价。

表 3-2　2018 年 Q1 移动端常规硬广资源全国版刊例价

平台	产品名称	频道	产品位置	广告形式	计费方式	刊例价	单位	预估库存（CPM/天）	是否可配送
抖音 APP（phone）	开屏-CPM		APP 启动画面	静态/动态	CPM	200	元/CPM	以实际购买量计算	否
				视频（支持全屏和插屏视频样式）	CPM	240	元/CPM	以实际购买量计算	否
	信息流	首页	上划刷新第 4 个视频	15 秒视频	CPM	240	元/CPM	以实际购买量计算	否

如今，网络直播带货的能力已经引起了广告主们的注意和认同，借助网络红人的巨大流量，一场直播甚至可以达到上亿元的成交额。因此广告主们更愿意选择成本较低、效果易测的新型媒体广告。尤其是那些营销预算不足的中小企业，显然低投入的网络营销更能赢得他们的青睐。图 3-5 是 2019 年在互联网营销推广方面进行投入的企业中各种网络营销方式的渗透率。

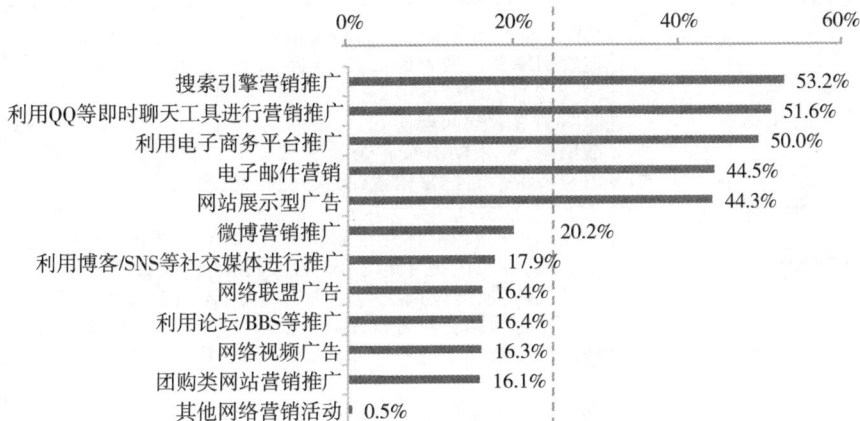

图 3-5　2019 年开展网络营销的中小企业对相关方式的运用率①

---

① 参见中国互联网信息中心：《2019 下半年中国中小企业互联网应用状况调查报告》，2019 年 1 月。

可以看到,除了搜索引擎、聊天工具、电商平台等媒体,中小企业对网站和社交媒体的运用率也不低。

网络媒体竞争态势的变化对互联网广告自我规制的影响主要有两个方面:其一,流量向优势媒体集中,管理起来工作量更小,这为互联网广告的自我规制提供了便利条件。其二,许多新型媒体的出现,短时间内难以出现完全适用的规章制度对其进行约束,需要通过行业的自律从源头避免违法违规行为的发生。

(二)媒体发展激活新型营销理念

伴随网络媒体各项新应用的发展,广告传播活动也在不断适应新的媒体载体特性,并逐步形成新的营销理念和营销体系,比如针对搜索引擎平台的广告投放所形成的"SIVA"营销理念、针对社交和游戏平台形成的"MIND"营销体系、针对社交媒体平台的"IMPACT"营销方案以及为了适应短视频平台的"TAS"营销模型等,详见表3-3。

表 3-3 典型网络媒体的营销理念

媒体应用	营销理念	理念说明
搜索引擎平台,如百度	SIVA	SIVA,即 S(Solution)-I(Information)-V(Value)-A(Access)。搜索引擎是消费者最真实、客观地表达自己需求的平台,在消费者的主动搜寻中,营销者最重要的是借助搜索引擎:S.倾听消费者的问题所在;I.帮助消费者收集解决他们问题的信息;V.帮助消费者衡量各种解决方案的价值;A.引导消费者选择目标营销途径,找到解决问题的入口。
社交和游戏平台,如腾讯	MIND	MIND 理念可以立体化地解构为 4 个方面,其中 M 是可衡量效果,体现在线营销的有效性、可持续性以及科学性;I 是互动式体验,强调网民与品牌的互动;N 是精准式导航,保证了品牌营销在覆盖目标群的精确化;D 是差异化定位,重新定位在线营销的特点,满足客户的独特需求。
社交媒体平台,如新浪	IMPACT	IMPACT 营销理念的要义是"介质+方法＝效果"。以"选择决定营销效果"作为理念的核心,提出从介质和方法两个层面,对包括互动(Interactive)、用户黏性(Magnetism)、聚合力(Popularity)、公信力(Authoritative)和创意(Creative)、精准性(Target)在内的六个网络营销要素进行科学评估选择,进而保障实现营销效果最大化的解决方案。

续表

媒体应用	营销理念	理念说明
短视频平台,如抖音	TAS	不同于经典模型 AIDMA 线性传播的路径,巨量引擎 TAS 营销模型的"激发(Trigger)、行动(Action)、共鸣(Sympathizering)"三个环节是一个环形的、流动的闭环,利用短促直达的路径和更高密度的信息达成用户共鸣,让品牌与消费者的连接更紧密。① 如果要用一句话概括它的核心,可以表述为:用短促直达的路径,形成营销闭环;更高密度的信息,达成用户共鸣。

网络媒体经营新生态也为互联网广告自我规制提出了新的要求:一方面是要紧随媒介形态变化作出及时调整,使行业发展始终有规范可循。另一方面是要更加注重消费者感受。因为目前消费者在互联网广告产业链条中的功能和地位已经上升到了新的高度,正如托夫勒在其《财富的革命》一书中所谈到的消费者"产消合一"的现象。消费者既是互联网广告和产品的消费者,也是对产品评价的内容生产者,如果不重视消费者的感受强加推广,或是虚假宣传,那么企业自然无法拥有良好的口碑。我们生活在体验经济时代,用户的体验效果决定了其可否接受相关信息,良好的用户体验由何而来? 来源于周到细致的广告服务,来源于对用户隐私等权益的充分保障,说到底还是来源于互联网广告更加规范的市场行为,这不但靠政府的约束,也需要行业自觉承担起相应的责任。

可喜的是,各种新型营销理念的倡导已经在自我规制方面作出了一些尝试,基于短视频平台的"TAS"营销模型,正是为了让营销中的每一个环境都可监测可衡量打造了一个营销闭环,以便对品牌传播效果进行归因,实时调整营销策略。在当下碎片化的媒介环境下,随着品牌触达用户的路径更加分散,打造一个牢固有效的营销闭环已经成为每个品牌能够与消费者进行持续沟通的外部挑战,也是互联网广告通过对效果和流量的监测实现自我规制的有力武器。新的媒体环境增加了互联网广告业自我规制的紧迫性,激烈的市场竞争和各种违规乱象也向行业提出了挑战,也特别需要实现高效的行业自我规制。

---

① 参见 Social Beta:《一张图读懂中国互联网平台营销生态》,2019 年 5 月 27 日,见 https://socialbeta.com/t/platform-marketing-ecosystem-map-2019。

三、互联网广告公司发展呈现新格局

互联网广告行业正越来越被数据和科技所驱动,不但网络媒体发生着日新月异的变化,互联网广告公司在这种背景下也在谋求进一步的转型和升级,而这个过程直接或间接地影响了整个互联网广告业的自我规制走向,并呈现出行业进行自我规制的条件和内在动力。

（一）互联网广告公司野蛮生长

美国广告代理商协会(AAAA：American Association of Advertising Agencies)将广告公司定义为：专门从事广告和营销计划、广告作品以及其他促销工具的制作与准备的人员组成的独立机构。[①] 广告公司是广告代理制的中心环节,也是广告业的核心组织,对整个广告传播活动发挥着重要的推动作用,是联结广告主和受众的纽带和桥梁。

互联网广告公司伴随着20世纪90年代互联网的兴起应运而生,许多传统的广告公司逐步涉足网络营销领域,有的在传统业务的基础上增设互动营销和数字业务,有的单独成立网络广告公司或互动营销公司,将业务覆盖网络广告的媒介代理、策划、投放、效果监测多个领域。[②] 而另外一些新进入者则凭借自身与互联网的天然依附关系和技术优势,进一步搅动着广告公司的市场格局。经过多年发展,互联网广告公司的市场规模不断扩大,我国境内的互联网广告公司目前呈现三足鼎立的态势：本土综合网络广告公司、本土专业网络广告公司和4A广告公司(网络公司或互动部)。

在Social Beta整理发布的《2019中国平台营销生态地图》中,众多的电商平台、视频短视频平台等互联网企业在营销领域的各个环节发力,推出各具特色的营销方案。[③] 信息技术公司和互联网公司向互联网广告公司转型已经成为一种趋势,一些互联网公司同时也具备互联网广告公司的营销功能。正如波士顿咨询公司(BCG)、阿里研究院和百度发展研究中心共同推

---

① 参见威廉·阿伦斯：《当代广告学》,华夏出版社2001年版,第93页。

② 参见黄河、江凡、王芳菲：《中国网络广告十七年(1997—2014)》,中国传媒大学出版社2014年版,第186页。

③ 参见Social Beta：《一张图读懂中国互联网平台营销生态》,2019年5月27日,见https://socialbeta.com/t/platform-marketing-ecosystem-map-2019。

出的《中国互联网经济白皮书2.0》所指出的那样,中国消费者呈现线上与线下消费多渠道全面融合、消费行为高度数字化、创新模式不断涌现的特点。这种情况也造就了独特的中国特色数字化发展路径,即前端消费互联网带动后端产业互联网的发展。① 以京东为例,它不仅是一个电商平台,也是国内举足轻重的营销平台,除了每年的"618购物节",京东还成功与上百家国内外知名品牌展开合作,针对不同行业及产品推出相应的"超级品牌日""超级品类日"和"超级单品日",得到了品牌商和消费者的一致认可。电商平台中的另一大巨头阿里巴巴也在布局战略转型,计划为更多的广告主提供互联网广告服务。

在新媒体环境下,信息技术公司凭借技术优势,不断丰富自身的业务体系,其中,对广告业务的重视和开发成为当前国内领先技术公司的共同战略部署。这种由信息技术公司转型而产生的新兴广告业力量,在核心技术和操作流程方面都与传统广告公司大相径庭,在规制方面一时没有完全适用的法律条文,特别需要行业自我规制从源头约束自身广告行为。

拥有大数据的平台方、媒体公司,包括公关公司,也开始主动接触客户,提供广告营销服务,全面抢食广告产业链,当然还有如雨后春笋般成长的以技术驱动的数字营销公司。② 这带来了互联网广告资质壁垒的消除,在利益的驱动下,不同资质水平的广告公司和广告从业人员开始大量进入互联网广告行业。人才的流动和激烈的市场竞争,加之无数规模小而分散的互联网广告公司涌现,进一步搅动着互联网广告市场原本相对稳定的产业结构,中国互联网广告产业在超高速发展中呈现出野蛮生长的特征。

（二）合作与重构成为行业新趋势

广告公司起初都是以独立公司的形式发展,后来因客户以及市场整合营销的需要,慢慢出现了综合性的代理公司,开始重新进行专业划分。互联网广告的出现又使广告业的发展迈进一个全新的发展阶段,即集团化竞争

---

① 参见波士顿咨询公司、阿里研究院、百度发展研究中心:《中国互联网经济白皮书2.0》,2019年1月。

② 参见丁俊杰、陈刚:《广告的超越——中国4A十年蓝皮书》,中信出版社2016年版,第191页。

阶段,这种集团化竞争往往通过公司间的合作或并购重组得以实现。

像悠广通广告公司就是为全面进军互联网广告领域,由粤传媒与悠易互通共同投资成立的。粤传媒是报业媒体的龙头企业,旗下拥有《广州日报》《羊城地铁报》《舞台与银幕》《老人报》等大量优质媒体资源,一直在寻找数字营销方向的突破。悠易互通较早开发多屏程序化购买技术,是中国最早推出互联网广告支持实时竞价(Real-time Bidding,RTB)购买的需求方平台(Demand-side Platform,DSP)的全媒体数字营销广告公司之一,在数据算法和程序化投放技术方面具有很强的领先优势。双方开展战略合作,可以进行资源共享以及优势互补。实际上,不只悠易互通,在目前我国的互联网广告市场,大型广告代理集团以及部分传统行业凭借资金优势,在市场展开收购的行为并不少见,诸如蓝色光标、省广股份等国内大型广告公司在近年来就通过兼并的方式"吸收"了大量的中小数字营销厂商来增强自己的实力。

但是,当前市场的激烈竞争正是被企业相互交织的多方竞争合作的互动规律性所支配,企业采取合作性行为相比于直接的竞争行为,对企业来说更容易获取竞争优势,持续领先于对手更具有现实意义。这种本着双方资源共享以及优势互补的原则进行的战略合作,无疑是互联网广告业的一大迈进,但对这种新型产物的监管也成为一项严峻的考验。如果放任自流,势必会造成不可估量的后果,互联网广告的发展瞬息万变,当政府规制出现一些盲区,行业的自我规制就愈发显得迫在眉睫。

广告产业组织结构在发生着深刻变革,以阿里妈妈、广点通等为代表的依托大型互联网企业的数字营销公司和以品友互动、悠易互通等为代表的广告技术公司的出现,使得我国广告产业发展呈现出专业化、规模化的新景观。[①] 近年来,随着互联网广告企业逐渐发展壮大,其自我管理能力也在不断提升,从它们及时更新的隐私政策、广告发布规范等方面就可以体现出来。互联网广告企业的自律作为一种自内而外的主动性力量,一旦被激发

---

① 参见廖秉宜:《中国广告产业变迁回顾与发展前瞻》,《中国工商报》2018 年 8 月 14 日。

出来,往往比政府强制性他律规制效果更加显著。

（三）国内 4A 成为规范行业发展的领导者

中国 4A 的出现,大大加强了国内互联网广告的专业化和规范化程度,也是互联网广告产业近些年来规模化扩张的重要推动力。1997 年到 2005年,是国际 4A 公司强势进入国内市场,为中国广告业树立专业化标杆的阶段。随着这一时期的结束,中国广告业的发展进入了建立行业标准、完善自我管理的阶段。行业的时代使命,是从构建理论体系,升级为建立自律标准,进行自我规范,[①]中国 4A 就是在这样的背景下应运而生的。

中国 4A,是中国商务广告协会综合代理专业委员会(the association of accredited advertising agencies of china)的简称,从成立初期的 28 家,发展到目前的 110 家会员单位。几乎所有在国内运作的大型国际广告公司,以及本土实力最强规模最大的综合广告代理商,都是中国 4A 的成员。无论是从产出的作品还是从行业影响力而言,中国 4A 都充分展现出行业的最高宗旨。中国 4A 终身顾问、原工商总局广告司司长刘保孚先生曾谈道:"4A的成立,并不是要哗众取宠,也不是想排斥其他组织。4A 想要做的是一个自律性的组织:自我约束、自我管理、自我发展。"[②]

中国 4A 能够对整个广告行业,在现阶段尤其是互联网广告行业的自我规制发挥重要作用的原因主要有两个:一是在组织成立之初,就结合国内独特的市场环境编制了三本工作手册,分别为《中国 4A 标准作业手册》《中国 4A 工作条例》和《广告手册》,这三本手册为中国广告从业公司提供了可以参照的行为标准和依据。[③] 二是其制定了严苛的入会标准,其成员多是行业内的领军公司,能够发挥面向全行业的示范效应。

对比中广协和中国 4A,中国 4A 明确了"广告行业自治"的定位,主管部委是中华人民共和国民政部,主管协会是中国商务广告协会,其理事会由

[①]　参见丁俊杰、陈刚:《广告的超越——中国 4A 十年蓝皮书》,中信出版社 2016 年版,第 17 页。

[②]　丁俊杰、陈刚:《广告的超越——中国 4A 十年蓝皮书》,中信出版社 2016 年版,第45 页。

[③]　参见丁俊杰、陈刚:《广告的超越——中国 4A 十年蓝皮书》,中信出版社 2016 年版,第 46 页。

成员投票选举产生,理事长则由理事会进行推选。中国 4A 吸收会员的标准略高。中广协由国家工商行政管理总局主管,会长多由工商局的领导担任,[1]入会标准较低,目的在于尽可能将更多的大中型广告公司纳入平台进行集中管理。两个平台相互补充,在行业组织的带领下,我国互联网广告业进行自我规制的脚步将会走得又快又稳。

互联网广告公司的发展新格局对行业自我规制产生的影响主要有三点:一是广告公司的野蛮生长,造成广告代理关系混乱的局面,扰乱了脆弱的市场秩序,需要通过自我规制的方式进行及时调整;二是广告公司间的合作或兼并加强了自身实力,更加需要向着专业化和规范化发展,加之重构后的广告公司权责不清,政府规制对此存在着一定的盲区,加剧了产业自律的紧迫性;三是我国的广告公司目前已经有了自律性的组织带领,为做好自律自治工作创造了良好环境。

四、利益下的选择:互联网广告主的自律建构进路

互联网广告主实际上是许多传统媒体广告主的另一种呈现状态,在对我国互联网广告主进行分析时,应从更为全面的角度探讨其发展变化态势,以及这些变化对互联网广告自我规制提供了怎样的行业内部动力。

当 1997 年我国第一条互联网广告出现的时候,广告业整体已经步入较为规范、较有章法的转型发展期,各类广告主的广告投放也更成熟。[2] 但是,介于当时的社会环境,互联网毕竟还属于新生事物,基于互联网衍生出的互联网广告形式得不到广告主们的充分信任,因而在我国的互联网广告投放市场上,大都是国外企业进行宣传推广。21 世纪以后,互联网走入千家万户,人们对互联网广告也不再陌生,尤其是我国本土的一些传统媒体广告主,敏锐地洞察到市场先机,也加入到互联网广告投放的滚滚浪潮中。

---

[1] 中国广告协会创立于 1983 年 12 月,2018 年以前是原国家工商总局的直属事业单位,由国家相关部委直接领导。

[2] 参见黄河、江凡、王芳菲:《中国网络广告十七年(1997—2014)》,中国传媒大学出版社 2014 年版,第 224 页。

我们可以从目前互联网广告主的规模、结构以及投放等方面探寻互联网广告自我规制的环境因素。

（一）互联网广告主规模渐趋庞大

互联网广告主既是互联网广告活动的发起者，又是广告产品的购买方，在整个互联网广告产业链条中扮演着重要角色。随着对网络营销的日益熟悉，广告主们的营销理念也在发生着改变，对互联网广告的投放愈加重视，这表现在传统媒体预算投入持续压缩，互联网广告的投放比例快速攀升上。纵观互联网广告成长的二十余年，互联网广告主数量越来越多，行业分布越来越广泛，对网络媒体的应用越来越娴熟，其中一些还与互联网广告公司展开了深入合作。这种对新型互联网广告的积极尝试，推动着互联网广告市场规模节节走高，增长势头至今仍然迅猛。

目前，我国互联网广告产业中的中小广告主数量激增，国内的行业巨头诸如 BAT、今日头条、美团等，也都开始注意或重视长尾广告主的拓展；微信朋友圈广告之前都是动辄几十上百万起投，现在已经面向中小商家，开放本地化广告了；头条也在做各种服务中小商家自助建站、投广告的工具；淘宝和美团本身就定位于对中小企业的服务，自不用多说。

从地域的角度看，消费市场的下沉引发了各大互联网平台对渠道下沉的思考。美团、拼多多平台等实现了互联网广告的精准地域投放，并带动消费下沉，三四线消费市场的本地广告主营销预算也大幅向互联网媒体转移。① 从发展趋势看，广告受众正在向新兴媒体迁移，诸如电视、报刊等传统媒体的受众规模日益下滑，广告主如果要实现投放的全覆盖就必须依靠互联网的力量。而近几年来，随着智能手机、平板等移动端的发展，互联网广告主的投放渠道又进一步扩宽，中国庞大的移动互联网市场受到广告主们的格外青睐。此外，基于大数据以及人工智能技术的信息流广告发展得如火如荼，广告主们的媒体预算有相当一部分转移到信息流广告。

从早期投放者 IBM 和英特尔的 468×60 像素 Banner 广告，到如今以

---

① 参见中关村互动营销实验室：《2018 中国互联网广告发展报告》。

精准定位为核心的信息流广告,我国本土广告主已经意识到互联网作为发布广告的营销平台有着传统媒体难以比拟的优势,不论是行业巨头还是中小企业,纷纷布局互联网广告市场。互联网广告时代,受众和投放平台发生深刻发化,广告主在整个广告产业链条中的地位也愈加重要。在整体广告市场低速增长的情况下,互联网广告市场竞争加剧,广告代理商紧跟广告主诉求变化才能保持市场领先地位。[①] 当然,参与主体的激增也容易导致一些问题的出现,互联网广告投放中违法违规行为频频发生就说明了这一点。

(二)网络广告主类型逐渐多样化

由于互联网行业和 IT 行业的天然关联性,在互联网广告发展的初期,计算机公司和网络服务公司等企业是主要的广告主,IT 行业自然也占据了当时互联网广告投放市场的绝大部分份额。在中国互联网广告诞生的前两年(1997—1998 年间),互联网广告主主要来自电脑和电信两大行业。此后,伴随互联网媒体的快速发展,广告主类型开始变得多样化。[②] 据艾瑞咨询发布的 2000 年度中国网络广告主行业分析数据显示,网络媒体类广告主在市场份额中占比最大,为 32.88%;IT 类产品及电子商务类的比重次之,分别为 15.10% 和 9.57%。这三者所拥比例超过了 50%,在当年的互联网广告投放市场中占据半壁江山。而在传统广告媒体中占主流的消费品广告主(包括家庭用品类、食品饮料类、服装饰品类等)对于互联网广告的投入比例则不高。

互联网广告主结构的变化也带来一系列的问题,通过对近年互联网广告业统计数据的观察和分析,广告投放规模剧增也伴随着违法广告数量的上升。2018 年 7 月 20 日,国家市场监督管理总局公布了 2018 年 30 起典型的虚假违法互联网广告案件。统计名单如表 3-4 所示。

---

① 参见易观:《中国互联网广告市场年度综合分析 2018》,2018 年 8 月。

② 参见黄河、江凡、王芳菲:《中国网络广告十七年(1997—2014)》,中国传媒大学出版社 2014 年版,第 225 页。

表 3-4　2018 年 30 起典型的虚假违法互联网广告案件

序号	行业	案件
1	传媒	北京言美文化传播有限公司发布含有迷信内容的违法广告案
2	房地产	恒大地产集团天津世博国际会议中心有限公司发布违法广告案
3	医疗	天津河东中科医院发布违法医疗广告案
4	食品	河北承德亚欧果仁有限公司发布违法食品广告案
5	房地产	山西俊嘉房地产开发有限公司发布违法房地产广告案
6	医疗	内蒙古世纪医院有限责任公司发布违法广告案
7	食品	辽宁大连金英海产有限公司发布违法食品广告案
8	工业	黑龙江大庆油田信息港对利用其平台发布违法广告未制止案
9	食品	至初牛奶贸易(上海)有限公司发布违法广告案
10	医疗美容器械	上海纽顿美容仪器设备有限公司发布违法广告案
11	教育	上海立爱教育科技有限公司发布违法广告案
12	金融投资	陕西巨丰投资资讯有限责任公司上海分公司发布违法广告案
13	体育用品	江苏扬州凯威体育用品厂发布违法广告案
14	经贸	江苏无锡百思美贸易有限公司发布违法广告案
15	汽车	浙江宁波华泓二手车经纪有限公司发布违法广告案
16	房地产	安徽绩溪锦元置业有限公司发布违法广告案
17	食品	福建漳州市赞柚果业有限公司发布虚假广告案
18	房地产	江西九江市宁亿置业有限公司发布违法房地产广告案
19	医疗	山东青岛市北区博士医院发布违法医疗广告案
20	食品	山东沂源鲁山山泉水厂发布违法广告案
21	医疗	河南周口博爱妇科医院发布违法广告案
22	医疗	湖北潜江李亚发布违法医疗器械、保健食品广告案
23	通信	广东深圳市心家宜智能家居有限公司发布虚假广告案
24	食品	广西桂林荣和食品厂发布违法广告案
25	食品	重庆三六九食品有限公司发布虚假广告案
26	食品	重庆予然茹植生物科技有限公司发布虚假广告案
27	房地产	四川成都品悦尚城有限公司发布违法广告案
28	金融投资	四川广元市脉缘科技有限公司发布违法广告案
29	食品	陕西西安同辉餐饮管理咨询有限公司发布虚假违法广告案
30	医疗	新疆阿克苏现代女子医院有限责任公司发布违法广告案

由表 3-4 可以看出,互联网广告违法行为频发的行业也是互联网广告投放力度较大的行业,两者呈现一种正相关的关系。为此,市场监管总局印发通知要求各地市场监管部门以覆盖面广的门户网站、搜索引擎等互联网平台为重点,针对医疗、药品、房地产等关系人民群众身体健康和财产安全的虚假违法广告,加大执法力度,压实互联网平台主体责任,去除互联网广告市场"顽疾"。①

这里我们需要关注的一个问题是,互联网广告主市场环境变化对其自我规制带来的影响。近年来,政府部门注重推动"中国制造向中国创造转变、中国速度向中国质量转变、中国产品向中国品牌转变",加强构建"中国创造""中国质量"和"中国品牌",出台了一系列的产业政策以扶持广告产业发展,为打造一批具有国际竞争力的本土企业提供了有力保障。中国企业正伴随着我国形象"大国化"的趋势走在"国际化""大牌化"的路上,无论是出于加强国际合作的层面还是从品牌传播的角度,中国的互联网广告主在国际平台上要想取得话语权的进一步提升,一定要满足国际化品牌传播的更高要求,因而对行业的自我规制要求也应该更加严格。

广告活动发端于广告主的营销需求,广告主既是广告活动的出资人,又是广告传播效果的直接受益者。因此,广告主是广告生态系统主体中信息流的源头。② 伴随着整体经济环境的变化,互联网广告主的行业结构、广告策略、广告理念等也在不断进行变化和跃迁,而出于对自身利益的考量,广告主们亟须通过自我规制的手段以适应这些行业的变革。

第三节 互联网广告行业领导者的 自我规制引领与示范

在国内互联网广告市场格局中,阿里巴巴、字节跳动、腾讯、百度几乎占

---

① 参见市场监管总局:《市场监管总局关于深入开展互联网广告整治工作的通知》,《中国工商报》2019 年 3 月 27 日。

② 参见王昕:《广告生态系统变迁中的中国广告管理研究》,中国传媒大学出版社 2015 年版,第 57 页。

据了 80% 的市场份额,行业巨头占据市场绝对主导权,也引领着当下国内互联网广告市场的走势。这些互联网媒体平台既是政府规制对象,也是参与自我规制的重要主体,因为它们在控制网络信息流动及用户获取信息范围方面拥有很大的自主决定权。[①] 一方面,诸如虚假广告、网络诈骗、内容低俗等一系列问题在互联网媒体平台上频发,引起了社会广泛关注;另一方面,这些互联网广告巨头掌握着先进的技术,有能力也应该自觉承担起行业扛鼎者的引领作用。目前,国内互联网广告的行业巨头主要在以下两个方面采取了积极行动。

一、积极响应政府部门的规制要求

近年来,互联网头部企业积极支持有关部门出台的政策、标准,并协助各部门进行互联网广告合规工作,发挥了一定行业示范作用。2014 年 9 月 25 日,国家互联网信息办公室、工业和信息化部、国家工商行政管理总局针对"网络弹窗乱象"召开了专题座谈会,决定启动"整治网络弹窗"专项行动,严肃查处非法弹窗广告行为。对此,作为阿里巴巴集团旗下网络营销推广平台,阿里妈妈呼吁国内各互联网公司规范使用网络弹窗,让网民享有更好的上网体验。阿里妈妈不仅参与了《广告法》《互联网广告管理暂行办法》的立法反馈,并在法规出台生效后立即认真研读研判法律内涵外延,确保阿里妈妈的管控规则与生效法规内容保持一致。阿里巴巴也在借助自身影响力积极呼吁同行约束不良行为,共同遵守规范,营造清朗的互联网环境。腾讯平台在广告业务开展方面也积极学习相关法律法规并严格贯彻执行。截至 2019 年上半年,腾讯广告内部已开展 16 次对法律法规、典型案例的解读。腾讯广告法务还多次参加"互联网广告自律研讨会"等业内学术研讨,公开发行《互联网广告业务合规与风险控制》一书,总结其多年来对法律合规与风险控制的行业经验,在促进合规操作内部落地的同时,也为全行业提供了一些有效参考和指引。2018 年 6 月,国家市场监管总局等八部

---

① 参见劳拉·德拉迪斯:《互联网治理全球博弈》,谭庆玲、陈慧慧等译,中国人民大学出版社 2017 年版,第 179 页。

委联合开展网络市场监管专项行动,继续加大对网络虚假宣传、违法广告的打击力度。百度则再次升级 AI 风控体系,升级后可每分钟处理违规广告 4500 条,较 2017 年的违规广告处理效率提升 12.5%。[①] 2019 年,我国网信办要求字节跳动旗下抖音等短视频平台配置"青少年防沉迷系统"。抖音平台在进行内测后推出风险提示系统,针对使用平台时间过长的用户进行警示,帮助用户管理时间以防沉迷其中。这些互联网头部企业发展迅速,占据市场份额更大,也更容易遇到各种问题,它们在遇到市场问题时能够第一时间积极响应政府部门的规制要求,有的还会主动承担责任,引领行业自律发展。

二、互联网头部企业的自律体系构建

互联网广告是互联网业务的重要组成部分,互联网广告是否能为经济和社会发展发挥积极作用,不断创造正向价值,离不开对其合规性、安全性的有效管理。我国阿里巴巴、百度、腾讯、字节跳动等企业都在积极尝试建构各具自身特色的自律体系。

阿里妈妈作为阿里巴巴集团旗下的商业营销平台,从多年实践经验出发,于 2019 年 3 月召集广告学、法学等学界与业界专家深入探讨 2018 年互联网广告的典型案例和疑难问题,并发布《互联网广告风控合规白皮书》,从中可以看出阿里妈妈采取的自我规制举措主要有以下几点:一是研判政策法规,明确管控规则。二是建立自身方法论体系。阿里妈妈提出"风险水位"管理理论以及系统化风险过滤方法论,在提升商家体验的同时也可以让消费者看到合规的广告内容。2020 年 5 月,阿里妈妈上线"预警管理"产品功能,此功能增加在媒体流量平台的处罚中心,旨在为媒体提供风险预警服务。当阿里妈妈过滤系统监测到推广者数据存在风险后,会自动触发预警提示,以消息提示的方式提醒推广者进行自查、调整推广行为,避免进一步违规与资损。三是重视商家教育和违规处罚。阿里妈妈作为平台方可

---

① 参见中国新闻网:《百度 AI 打架再进化:每分钟处理 4500 条违规广告》,2018 年 6 月 29 日,见 http://www.chinanews.com/business/2018/6-29/8551021.shtml。

以深入了解到商家的现实状况,通过走访,针对市场实际问题开展的三十多场培训,在广告业务量持续上涨的同时违规商家量级同比却下降近30%。四是借助人工智能加强互联网广告审核。阿里妈妈从2014年就探索应用OCR等智能技术提高广告筛选效率,以机器视觉的方式鉴别违规文案信息,每天可处理图片近千万张,自动反馈疑似违规图片准确率95%以上。阿里巴巴将AI技术引入平台内容治理后,其打击处理违法违规互联网广告的能力获得了成倍增长。

腾讯对互联网广告的自我规制举措主要体现在旗下的大数据营销平台"腾讯广告"上,腾讯广告的自律体系建设工作主要从以下几个方面着手:在法律层面,遵规守矩,严守底线,并率先发布《腾讯广告业务风控合规白皮书》,积极分享自身广告审核成果与经验,推动行业自律发展;在审核机制方面,从"开户审核""广告审核""广告巡查"三大环节建设全链路审核机制,保障广告的合规。

开户审核环节的任务是从源头严把审核关,确保合规广告主准入机制。腾讯公司的广告部门在该环节设定了四大审核机制:一是事前评估机制。该机制主要针对的是金融、健康等关系到受众财产安全以及身体健康的高风险行业广告主。在与这些领域的广告主进行合作前,腾讯广告部门会综合其资质、背景和广告投放历史等多种因素来进行打分,需要分数达到特定标准才会允许广告主在腾讯平台上进行广告投放。二是黑名单机制。腾讯广告会根据广告主的过往违法违规广告案例来进行分析,并且综合监管机构和其他渠道来了解相关企业的违法违规信息,建立平台开户黑名单。违规广告主申请投放广告前提交的企业信息,如果与腾讯企业黑名单中的信息对应,该广告主就会被直接拒绝投放广告。三是广告主风险评级机制。腾讯广告的审核员会对尚未合作和已经进行合作的广告主进行长期的风险评级,并对其生产的存在风险的广告内容进行标注和警示,相关的审核和标注将会被记录在案,为后续审核提供判定基础,从而维持对平台广告主的持续审查,提升后续审核的反应速度,对于风险评级过高的广告主平台也会采取降流、屏蔽或者下架等相关的治理措施。四是广告主资质验真机制。依据新广告法的相关规定,广告经营者、广告发布者依据法律、行政法规查验

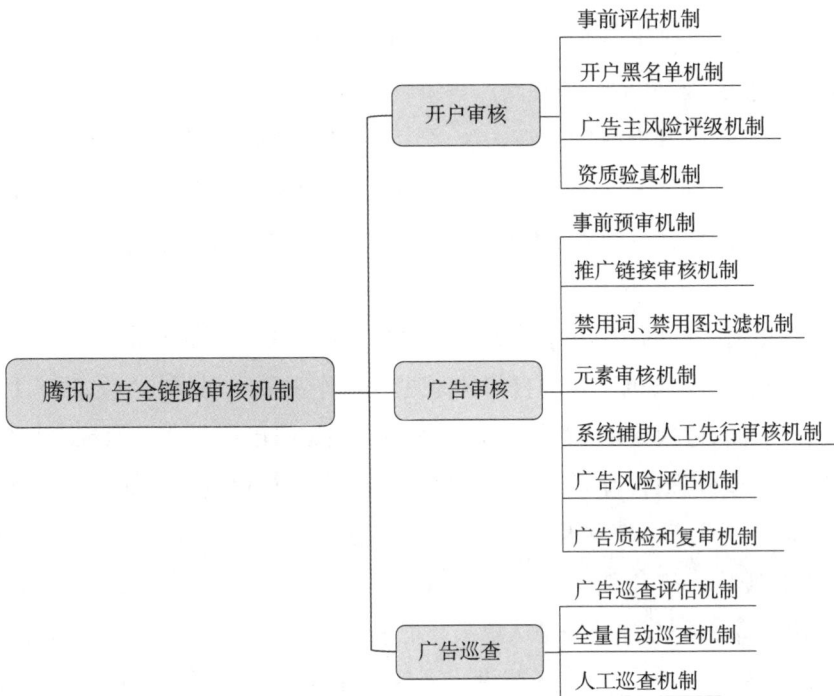

图 3-6　腾讯广告全链路审核机制

有关证明,腾讯广告的审查人员会查询相关政务部门的公开网站来核查广告主所递交的有关资质,以确保广告主资质的有效性与真实性。

广告审核环节的任务是运用多种机制确保内容合规,广告内容审核也是审核机制中最为复杂的一环,主要包括事前预审机制,推广链接审核机制,元素审核机制,禁用词、禁用图过滤机制,AI 识别辅助人工先行审核机制,广告风险评估机制,广告质检和复审机制等重要组成部分。同时,腾讯广告还建立了高频率、多维度的全方位广告巡查风险评估机制,对存在风险的账户和广告综合计算风险值并进行排序,据此优先巡查高风险值的广告和账户,并建立人工巡查机制配合全量自动巡查机制。除此之外,通过官网、公众号等多渠道对广告主及合作伙伴进行培训,提升其合法合规意识及自律能力;邀请广大用户监督广告的合规,设立专人处理用户投诉,保证处理的时效性并进行及时回访,联合各方共同营造健康的互联网广告生态环境。

百度同样制定了严格的准入准则和企业资质审核标准。2016 年 8 月对外公布《百度推广准入准则》,其中详细列举了包括"非法医疗服务、非法及违禁药品、赌博及彩票类违法内容"等十类内容严格禁止推广。同时依据相关法律规定并结合百度风控部门自身实践经验,宣布互联网金融、网络棋牌等五类"限制推广的内容",该《准则》被业界称为国内搜索引擎行业的首部"准宪法"。① 可以看出,百度搜索推广对客户资质的审核愈加严格。在对企业资质进行审核的过程中,最常见的问题包括资质不全、资质作假、资质盗用等,为此百度于 2012 年首创"对公账户验证"程序,通过向广告客户对公账户打款的方式确认客户资质是否存在问题。"对公账户验证"程序与资质验证一起,成为百度对企业主体身份进行查证核实的有效手段。② 《2017 年度信息安全综合治理报告》显示,2017 年百度累计审核广告主资质 150 余万次,其中,累计进行驳回或下线处理约 66 万个,超过半数。"魏则西"事件发生后,百度将整治重点放在了违规医疗广告推广上,2019 年打击医疗变体词总量达到 4.6 亿个。

百度在多年实践摸索的基础上逐渐形成了"人工+AI"的审核模式,在搜索结果中出现的每一条广告都需经过广告主身份资质审核系统、广告内容审核系统、广告展示实时巡查系统以及风险广告应急排查系统四大风控系统的层层过滤,每年百度用于广告治理的资金投入超过 10 亿元人民币,其中包括审核系统的硬件投入、新审核技术的研发以及专门治理团队的组建等。③ 当前,百度的人工审核团队已超上千人,每天的推广内容审核数量高达 4.7 亿条,其中应用智能机器系统的审核数量达 95% 以上。这种"人工+AI"双重监管手段涵盖了事前、事中、事后三个时间段。"四大风控系统、三关审核机制、三级审核系统"成为百度互联网广告自律体系的建设框

---

① 参见中国新闻网:《百度公布打假成果:2016 年共打掉 16.9 亿条违法广告》,2017 年 1 月 19 日,见 http://www.chinanews.com/it/2017/01-19/8129175.shtml。

② 参见周辉:《网络广告治理比较研究》,中国社会科学出版社 2018 年版,第 144—146 页。

③ 参见周辉:《网络广告治理比较研究》,中国社会科学出版社 2018 年版,第 145 页。

架,并已初见成效。2016 年,百度共计查处 16.9 亿条不良广告,2017 年拒绝不良广告数 21.3 亿条,约合每分钟 4000 余条。2019 年,拒绝不合规广告总量达到 32.77 亿条。并在全产品范围内开放多类渠道接入来自政府职能部门、企业、个人等的反馈,2019 年共接收有效举报 283 万余条。①

违法违规互联网广告正在成为各个平台共同的顽疾和破坏者。而互联网广告的行业巨头用自身行动说明,只有以自律为根基,重视维护用户权益,关注广告主体验,积极推动广告行业的健康有序发展,才能营造健康的互联网广告生态环境。

综而观之,我国政府近年来不断出台相关法律规定,将互联网广告作为广告产业的重点监管领域,多渠道多方式的政府规制为互联网广告产业自我规制提供重要支撑条件。同时互联网广告产业的快速发展也要求行业各方形成自我规制的价值观与自觉,行业巨头的自我规制实践经验也为产业生态参与者起到一定引领示范作用。虽然我国互联网广告产业具备开展行业自我规制的可行性条件,但正如托马斯·麦克费尔(Thomas L.McPhail)在《全球传播——理论、利益相关者和趋势》中所说,电子商务和跨境电子商务在全球范围内越来越被接受,通过新媒体投放广告并打开全球市场成为企业越来越重要的营销策略,"互联网代表了一场人类历史上前所未有的市场全球化进程"②。我国互联网广告产业要达到国际化的自我规制趋势与要求,仍任重道远。

---

① 参见中国新闻网:《百度发布 2019 年信息安全治理年报,处理有害信息 531.5 亿余条》,2020 年 2 月 14 日,见 http://www.chinanews.com/business/2020/02-14/9091543.shtml。
② [美]托马斯·麦克费尔:《全球传播——理论、利益相关者和趋势》,张丽萍译,中国传媒大学出版社 2016 年版,第 144 页。

第四章 中国互联网广告行业的失范 行为呈现及规制困境

伴随互联网广告行业的快速发展,越来越多的广告主认可并选择使用互联网进行广告投放,但与此同时,一些虚假广告、低俗广告、数据造假、用户隐私泄露等违法失范行为也在互联网平台不断演化升级。与传统广告相比,互联网广告行业中的参与主体更多,利益关系也更为错综复杂。互联网广告平台像一个复杂的生态系统,仅仅依靠外部法律规制与有关部门的行政监管,很难及时有效地制止各种花样不断翻新的互联网广告失范行为。因此,参考欧美等发达国家的广告规制体系,在完善法律法规、加强外部监管的同时,我国互联网广告行业各环节的参与者应当承担起作为规制主体的责任,培养自律意识,逐步形成完善的互联网广告自我规制体系,以自发的自我规制与外部的政府规制、法律规制相互补充,进而取得良好的广告规制效果,这也是维持互联网广告行业生态平衡与持续健康发展的必然之举。

第一节 互联网广告失范行为总体 状况与自我规制必要性

伴随互联网广告行业的快速发展,互联网已经成为违法广告的重灾区,成为全国工商、市场监管部门的重点整治对象。

一、互联网广告违法失范行为总体数量持续增长

至 2020 年 6 月,我国的网民规模已达到 9.6 亿,互联网普及率为 67%。

总体数量庞大的网民群体构成了我国快速发展的互联网消费市场,并且推动着我国消费市场向数字化和网络化转型,这也为我国互联网广告行业发展奠定了坚实的用户基础。① 互联网在我国国民的日常生活中可以说是无处不在,新媒体技术与网络平台从各个方面进入并且深刻地影响着人们的工作生活。微信、微博、电商、短视频、直播、云办公、云课堂、移动支付、物联网等与我们的生活愈发密切,而5G时代的到来也使得网络平台的未来发展具备了更多的可能性。目前,手机、平板乃至智能手表、智能眼镜等可穿戴设备逐渐成为人们生活中必不可少的设备,互联网广告也随之悄然进入每个人的日常生活场景。

互联网和移动网络技术日渐普及,互联网平台积累了越来越多的用户资源,随之而来的是广告主的广告投放也逐渐从传统媒体偏向网络媒体平台,中国广告行业已经进入互联网广告主导的时期。在为我国互联网广告行业井喷式发展欢呼的同时,行业中所呈现出的野蛮生长乱象也不容忽视,目前互联网违法违规广告的数量大幅增加。根据国家工商行政管理总局的数据统计,2017年,我国市场监管部门查处的互联网广告违法案件为14904件,占各类违法广告构成比例的近一半。2018年违法互联网广告案件总数增至23102件,占各类违法广告案件总数的55.9%。2019年上半年,全国市场监管部门总共查处违法互联网广告案件达9368件,同比增长为15.6%;全国共监测互联网广告8249万条次,相关部门开展对相关广告主体的行政约谈共计4972次。② 由此可见,互联网违法广告的数量随着广告市场规模的增长而有所增加。

当前,我国互联网媒体伴随着平台开放、技术进步和网民数量的增长,正在逐步由专业化走向社会化,广告行为的参与主体也逐渐多元化。同时,包括广告主在内的各广告行为主体都在主动尝试或在第三方平台帮助下,不断开发拓展自身在网络平台上的业务范畴,拥有了属于自身的门户网站、网店、微博企业号、微信公众号以及短视频账号等自媒体端口来对接互联网

---

① 参见中国互联网络信息中心:《第46次中国互联网络发展状况统计报告》,2020年9月。
② 参见任震宇:《着力祛除互联网广告市场"顽疾"》,《中国消费者报》2019年10月15日。

用户,广告主和广告代理、媒体平台之间的界限渐渐模糊。在这种情况下,对互联网广告责任主体的监管与追责难度大大增加,在体量巨大而更新迅速的互联网广告行业中,外部规制可谓是"雪上加霜",政府主导的传统广告规制模式受到了来自互联网的多方面冲击,逐步被打破。① 传统规制模式的失效是对互联网外部监管者及立法者提出的新挑战,也是互联网广告行业亟须采取相关举措进行自我规制的一个信号。

二、互联网广告失范行为表现类型多样

互联网内容表现形式的多样性和网络平台技术的日新月异,使得互联网广告失范行为的类型也表现出多种类型,其中不乏新的广告失范类型。同时,监管和立法的滞后性与漏洞,让传统媒体时期盛行的广告失范问题并没有从互联网平台上消失不见,并且演化出新特点。让人担忧的是,新旧类型的广告失范行为借助网络媒体平台变得更具隐蔽性,这使得互联网广告规制正面临着前所未有的挑战和冲击。

我们选取国家市场监督总局 2018 年 7 月所发布的典型虚假违法互联网广告案件为分析对象,将其中 20 起案件按违法平台、违法领域、主要违法情节、违法类别为框架制作成表 4-1,②以帮助我们了解互联网广告的具体失范类型。

表 4-1　国家市场监督总局发布的 2018 年典型虚假违法互联网广告案件

序号	违法平台	违法领域	主要违法情节	违法类别
1	自设网站	收藏品	多次发布"经过正统开光的本命佛守护神,长期佩戴能够清除负能量,使佩戴者改善跌宕起伏的运势"等迷信色彩广告内容	虚假广告

---

① 参见窦锋昌:《新〈广告法〉的规制效果与规制模式转型研究》,《新闻大学》2018 年第 5 期,第 113—114 页。

② 参见市场监管总局:《国家市场监督管理总局公布 2018 年典型虚假违法互联网广告案件》,2018 年 7 月 20 日,见 http://www.samr.gov.cn/xw/zj/201807/t20180720_277552.html。

续表

序号	违法平台	违法领域	主要违法情节	违法类别
2	自设网站	温泉	宣传温泉功效中使用"对风湿痛、痛风、关节炎等疾病有较好疗效"等用语	使用与医疗用语相混淆的用语
3	网络购物平台	食品	广告中描述产品有抗癌功效、可预防心脑血管疾病等内容	虚假广告
4	自设网站	医疗	医疗广告内容中含有"光动力基因免疫诱导治疗方法"等表示功效、安全性的断言、保证和说明治愈率、有效率的内容	未经审核擅自发布医疗药品广告行为
5	自设网站	网络娱乐	网站平台信息链接含有赌博内容	危害社会公序良俗
6	自设网站、微信公众号、官方微博	奶粉	使用胡可及其孩子的形象进行广告宣传	利用不满10周岁未成年人代言
7	网络购物平台	美容仪器	化妆品广告中使用"医学级玻尿酸含量5%的爽肤水,全球知名皮肤医学专家共同研发"等内容	使用与药品、医疗器械相混淆的用语
8	自设网站	医疗	发布标有"私密整形"等内容的弹窗广告,点击关闭键10秒后,弹窗广告再次弹出	使用强制弹窗
9	自设网站	投资理财	产品广告中包含"综合选股成功率高达83.21%"等有关收益率的宣传内容	含保证性承诺,使用绝对化用语
10	网络购物平台	日用品	产品图片中含有"专利驱蚊设计"宣传内容,但没有标明专利号及专利种类	虚假广告
11	商业网站	房地产	含有"你买店铺我付按揭,10年70%收益"字样的互联网广告	含保证性承诺,使用绝对化用语
12	微信公众号	食品	使用虚假"长乐乡乐北村的贫困证明"材料来博取网民的同情心	虚假广告
13	微信公众号	医疗	含有"周口妇科第一品牌!"等内容	使用绝对化用语

续表

序号	违法平台	违法领域	主要违法情节	违法类别
14	网络购物平台	家具	发布标注有"专利帆船造型""专利外观设计"等内容广告。专利已因未缴年费而失效	虚假广告
15	商业网站	投资理财	发布"保值增值收益标准:闲散资金年度固定分红 30%"等内容广告	含保证性承诺,使用绝对化用语
16	自设网站	医疗	使用治愈率 95% 以上、有效率 98%、确保手术一次成功,无后遗症等广告用语	虚假广告,含保证性承诺
17	商业网站	食品	含有"有降血脂及减肥作用,可辅助治疗高脂血症"等宣传内容	违规使用医疗用语
18	自设网站	食品	使用"开胃健脾、增强食欲、促进消化、助睡眠、美容养颜、强化骨骼、提高智力"等内容	虚假广告
19	微信朋友圈	医疗	商品均属于保健食品,而当事人在广告中宣称商品可以治疗颈椎病,且没有标明"本品不能代替药物"的提示语	虚假广告,违规使用医疗用语
20	商业网站	食品	使用"巴蜀功夫火锅上海浦东店"等以及售后评议截图等图片广告宣传内容,且不能提供其广告宣传内容的证明文件	虚假广告

　　通过表 4-1 可以看出,20 起典型案件均涉及互联网平台,其中有 9 起涉及虚假内容,误导用户,占比达到 45%。在互联网广告所出现违法违规情形之中,最主要的违法违规原因就是在广告内容中存在着与商品实际情况不符的虚假情节或对产品细节的夸大与隐瞒等。虚假广告虽然早在互联网技术出现和普及前就已经存在,但由于我国法律并没有对虚假广告给出明确的定义,只是通过种种法律条文为虚假广告划定了一个大概的范围,这使得虚假广告在互联网上判定和把关更加困难,危害用户合法权益的虚假广告在互联网上继续肆虐且愈发猖獗。根据《广告法》中的第三条和第四

条规定,广告应当真实、合法,不得含有虚假内容。虽然有明确规定,但具体定义方面还存在模糊性,并且没有对互联网虚假广告作出新的具体定义。

同时,在这20起广告案件中有8起涉及"广告用语使用不当",占比达到40%。这些广告内容在用语或措辞上存在不当,包含了可能会误导用户的表达。具体而言,在公布的违法违规广告案件中,广告的用语不当问题主要表现为两种类型:一种是使用绝对化用语,另一种是违规使用医疗用语。通过对分析对象的统计,我们可以发现,虚假广告和广告用语使用不当在互联网广告失范类型中最为严重,前者属于"事实错误",后者属于"表达错误"。此外,危害社会公序良俗的低俗广告、强制性弹窗广告以及广告未经审核问题各有1件,各自占总体的5%,虽然数量不大,但也是不容忽视的互联网广告失范问题,如果不加重视也将会对社会和广告行业造成严重的不良影响。

三、互联网广告失范行为已成为广告监管的重中之重

基于我国目前互联网广告行业发展的最新态势,工商总局已经把互联网广告领域作为广告监管与治理的重中之重,在统一规划下积极联合各级部门开展了众多互联网广告行业专项整治行动。目前,我国互联网广告外部规制与整治行动已经具备了较为成熟的开展条件,在法律法规、数据来源等方面监管者的基础工作已大体完成,在拥有立法和法律基础的同时,也具备了技术平台和专业团队。[1] 在法律规制与外部监管的协同作用之下,我国互联网广告行业的违法率整体走低,但是由于互联网广告总体基数的不断攀升,各类违法违规的互联网广告数量还在持续增长。

从互联网广告领域相关部门的外部监管情况来看,自2017年9月起,我国互联网广告数据监测中心正式挂牌启用,该监测中心已经完成了对超过一千个重点网站及百度、蘑菇街等四家互联网广告联盟和电商平台广告的外部监测与监管,其监测范围覆盖了当前超过九成的互联网广告经营额,

---

① 参见胡丹:《中国广告产业发展报告2018》,《两岸创意经济研究报告》2019年10月1日,第52—53页。

在监管覆盖情况方面表现良好。从互联网广告领域的立法情况来看,2015年修订的《广告法》正式实施已经过了六个年头,修订后的广告法对于互联网广告行业中存在的问题进行了有针对性的描述与规定,使互联网广告问题的规制真正实现了有法可依;2016年9月,《互联网广告管理暂行办法》正式施行,这进一步明确了我国互联网广告具体法律问题的定性与规制,外部立法对互联网失范广告震慑力逐渐显现。

2018年,互联网广告监测中心紧跟互联网广告平台的发展步伐,进一步将一千多个公众号和一千余个APP纳入了自身的监管范围,这在很大程度上提升了对于新兴互联网广告平台的监测效率。全国互联网广告违法率也反映出了监管范围扩大的效果,违法率从扩大监测范围前的7.1%逐渐降至正式扩大监管范围之后的1.98%。① 日趋完备的互联网广告外部监管技术平台建设,使得外部监管对广告失范行为的打击力和精准度大大提升。

总体来说,互联网广告失范类型与传统媒体大体相似,但不乏新类型表现。除了表4-1呈现的广告失范问题之外,互联网平台上不正当竞争问题、二跳广告、流量造假问题等也愈发严重。但是由于互联网广告立法存在滞后性,相关失范问题还没有明确的法律定义和执法标准,而且由于近年来国家对于低俗广告的打击严厉,导致许多低俗广告逐渐转向更加"隐晦"的表达,走向隐性化,有的甚至成为隐性广告的一部分,外部监管的审核难度不言而喻。同时,在传统媒体主导广告时代,大数据技术还没有普及,用户数据并不会随时抓取,用户正常收看广告的过程并不会造成自身个人信息和行为隐私的泄露,但是在互联网时代,网民只有透漏了自身隐私数据才会接收到特定的个性化广告内容。各种难以监管的互联网广告失范表现新形态是对于"政府主导型"互联网广告规制模式提出的另一个新挑战,互联网广告行业需尽快建立起行之有效的自我规制体系。

---

① 参见罗江:《刘双舟:互联网广告监管需协同共治》,《经济》2019年第11期,第90—91页。

第二节　互联网广告内容生产方面的
失范行为和规制困境

在互联网广告内容生产方面,近几年国家市场监督管理总局定期公布典型互联网虚假违法广告案件,并不断开展互联网低俗广告的专项整治行动。互联网虚假广告与低俗广告问题已成为内容生产方面的重点规制对象。

一、互联网虚假广告:危害与内外双重规制困境

（一）虚假广告内容在互联网平台上愈发猖獗

虚假广告行为在世界各国的广告活动中都是被严格规制的广告失范行为,大多数国家已经对其制定了具体的判定原则和严格的处罚形式。1968年,英国通过《商业描述法案》,其中的第三条规定明确指出,虽然不是主观的虚假描述行为,但是只要广告的客观结果引起了受众的误解,即应当被视作虚假商业广告。美国的《联邦贸易委员会法》中也有着类似的明文规定,其中的第十五条规定指出,虚假广告指的是主要方面具有欺骗性的广告,在监管者裁定广告是否具有欺骗性的时候,既要考虑广告内容说明、具体词汇语句及整体的设计风格、声音特效甚至各个元素之间的搭配组合,还要具体考虑广告内容对于涉及产品服务和相关事实的表述程度是否与实际情况相符。美国的相关广告立法机构认为,如果广告的具体表述因为没有直接表达或透露出相关的产品信息而给用户造成了错误的印象,这种包含了涉及所宣传产品或服务的实质性特点的错误印象关系的广告,即可判定为虚假广告。

对于虚假广告活动,我国法律也作出了相关的规定。根据《广告法》第三条的规定,真实性与合法性是实施广告行为的基础与前提;第四条第一款也明确指出,"广告不得含有虚假或者引人误解的内容,不得欺骗、误导用户",这是广告行为的核心和根本。这两条规定对于广告的真实性、虚假广告和引人误解的表述都作出了合理的法理规范。我国《广告法》不但明确

要求了商业广告行为的前提是真实性,同时还指出商业广告在具体播放场景中的阅听结果不能够"引人误解"。① 互联网复杂的使用环境、多样化的网络接触群体使得这条规定对互联网广告主体的要求更为严格,需要其在制作广告内容时更为谨慎地了解不同的受众及其媒介使用习惯和文化特点。

就目前的情况来看,伴随着互联网广告行业的快速发展,我国互联网广告规制体系还存在许多不足,虽然对于虚假广告有了一定的判定标准,但尚未形成具体化、标准化的虚假广告判定标准,完备的监督与自查体系也未完全成型,虚假广告的判定存在着一定的主观性。这在一定程度上阻碍了我国虚假广告的治理进度,互联网平台上的虚假广告问题变得愈发严重,亟须各个广告主体加强对于互联网虚假广告问题的自我规制,提升广告内容的真实性和广告主体的可信度。

1. 我国互联网虚假广告案件呈现增长态势

身处互联网时代,每个用户在长期的网络使用过程中都难免会或多或少地接触过互联网虚假广告。从总体来看,我国的互联网虚假广告案件在数量上呈现出增长态势,并且随着移动设备的发展,这一趋势愈发明显。仅2018 年上半年,全国工商和市场监管部门便查处了各种类型的虚假违法互联网广告案件高达 8104 件、罚没金额接近 1.17 亿元,同比增长分别为64.2% 和 17.0%。② 通过数据不难看出,虽然对于互联网违法虚假广告国家相关部门已经重拳出击,进行专项整治行动,但外部监管力度仍然难以跟上互联网虚假广告的增速,并且被查处的互联网虚假广告可能也只是总量的一部分。这也从另一个角度说明进行严格的行业内部自我规制与惩处的重要性以及必要性。

2. 虚假广告在互联网广告问题中占比最大

根据统计数据来看,在有关部门查处的各种类型互联网广告问题中,虚假广告问题表现得最为明显。根据国家工商行政管理总局所公布的数据显

---

① 参见陈晓哲:《虚假广告的类型与判定》,《中国工商报》2018 年 8 月 4 日。

② 参见胡海升:《综合施治,清除互联网虚假广告》,《人民日报》2018 年 8 月 21 日。

示,2016年前三季度,全国工商和市场监管部门总共查处各类违法违规广告案件高达33.6万件,涉案金额达41亿元。其中,虚假广告在违法违规广告案件中所占的比例创近些年来的同期新高点,比例高达45.8%。同时,虚假广告涉及农资、生活美容、美体、休闲服务、服装、服饰及医疗器械等多种领域,造成了严重的社会不良影响。

根据《中国市场监管报》的报道,在2019年5月和8月,工商总局分两次向社会公布了第一批、第二批虚假违法广告典型案件。在公布的55件案件中,有44件为互联网虚假违法广告案件。虚假广告案件占据了总体的80%,远远超过其他类型互联网广告问题所占的比重,由此可见虚假广告问题当前在互联网平台上的猖獗程度。

3.互联网虚假广告的传播平台和违法领域日趋多样化

互联网虚假广告不但在总体数量上十分庞大,在传播方式和涉及领域上也日渐呈现出多样化的特点。它发生的领域几乎已经覆盖了目前全部的主流互联网广告渠道,这种无孔不入的特点大大提升了用户辨识虚假广告和有关部门的监管难度。2019年国家市场监督管理总局公布第一批典型虚假违法广告案件,对其中案例进行违法平台、违法领域、主要违法情节等多方面的分析,从中可以发现,互联网虚假广告涉及的传播平台既包括广告主的自设网站,也包括搜索引擎平台和微博、微信等社会化媒体,并且不断发展出新的传播平台,传播渠道呈现出多样化的特点。

其中,移动客户端APP的用户也深受虚假广告的困扰。2019年8月,有用户在互联网广告监管平台上对抖音的信息流广告发起了投诉,声称在浏览抖音提供的短视频内容时接触到了虚假宣传广告,该虚假广告宣称只需9.9元便可购买一台迷你小冰箱并且包邮到家,但是用户按照其宣传中所描述的流程,下载了相应APP后发现并没有价格为9.9元的冰箱,而广告的内容仅仅是诱导用户下载APP。事实上,这种类型的虚假广告内容在各类短视频APP上十分普遍,平均大约每刷六七条就会弹出一条。这些广告的惯用套路是利用超低的价格来吸引用户注意,之后再诱导用户下载APP或购买产品,同时通过抓取用户信息。算法程序推荐的广告内容往往都是受众比较感兴趣的产品,因此在这互联网平台上,但凡是用户关注或日常所需的产品类型或领域,虚假广告都无孔不入。抖音、快手、火山小视频等短视频 APP 平台,既有着超高流量、具有黏性的受众、详细的用户数据,同时又有着低审核门槛,便成为虚假广告的主要投放平台。与此同时,为了获取经济利益的媒体平台或者平台中的工作人员也心甘情愿地成为虚假广告的助力者。

　　在微信朋友圈中所盛行的微商群体也是互联网虚假广告的主要制造者和传播者之一。他们以自己为销售节点,自己打广告自己卖产品,制作或转发内容都是通过个人完成,通过以强关系为基础的微信朋友圈为平台进行广告内容传播。从目前的法律法规来看,这种形式的微商经营活动并没有触犯现行的广告法,目前施行的《互联网广告暂行办法》在为广告主以及广告发布者赋权的同时,朋友圈中的微商群体也得到了使用微信账号发展自媒体进行广告宣传的权利。十分明显,微商所涉及的广告违法违规问题的关键在于其传播的广告内容,其中最为明显的就是虚假广告问题。由于微商群体并没有经过专业的广告培训,更没有接触过系统的广告法教育,他们作为广告主体的法律意识和自我规制意识会比较淡薄。经过具体的研究统计发现,在微商群体中,54%的经营者学历为高中水平及同等学历以下水平,他们对于广告内容是否涉及虚假问题,是否违法违规的判断力十分有限,这使得他们在传播了虚假广告内容的同时又不自知。类似于病毒式网状传播的微商广告转发,在事后监管的过程中很难判定究竟谁是转发者,谁是最初的虚假广告内容制作者,在划分责任时的难度极大。同时,微信朋友圈相对于其他互联网媒体来说,处于一种相对封闭的状态,这种半封闭的状态也在一定程度上使得许多发布了虚假违法广告的微商侥幸逃脱制裁,被投诉的可能性相对较小,因此微商的虚假广告得以被纵容。这也在很大程度上表明了像微商这样具有相对独立性和受众封闭性的广告主体,如果没有自身自律意识,不去进行自我规制与管理,外部的监管很难从源头上发挥作用。

　　此外,2019 年开始大火的"网红带货"形式也是我们需要注意的媒体平台之一,这种形式的产品信息传播行为是网红群体与电商平台相结合,以直播为基础所诞生出的新的互联网广告形态。当前,直播平台和短视频平台依靠自身流量优势,已经逐渐成为日用品、化妆品、服装乃至食品保健品等行业广告投放的必争之地。各大平台网红凭借忠实而又稳定的粉丝群体,形成了超强的带货能力,逐渐为各行各业广告主所认可。但有相关调查指出,除了部分正规商家是在法律规定的范围内合法合理进行广告宣传活动外,网红带货的市场背后存在着诸多野蛮生长乱象,比如虚假广告问题以及三无产品横行、用户对于虚假产品的投诉维权困难等。[①] 2020 年 3 月,网红主播穆雅澜在一次直播带货中宣称,自己所推荐的美妆产品中某个特定成分曾获得过诺贝尔化学奖,之后又连忙改口成"诺贝尔化妆学奖"。这样的行为受到了众多网友的嘲讽,甚至很多没有观看直播带货的网络平台用户也参与其中,相关事件也迅速登上了新浪微博热搜榜的榜首。虽然事后相关责任人对直播涉及的产品宣传内容发表了文章进行纠正,但网友们对该主播作为带货者的资格和其宣传的产品的真实功效都产生很大质疑,也有一些网友认为穆雅澜在直播带货时的行为已经涉及虚假广告问题。根据《中华人民共和国广告法》,广告主体依照法律应该对自身所发布的广告内容及产品负责,确保它们的真实性。此外,《广告法》第二十八条也明确指出,使用虚构、伪造或者无法验证的科研成果、统计资料、调查结果、文摘、引用语等信息来作为证明材料的,构成虚假广告。由此可见,对于新兴的网红带货行为来说,在直播带货过程中应该主动自觉地确保自身宣传的商品功能具有真实性,主动避免夸大产品功效或者遮掩产品问题等。直播带货的形式决定其很难进行事后追责,而直播中宣传的真实性与可靠性便需要直播平台、直播观众与直播主体共同维护,这便强调了如今新兴网红带货中的广告自我规制的重要性。

多样化的互联网广告传播平台大大增加了虚假广告的受众覆盖范围,也给相关部门的审查与事后追责工作增加了很大难度。2019 年国家市场监督管理总局公布的第一批典型虚假违法广告案件中所涉及的医疗药品、保健品、教育培训以及房地产领域都是互联网虚假广告的重灾区,互联网虚

假广告所涉及的领域愈发广泛,通过对于产品效果的虚假宣传、夸大表述甚至保证性承诺,很容易误导用户进行消费,损害用户的合法权益。

(二)互联网虚假广告给用户、行业和社会带来多重危害

1. 损害用户的人身与财产利益,甚至严重危害其生命健康权益

互联网虚假广告依靠虚伪不实的宣传内容或违规夸大的广告语言,对缺乏主观判断力的用户进行劝诱,很容易造成用户对产品的错误认知并进一步购买与广告内容不符的商品或服务。此外,与传统的广告内容形式相比,互联网广告主能够更加巧妙而隐蔽地利用与用户之间的信息差来误导用户进行消费。这些虚假广告行为不仅严重侵害了受众的人身利益和经济利益,某些涉及生命健康领域的产品在虚假宣传严重的情况下,很有可能会危害到用户的身体健康甚至生命安全,造成更严重而无可挽回的损失。

2016 年 4 月,年仅 21 岁的西安电子科技大学学生魏则西,因罹患滑膜肉瘤不幸离世。他生前曾经在知乎网站平台上连续发布了其完整的求医经过与体验,在这些帖子中,魏则西揭露了他和父母通过百度搜索引擎获得的竞价排名的医疗广告信息,一家人在受到虚假广告误导后,选择了百度平台推荐的武警二院进行"生物免疫疗法"治疗的事实。然而魏则西的病情并没有因此好转,在缺乏正确治疗手段的情况下,魏则西父母花掉数十万元高昂的治疗费用后,仍然未能挽救年轻的生命,魏则西最终不幸离世。搜索引擎广告也属于互联网广告的一种类型,搜索引擎平台通过"竞价排名"的方式,使出价较高企业的广告信息出现在较为靠前的位置,这些参与竞价排名企业的资质背景与推广信息等也应接受严格的广告规制与管理。

2. 导致用户与互联网广告经营者的关系恶化

互联网虚假广告内容的整个生产与传播过程,都是在互联网平台的虚拟空间中开展的。网络场景中的用户与传统广告场景的用户相比,处于更加弱势和被动的地位,在传统广告环境中用户能够得到保障的合法权益,在互联网平台上却难以得到有效保障。

《消费者权益保护法》第八条规定:"消费者享有知悉其购买、使用的商

品或者接受的服务的真实情况的权利。"即用户有权要求经营者提供商品的产地、生产者、规格、主要成分等有关情况说明。① 同时,根据《消费者权益保护法》第二十条规定,经营者对于用户有提供真实信息的义务,这与之前所提到的用户的"真情知悉权"相互对应。简而言之,广告主应当向收看其广告内容的用户提供有关其商品的全面的真实信息,同时不得作出能够引起消费者误解的虚假宣传或者"违规表述"。同时,广告主对用户由于广告宣传所产生的疑问,应当作出真实又准确的回应。就目前的情况来看,传统平台广告中广告主对这项义务的落实情况尚且不够理想,在更加复杂的互联网环境中,广告主相关义务的落实状况更加难以有效保障。

在传统广告场景中,用户保障真情知悉权的过程是与传统广告信息获取方式和产品购买方式相对应的,而这些信息获取方式与产品购买方式在互联网平台上难以重现。在互联网平台上,用户的信息获取以及产品购买都是以虚拟化的方式进行的。在这样的情况下,确保广告内容不含虚假成分,让用户能够通过互联网广告获得真实而可靠的产品信息就变得十分重要。但是,如今互联网虚假广告内容泛滥,互联网用户通过网络平台广告所获得商品信息的真实性大大降低。在网络环境中,用户真情知悉权的实现难度急剧增加,用户在消费活动中的基本权利得不到满足,将会使广告经营者与用户之间的关系不再平等,呈现出一种广告主地位越来越高、用户地位越来越低的不合理局面。长期维持这种不平衡状态,用户对互联网广告主与网络媒体平台经营者的好感度和信任度将会逐渐降低,交易关系将会恶化直至难以维持。

3. 危害其他竞争者利益和互联网广告市场运行机制

互联网虚假广告为了获得更大的销量,在宣传活动中使用与事实不相符的内容,通过可以导致用户误解甚至欺瞒用户的方式对产品进行广告宣传。就虚假广告的本质来看,它希望通过宣传来以不符合产品价值的价格销售相对劣质的产品,这在一定程度上排挤了那些公平参与互联网市场竞

① 参见赵丽:《浅谈电子商务中网络广告与消费者权益的法律保护》,《商场现代化》2007 年第 1 期,第 140—141 页。

争的同质产品,许多优质产品也由于劣质产品的不断入侵难以打开市场。我国《反不正当竞争法》对不正当竞争的商业行为进行了明确规定,即"经营者在生产经营活动中,违反本法规定,扰乱市场竞争秩序,损害其他经营者或者消费者的合法权益的行为"。因此,企业经营者或者广告活动中的特定商业行为,是否损害了其他公平参与市场竞争的企业经营者的合法权益,是判断其商业行为是否属于不正当竞争行为的基本要素。有研究者曾经将《反不正当竞争法》所划定的不正当竞争行为分为两种主要类型,其中第一大类是在市场经营中对其他市场参与者某项合法权益的侵害行为;另外一类则是通过虚假宣传、虚假广告等手段进行的危害其他市场参与者和用户合法权益的不正当竞争行为,这种行为并没有直接损害其他经营者的民事权利,但在很大程度上会对用户的权利造成损害。① 在互联网发布虚假广告的企业主体严重损害了互联网市场中其他参与者的公平竞争权,直接扰乱互联网广告市场秩序,长此以往将会损害公平竞争的市场氛围,不利于互联网广告行业的长远发展。从国内外反不正当竞争的行业实践中,形成反不正当竞争的广告自律联盟将具有重要意义。

4. 引发社会对互联网广告平台的信任危机

以往,广告主在传统媒体上发布广告信息,其可信度与传统媒体的可信度息息相关。身处互联网时代,这种情况依然如此。互联网广告的发布大多数会依托于各类网络媒体平台,而受众则会以互联网商业媒体平台或社会化媒体平台的信任程度为基础,来进一步筛选过滤网络平台上所发布的商业广告信息。对于可信度高的平台所推荐的产品,受众更容易选择相信并接受其相关的广告信息,进而作出购买产品的决策。然而,一旦用户在媒体平台的使用过程中,受到了自身所信任的互联网广告平台发布的虚假内容的欺骗,购买到了与广告内容描述不符的甚至是三无劣质产品时,受众在多数情况下会对互联网广告平台的可信度重新进行考量。而如今在互联网平台上经常出现的虚假广告内容便会导致接触的平台用户对平台可信度进

---

① 参见李友根:《经营者公平竞争权初论——基于判例的整理与研究》,《南京大学学报(哲学·人文科学·社会科学版)》2009 年第 7 期,第 54—55 页。

行重新评估,而评估结果往往难以维持用户对平台最初的信任度。如果虚假广告现象在各个平台十分普遍,将会最终导致整个社会公众对互联网媒体平台的信任危机,这也体现出互联网媒体平台作为广告自律主体的重要性。

(三)互联网虚假广告面临内外双重规制困境

1.互联网广告行业内部主体追逐利益,自我规制不足

在巨大的经济利益驱动下,部分广告主、广告代理商、互联网媒体平台缺乏自律意识,放弃了公平竞争原则,选择追逐短期利益,不择手段地发布虚假内容来欺骗用户。就目前的情况来看,互联网广告行业缺乏自律意识主要体现在三个方面:一是在竞争激烈的互联网市场中,部分缺乏长远考虑的无良广告主为了快速打开市场,扩大市场占有率,提升产品的销售额,以虚假的广告内容来骗取用户的信任。二是在互联网广告代理行业中,广告代理商们还保留有一部分传统媒体广告代理思想的残余,还未形成切实可行的、针对互联网广告行为的行业制度规范,没有将代理行业的监督自律机制内化,无法对自身形成道德约束。三是在相对于传统媒体的专业性,互联网新媒体或自媒体平台的准入门槛更低,从业者往往没有经过专业的培训;在互联网媒体开放性的氛围下,大部分互联网媒体平台从业者也表现得更为自由,没有形成自律意识;部分媒体平台受利益驱动,在投放广告时会迎合广告主的要求,主动降低检查标准,缺乏审核把关流程。

2.互联网广告行业外部规制缺位,滞后于行业发展

互联网广告法律体系尚未完善,广告监管部门监测能力未能及时跟上产业发展,为互联网虚假广告提供了一定的可乘之机。就目前的情况来看,互联网虚假广告"他律"不足主要体现在三个方面:一是由于近年来我国的互联网广告行业发展十分迅速,与此相对的,外部监管和立法行为呈现出一定的滞后性。比如,对于目前大火的"网红带货"中主播出现的虚假宣传现象,《广告法》中还没有相关具体规定可以依据。对于这种现象,有专业人士指出,互联网领域的广告形式比较多样,比如信息流广告将受众所需要的信息内容和广告内容混合在一起,在这种情况下,许多广告内容甚至没有被平台标记为广告;与此同时,自媒体平台如微博、微信朋友圈、网络直播平台

等发布相关广告并不用经过外部监查系统的审核,加之自律不足,很容易成为虚假广告的高发地。① 互联网虚假广告套路深、花样多、翻新速度快、渠道广、主体分散、隐蔽性更强,因此监管难度比较大。二是现行的广告法律法规在一定程度上缺乏威慑力和执行力,相对低廉的造假成本使得一些投放虚假广告的公司,即使面临处罚也依然有利可图,这便使得这些公司在发布虚假广告时表现得有恃无恐。同时在执法过程中同样存在着问题,对于虚假广告内容没有明确具体的标准让外部监管工作者在判别虚假广告时表现出一定的主观性,这也让部分涉嫌进行虚假宣传的违法者能够逃脱法律的制裁。三是由于我国的互联网广告监管的主要任务目前主要集中在市、县两级工商管理部门,而这些部门普遍存在着人手不足、设备落后、缺乏专业性等问题,缺乏打击虚假广告的统一规划及有效实践规制措施,使得许多互联网虚假广告无法及时被发现和查处。

3. 用户在互联网虚假广告的自我规制中参与度不足

在互联网虚假广告的治理中,网络用户参与度不足主要体现在三个方面:一是相对于互联网虚假广告多样化的种类和表现形式,用户缺乏对于互联网广告的相关素养和经验,对互联网虚假广告的辨识力相对不足,很难不受到虚假广告的误导。二是大部分的受害者在被互联网虚假广告误导、合法权益被侵害后的维权意识十分淡薄,通常不会主动发声,而是采取忍气吞声的态度。同时,目前的互联网维权成本高、回报低、消耗时间长的特点也使大多数用户主动放弃维权,这让许多发布虚假广告的违法者得以逃避法律的制裁。

二、互联网低俗广告:产生根源、危害与规制难点

所谓低俗广告,指的是在广告信息传播中包含有低俗、庸俗、粗俗的内容或表现形式、传播方式。这些都与社会公序良俗、社会主义核心价值观有所违背,会使受众产生反感,并对企业、平台以及社会文化都带来极大危害,

---

① 参见陈晨:《国家市场监管总局:重拳整治互联网虚假广告》,《光明日报》2018 年 11 月 29 日。

也是我国互联网广告规制的重点内容。

（一）互联网低俗广告产生的根源

1. 用户对广告内容态度的差异化影响因素

由于个人认知系统构成的不同，在认知结构、价值取向、文化理念、受教育水平等各个方面的差异性，会使用户产生具有多样性的、不同层次的信息需求。精神审美水平较低、信息需求层次不高的用户群体通常会更加偏好通俗娱乐的广告信息内容；而信息需求层次较高的受众则会更加倾向于那些品位更高的广告信息内容，并对低俗广告内容十分敏感，产生反感厌恶的感觉。因此，一些广告主采用低俗恶俗的广告内容来进行宣传，一方面是因为低俗广告内容本身可以吸引信息需求较低的受众群体主动关注，另一方面也能够引发高信息需求的受众群体反感厌恶而得到话题性，从而引发整个社会对于品牌的关注。从某种程度来说，低俗广告内容并不会由于引起部分用户反感或者被一些社会群体批判而难以达到产品销售目标，这也和产品本身的受众定位息息相关。

用户对于广告内容的态度主要包括三个主要因素，分别为认知因素、情感因素、理智因素或者说理性因素。涉及情感因素的部分与广告内容有着直接联系，广告内容如果违背了受众的理念或者价值观，就会引起用户对广告所宣传产品的厌恶甚至激烈反对；相反，如果广告内容恰好与观看者的理念或者价值观相符合，那么将会增加受众对于产品的好感度。但是用户最终是否选择购买广告中所宣传的产品，还要经过系统而理智的思考，并不是单纯由对于广告的情感因素来决定的。受众通常会比较同类产品、考量自身需求来评价该产品对自身的价值，来决定是否购买产品。高质量的广告内容需要投入更大的经济投入，在高质量、高品位的同时能够保持对受众的吸引力更是难上加难。因此，一些广告创作者选择下放自身道德标准和审美标准，以更低成本的、引人注目的低俗广告内容来达到预期的广告传播效果。

2. 互联网时代媒体平台的功能与传播目的发生变化

在传统媒体时代，媒体关注更多的是政府的政治宣传诉求，在内容层面上则更加注重具有高层次信息需求的受众群体。传统低俗广告所能选择投放的平台十分有限,对社会文化的影响力及传播的受众范围都不大,这在一定程度上遏制了低俗广告对社会的危害性,也降低了有关部门对于低俗广告的重视程度。

到了互联网时代,受众能够根据自身的信息需求结构主动地选择内容,不同媒体发布的信息内容具有同质化的特点。对于信息受众来说,选择特定媒体平台都能获得跟其他媒体平台相似内容,媒介之间的竞争愈发激烈。这就促使各个媒体平台开始逐步调节所呈现的信息内容整体结构,以此来满足不同层次受众的信息需求。受众的信息需求开始成为媒体表现所追求的重点,媒介内容的中心逐渐从"以传播者为中心"转化为"以受众为中心"。然而,媒体在满足受众各个层次信息需求的同时,也难以避免地迎合了受众的某些低层次需求。媒介的低俗化问题体现在广告层面就产生了低俗广告问题,可以说,互联网媒介平台为低俗广告的生长和传播提供了载体和空间。

3. 大众消费文化为低俗广告的产生提供了温床

构成主义理论指出大众文化的构建有着复杂的社会根源,并且是在社会中人与人之间的传播过程中逐渐形成的。大众文化或者说社会文化在确定社会中各种事物的具体意义层面发挥着至关重要的作用。大众文化会影响社会如何确定传播目标,通过何种手段达到传播目标。

大众消费文化一词发源于西方资本主义国家。在正式进入到工业时代后,资本主义国家的物质商品产出逐渐表现出相对过剩的态势。整个资本主义社会逐渐被商品包围,具体的消费形式也逐渐演变为大规模消费的消费形式。这种消费模式的迁移不仅改变了整个社会的消费生活习惯,也影响到了社会中主流文化的形成,消费文化逐渐在众多的文化中变得突出,成为大众文化的一种文化形态。随着社会经济的迅速发展,传统文化与道德规范受到了强烈的冲击,文化结构与道德体系在受到消费主义扭曲的同时,新的道德体系却没有得到系统建构。由此,在没有道德体系束缚的情况下,大众消费文化所与生俱来的消费特性很容易导致娱乐性的盲目扩张和道德束缚的丧失,传统文化中的理性成分在消费文化的冲击下渐趋消退,大众消费文化也呈现一定低俗化倾向。为了吸引用户的眼球,获取经济利益,商业化互联网媒体平台和广告内容创作者在一定程度上破坏了商业广告的内涵和价值,在广告制作中迎合部分信息受众表层需求,通过低级趣味内容来吸引部分群体的注意力。

4.广告内容制作者对受众的内容预期存在偏差

在广告制作过程中,广告内容的生产者通常会对受众的内容预期进行预测进而对广告内容结构进行调整。而在内容预期中往往会出现一种个体心理机制"认知偏见—高估",即认为其他个体在传播过程中会更容易受到负面内容的影响。在日常生活中,每个人都可以是传播者,人们往往会根据自己对他人反应的预期,来决定自身传播的内容、形式等。就目前的互联网广告传播状况来看,媒体平台以及广告内容制作者往往会忽略受众的高层次信息需求,而采用一些低俗广告内容去迎合部分审美趣味较低的用户。同时,一些广告制作者对广告受众的审美标准和精神趣味存在认知偏差,认为只有通俗的甚至是低俗的广告内容才会最大程度地吸引受众关注,而这种关注既包括喜好低俗内容的受众关注,又包括厌恶低俗内容的受众指责。

(二)互联网低俗广告影响相关主体形象和社会总体价值观

1.损害广告主形象和作为广告载体的媒介形象

广告作品作为企业形象的重要组成部分之一,会影响到一个品牌或者企业的整体形象。低俗广告所传递的错误价值观将会直接影响到企业在用户心中的印象,进而损害品牌的形象。而对形象的重建工作则需要投入长期的工作,消耗企业大量的人力物力,最终的结果也可能不尽如人意。对于规模巨大的上市公司来说,相关部门对上市公司的罚款数额相对较小,经济制裁并不会对企业造成严重后果,但低俗广告对于企业社会形象的冲击却是十分严重且不可挽回的。负面广告让企业品牌形象受损,会使用户产生对公司乃至产品的反感心理,进而拒绝选择和购买公司的产品或服务。

根据绝味食品股份有限公司公布的 2017 年财报和 2018 年第一季度财报显示,公司在报告期间共实现营收 9.6 亿元,同比增长 10.1%;净利润为 1.5 亿元,同比增长 31.2%。而 2017 年的第一季度财报显示,该季度的营业收入为 8.7 亿元,同比增长 18.6%;净利润约 1.1 亿元,同比增长 37.6%。通过观察财报可以发现,绝味公司在营收和净利增速方面都呈现出了放缓的态势,这与其 2017 年"双十一"期间发布涉及低俗内容的广告难脱干系。在事件发生后绝味公司被工商行政管理局责令停止发布违法广告并处罚款,公司形象受到了难以挽回的损失,对此,绝味食品公司的董事长明确表示,低俗广告事件确实影响到了产品的销售额。①

同时,低俗广告不仅仅对生产、发布广告内容的广告主产生不良影响,作为广告载体的媒体平台也同样会受到波及,传播低俗广告在很大程度上也会影响到互联网媒体平台在受众心目中的品牌形象与权威性。在某些严重的情况下,媒体平台的用户群体可能会产生大规模流失,短期的用户流失与长期的用户黏性下降会导致阅读量的持续下滑,而阅读量的下滑将会减少广告商在该平台上的广告投放,最终影响到媒体的经济营收,不利于媒体平台的长期发展。

2. 危害社会文化及总体价值观

一个社会的经济、政治以及文化等因素都会影响着作为经济活动之一的广告;而广告作品作为社会文化中的重要组成部分,也能够在一定程度上反映出社会文化,并且能够对社会文化发挥反作用,潜移默化地影响着社会成员的思想道德水平和价值观念。优秀的广告作品能够发挥自身的文化价值,促进社会文化的发展进步;而低俗广告则会通过广告中的语言、文字、图片乃至广告所呈现的思想观点,对社会文化产生不良影响,进而对整个社会产生深远而持久的副作用。从长远角度来看,低俗广告不利于社会精神文明建设,也不利于社会和谐稳定与健康发展。

低俗广告一旦出现,对社会文化建设的负面效应就难以避免,因此广告的规制主体必须对低俗广告的危害性时刻保持清醒认识,尽可能控制低俗广告的数量和传播范围。企业作为商业化的社会经济主体,追求经济利益、完成经营目标是无可厚非的,但是广告业和广告主们除了经济目标之外,还应主动承担相应的社会责任,并形成自我规制意识。低俗广告中的失范内容会潜移默化地影响着广告观看者的价值观与思想信念等,并会在潜移默

---

① 参见吴容:《受低俗广告影响? 绝味食品一季度业绩增速放缓》,《中国经营报》2018年 5 月 19 日。

化中误导受众的行为,也会影响网络空间与社会风貌的形成。在互联网平台上,如果低俗广告大行其道,在很大程度上将会污染网络文化氛围,引发现实社会中的思想道德滑坡,甚至文化动荡与文化冲突。

3. 不利于青少年的社会化

广告对青少年社会化的影响可以分为三个阶段,即示范阶段、模仿阶段以及内化阶段。首先,广告为青少年的角色学习提供了一种具有可行性的范本。广告传播文化主要是通过广告角色形象扮演来构建出某种特定的行为模式,进而构建受众的形象榜样。而青少年则正处于对接触到的事物都保持着新鲜感、模仿欲十分强烈的阶段,这也是从心理层面来看实现对于广告角色认同的基础。青少年始终会将"自我和他人共同认可"这一准则贯穿于日常的角色扮演过程中,并且以此为基础来及时地调节自身的行为与定位。而这一认同准则的具体标准在当前的网络环境中往往是通过互联网广告传递给广大青少年群体的。因此,青少年对广告中各种角色所展示出来的行为模式十分确信,如果对于广告角色形象能够产生认同,那么青少年就会对角色形象表现出模仿倾向和学习意向。

青少年群体将通过反复不断地模仿各种角色来完成社会化过程,在角色扮演的实践过程之后,青少年将会获得来自社会与周围人对于自身角色形象的具体反馈。这些评价将会让青少年重新考察自身的社会化成果与自身的形象,在此基础上,青少年将会进行新一轮的实践,并根据他人的评价对自身的形象加以调整,最终达到自身理想的社会角色形象。而在新一轮的角色扮演实践中,青少年又会从周围人的评价中获得新的认同进而产生对于自身角色的二次认知。这一循环过程长期不断反复,最终青少年将会形成一种具体的角色认同,并逐步将这种认同内化,再经过对于各种角色认知整合来完成完整的社会化过程。①

由于广告商品种类繁多,涉及不同的性别、年龄、收入水平、社会地位等因素,根据不同商品所设计出来的广告场景与广告角色都有很大区别。其

---

① 参见张锦秋:《广告消费文化对于青少年的影响研究》,硕士学位论文,湖南大学,2013年,第51页。

中的部分广告形象并不适合青少年群体进行模仿和学习,青少年如果不加甄别地对所有的广告角色加以模仿,必然会导致社会化过程出现问题。青少年的身心都处于快速发展的阶段,价值观与社会观念都在不断的构造之中,但是他们又拥有非常强的模仿能力和学习能力。对于那些身心尚未成熟、判断力低下的青少年网民来说,接触网络低俗广告可能导致他们的身心健康受到损害,无法顺利地完成社会化过程。在接触互联网广告的整个过程中,青少年群体倾向于接受和模仿广告中所传递的价值观和形象,而低俗广告中的观念和形象如果被青少年经常接触,很可能给青少年的社会化带来不良影响。

面对互联网低俗广告产生的危害与影响,我国政府监管部门对互联网低俗广告的规制日趋严厉。《广告法》第九条明确列举出了广告中不应有的内容,"含有淫秽、色情、赌博、迷信、恐怖、暴力的内容"和"含有民族、种族、宗教、性别歧视的内容"这两类内容均可以适用于低俗广告内容。《广告法》第五十七条指出,发布有第九条规定的禁止情形的广告的,由市场监督管理部门责令停止广告发布行为,对广告主处以二十万元以上一百万元以下的罚款,情节严重的,可以吊销营业执照,由广告审查机关撤销广告审查批准文件、一年内不受理其广告审查申请;对广告经营者、广告发布者,由市场监督管理部门没收广告费用,处二十万元以上一百万元以下的罚款,情节严重的,并可以吊销营业执照。从近几年互联网低俗广告案件的审理结果来看,相关部门对于低俗广告惩处力度不断加强,对于低俗广告相关行为人的震慑力也有所增强。

自 2017 年 8 月起,全国"扫黄打非"办公室会同网信、工信、公安、文化、工商、新闻出版广电等相关部门,在全国范围内开展了互联网低俗色情信息专项整治行动。行动的重点任务就是严厉打击含有低俗色情信息内容的互联网广告,其中重点监管的互联网广告领域涉及医疗、药品、食品、保健品及投资收藏等行业。有关部门在行动中积极发挥外部规制的力量,深入各个互联网媒体平台,线上线下联动查处低俗色情图片、视频等诱导点击行为,整治并下架了大量含有低俗色情元素的违法广告。伴随互联网低俗广告问题监管的日趋严厉,广告行业内部加强对低俗问题自律的呼声也持续高涨。

另外,对于内容有辱国家民族尊严、存在性别歧视或者严重价值观错误的低俗广告,受众也在通过网络舆论力量共同自发抵制广告及购买商品,以此来与互联网低俗广告问题对抗。2017 年 7 月,奥迪二手车平台在某视频网站投放的一则广告,由于存在严重物化女性的问题,在社交媒体平台上引发热议。在该低俗广告中,一位婆婆在结婚典礼现场,粗鲁地检查儿媳妇的鼻子、耳朵、牙口,最后朝向屏幕做出了 OK 的手势。随后,广告画面中出现了奥迪二手车的介绍界面,与此同时广告背景配音为"重要决定必须谨慎","奥迪二手车在线 4S 店,官方认证才放心"。奥迪二手车歧视女性事件在微博等自媒体平台持续升温,遭到众多网友批评,奥迪官方微博的评论区迅速被愤怒的网友攻占,网络舆论普遍认为其广告内容十分低俗,不尊重女性,价值观存在错误,将儿媳的角色进行了"物化"。网友认为将新娘比作二手车、将婆婆挑选儿媳妇比作选二手车的表现手法是赤裸裸地侮辱女性。在广告片中,婆婆可以随意扒拉儿媳妇的鼻子耳朵嘴巴,这不仅侮辱了女性形象,而且在一定程度上对社会的婆媳关系进行了抹黑和污名化,不利于良好社会文化氛围的形成,是对整个社会公序良俗的冲击。

在社会化媒体巨大的舆论压力之下,奥迪二手车平台最终选择撤掉该广告,并在微博官方账号发布致歉信,向公众道歉。可以看出,对于严重危害社会公序良俗的低俗广告,受众会自发联合起来,在自媒体平台所搭建的公共空间中进行理性讨论,并通过舆论导向或者举报、抵制等手段对其进行有力反击。在低俗广告的规制活动中,广大用户作为监管主体加入到互联网低俗广告治理队伍中,在一定程度上给试图通过低俗广告吸引眼球的广告主敲响了进行自律的警钟。

(三)互联网低俗广告隐晦难判,外部规制难以落实

互联网低俗广告信息在表现形式上往往采用挑逗、煽情、夸大等手法,促使受众在观看广告内容后从心理上产生兴奋、好奇、猎奇等情感,通过这种方式来达到产品宣传与推广目的。[1] 就目前的情况来看,大部分的社会

---

[1] 参见田舒:《浅析恶俗广告的成因及治理对策》,《辽宁师专学报(社会科学版)》2011年第 4 期,第 36 页。

化媒体、商业网站、短视频平台以及移动客户端的信息流广告内容中都存在着一定数量的价值观偏离、低俗恶搞甚至严重的色情暴力等问题。从传播的动力来看，低俗广告信息的传播并非仅仅来自于广告主或者说广告内容的创作者，互联网媒体作为广告平台也在这之中起到了推动作用。为了有效打击泛滥的互联网低俗广告问题、净化网络生态环境、维护社会公序良俗，有关部门对于互联网低俗广告内容始终保持着高度的警惕，监管力度也始终没有放松。但是，单纯依靠外部监管和事后追责，互联网低俗广告治理行动的实际效果并不理想，低俗广告在各个媒体平台上依然普遍存在。外部监管在很大程度上治标不治本，互联网广告行业对低俗广告内容进行积极有效自律规制的社会呼声也越来越高。这就要求行业内部提升广告内容生产的文化价值和审美水平，积极融入社会主义核心价值建设和文化建设，强化对于互联网低俗广告内容的自我规制。

1. 低俗广告在网络平台广泛存在，难以形成客观判定标准

对于"低俗"这一具体的概念，每个人的标准都有所不同。在一个社会内部由于各种因素的差异，对一个事物或一种现象的价值判断往往会存在一定的差异。在具体的汉语解释中，"俗"字有风俗之意，有大众的、普遍流行之意，这些都是相对中性的表达方式，但"俗"字也包含有庸俗、低俗的意思，因而其指向的广告内容也带有贬义。至于低俗广告，则是一个贬义很明显的词，其中含有庸俗的、让大众不快或反感的内容，长期接触会使人的道德水平和文化素养下降，对社会风气造成不良的影响。

《广告法》总则部分已经明确规定，广告内容不但应该符合真实性原则，更应该符合社会主义精神文明建设和弘扬中华民族优秀传统文化的要求。互联网低俗广告的盛行在很大程度上会危害网络社会的良好风尚，进而危害现实社会的公序良俗。社会良好风尚指的是一个社会得以维系和发展所需要的善良习俗，或者一个特定的社会中所尊重的伦理道德要求，比如尊老爱幼、尊师重道等我国的优秀传统文化。对"社会良好风尚""社会公序良俗"等用语的认定，在目前还没有明确的具体标准，因而在进行低俗广告的监管工作时，工作人员往往带有一定的主观性，在实际操作中往往以大多数人对于广告内容的理解来对相关广告内容是否涉及低俗进行定性，这

使得互联网低俗广告的规制缺乏统一标准。

笔者根据国家市场监督管理总局官方网站公布的 2019 年第一批、第二批、第四批典型虚假违法广告案件,将其中的低俗广告案件作为研究对象,按违法平台、违法领域、主要违法情节以及处罚情况为框架进行分析。

表 4-2　国家市场监督管理总局公布的 2019 年第一、二、四批典型低俗广告案件

序号	违法平台	违法领域	主要违法情节	处罚情况
1	微信朋友圈	酒店	在拍卖某明星居住过的套房过程中发布含有"余温尚存、余香尚在,今夜等您!"等内容的广告	责令停止发布违法广告,并处罚款 20 万元
2	商业网站	游戏	为吸引网络游戏玩家,擅自篡改并发布含有色情内容的广告	责令停止发布违法广告,并处罚款 20 万元
3	网络直播	药品	通过网络直播节目邀请医生、电视主持人等嘉宾,在直播中介绍处方药并讨论"挑逗男生,制服诱惑"等内容	责令停止发布违法广告,并对当事人和合作公司分别罚款 70 万元
4	商业网站	不明	通过互联网发布含有不尊重拆弹工作人员、对伤残人士亲情漠视等内容的"拆弹专家"违法视频广告	责令停止发布违法广告,并处罚款 20 万元,没收广告经营者广告费用 23 万元
5	微信朋友圈	房地产	发布含有"合肥最低房价盘""一脱到底"等文字和图片内容的广告	责令停止发布违法广告,并处罚款 80 万元
6	新浪微博	保健品	发布含有"苍老师漂洋过海,和你零距离接触!"等内容的图文广告,还在其网站广告中使用了中华人民共和国国旗	责令停止发布违法广告,并处罚款 130 万元
7	宣传卡片	足浴	发布含有"谊龙道足浴超市开业了今天您被强奸了嘛! 108 元 70 分钟"内容的广告	责令停止发布违法广告,并处罚款 20 万元

从表 4-2 可以看出,这些低俗广告案件多是发生在互联网媒体平台,涉及商业网站、微博微信等社交媒体以及新兴的网络直播平台。低俗广告正在逐步向互联网平台转移并且相对集中在第三方网站,社交媒体与直播平台在监管滞后的条件下也成为低俗广告的重灾区。

同时，与虚假广告相比，我们可以发现互联网低俗广告案件的总体占比相对较低，但在受众的日常媒介接触中却能够经常接触到。其原因与低俗广告的法律判定标准相对主观有着密切的关系。在大多数情况下对于低俗广告内容的司法判定难以在广告发布期间迅速完成，并且低俗广告虽然从长期来看会给社会和受众造成不良影响，但是这种影响并没有明确而直接的证据可以证明两者之间的因果关系；而且低俗广告内容并不会对用户造成直接经济权益或人身权益损害，外部规制往往只能通过警告、约谈等方式来处理低俗广告问题。

2. 互联网低俗广告的表现形式以"情色暗示"为主

目前，我国互联网广告法律实务中涉及违反公序良俗的广告内容主要分为五类：(1)违背社会伦理。此类广告主要借用破坏婚姻制度的观念进行商业宣传，如某房地产广告"小三魅力，势不可挡"，虽广告中的小三指小型三居室，但因影射"小三"被当地工商以违背公序良俗为由查处。(2)与违法行为有关。此类广告引用犯罪行为用语作为商业宣传，如某景区利用"吃喝嫖赌"谐音"吃喝漂睹"来宣传景区经营活动。(3)情色暗示。此类广告内容虽没有直接的淫秽情色内容，但其广告用语易让人产生色情联想，如某市旅游宣传广告"一座叫春的城市"。(4)伤害民族情感、涉及民族特殊历史记忆和民族情结含有负面内容的广告，如"精心烹制的中国名茶，弥漫着旧殖民地时期的气息"的餐饮广告用语。(5)通过低俗表演进行广告宣传。如北京某公司在模特臀部等私密部位打上二维码进行宣传，被工商局以违背社会良好风尚处以罚款 20 万元。① 从表 4-2 也可以发现在互联网低俗广告中，性暗示为最主要违法情节。

2016 年 12 月，卫龙官网模仿色情网站的页面，在短短数小时之内就吸引了数万次的点击，虽然没有公布太久就被用户举报，被强制更换，但其页面依然极具话题性，成为微博热搜榜的前列。自媒体平台发布了大量相关标题的文章(例如网易《打开卫龙辣条的官网，我还以为点进了黄色网

---

① 参见刘双舟、杨乐：《互联网广告法律问题研究》，中国政法大学出版社 2018 年版，第 244 页。

站》),并且搭配上卫龙官网在下架之前的截图来吸引流量,这在一定程度上助长了不良信息的二次传播。卫龙官网事件是一则典型案例,卫龙作为广告主,以自身的门户网站为载体,为了追求传播效果不顾社会道德和法律准则,这也在一定程度上反映出网络平台广告主体对于低俗内容的自律意识较为淡薄,缺乏社会文化责任感。无独有偶,2016年"双十一"前夕,绝味鸭脖发布了最新的推广海报,在其广告内容中"鲜嫩、多汁"等含有色情意味的词汇,搭配上褶皱的床单与女性身体的图片,从视觉呈现到文案表述都带有浓烈的色情暗示,广告内容与绝味鸭脖的产品特征丝毫没有关系。在网页被受众举报被迫下线后,绝味公司再次利用其官方微信公众号向受众推送了包含该低俗海报的推文。[1] 网络低俗广告的情色暗示对女性的社会形象造成了歧视和扭曲,增加了社会对于女性的刻板印象,对于女性的色情化表现使网络社会这一公共空间变得低俗化和色情化,不利于形成健康良好的社会主义网络文化。

3. 互联网低俗广告的呈现形式更隐蔽,发布过程更简单

随着广告内容在互联网媒体平台的总体数量不断增加,传播渠道日益拓展,含有低俗信息的广告内容也变得越来越隐蔽。有些低俗广告的发布者通过一些比较露骨言辞,在吸引到部分受众浏览主页后,在主页发布色情信息广告。这种以挑动人的欲望为手段吸引受众主动点击的广告形式很难被判定与追责。虽然近年来我国对低俗广告采取了很多次专项整治行动,想要遏制网络低俗广告蔓延,但低俗广告问题依然屡禁不止。一些广告信息不断打"软色情"擦边球,这使得低俗广告的管理难度不断加大。此类"软色情"广告内容的危害程度也更为严重,明显的低俗广告常常被法律制裁、外部监督和过滤。而"软色情"内容往往会在法律边缘游离,在网络公共平台影响受众的心理状态和道德状态。

在互联网平台上发布广告,虽然已经实行实名制,但在用户进行注册、进入平台时,平台方面并不会对使用者身份进行严格的审查与鉴别。试图通过

---

① 参见方萌萌:《网络广告行业自律体系研究——基于新公共治理理论》,硕士学位论文,南昌大学新闻与传播系,2018年,第20—21页。

社交平台来发布广告的用户,一旦他们能够注册账号并进入网络社区,就可以直接发布广告,并且可以通过淘宝等电商渠道购买到无需实名的平台账号,这使一个主体可以拥有多个社交账号,并以此扩大广告内容的传播范围成为可能。而在单个账号被平台封禁后,并不会影响账号所有者继续使用拥有的其他账号资源发布低俗广告内容,这也使得目前平台所采用的封号手段显得治标不治本。同时,广告行为人发布广告并不像在传统媒体平台发布广告需要系统的资格审查,还可以通过购买推广来获取更高的曝光度,扩大广告内容的影响力。这些都增加了互联网低俗广告内容生产的规制难度。

第三节　互联网广告传播过程中的
失范行为与规制难点

在互联网广告传播过程中存在的黑公关乱象、强制性广告以及"二跳广告"等不合规操作,都属于在互联网广告传播过程中产生的失范行为。

一、互联网黑公关乱象与规制难点

据2020年5月北京师范大学新闻传播学院喻国明教授课题组发布的《网络恶意推动传播现象舆情追踪与监测研究报告》显示,黑公关已经形成严密的网络传播链条,九成以上的幕后推手以损害竞争对手的商业声誉为主要目的,黑公关炮制的污名化事件不仅带来网络环境的恶化,更破坏了良性的市场竞争秩序和行业发展格局。

（一）黑公关乱象阻碍互联网广告与公关行业的良性发展

上述喻国明教授课题组发布的报告中还总结了2018年以来的典型黑公关事件,分析了其传播规律和典型手法,即自上而下的洗稿模式,以假乱真、混淆民众视听;自下而上的水军模式,制造规模效应,影响草根话语场域。该报告还总结了八种传播形式,这些传播手段与方式都给互联网广告与公关行业带来了许多直接与间接的危害。

1.企业的品牌价值受损

遭遇黑公关迫害的企业,其形象损失是难以避免的。当用户获知企业或品牌的相关负面信息后,可能会对其后续购买行为造成不良影响,比如用户如果看到某产品的不良信息,在消费时就会下意识地避免购买此产品,这在无形中缩减了产品销售额。而具体的损失程度分为不同情况:一种情况是损失的大小往往取决于品牌影响的大小,品牌影响越大,泛起的波澜就会越大,越是大企业大品牌黑公关效果越佳,受损越多,这些大企业大品牌也往往更容易遭受黑公关的毒手。另一种情况是看相对受损值。一次黑公关对一个大企业品牌的损害往往构不成致命打击,但是对一个普通品牌可能造成一蹶不振的结果。品牌在消费者心中的公信度同样是影响受损值的重要因素。公信度越高,受损值越小。

黑公关一次蓄意攻击、成功抹黑,就可能让企业在产品打造、品牌宣传、口碑维护等方面的努力毁于一旦。给被"黑"企业带来的经营成本增加还是次要的,被黑公关毁坏的商誉花再多的钱都难以恢复。

2. 破坏市场规则并引发公众信任危机

市场规则的破坏和社会秩序的混乱是黑公关带来最恶劣的影响。在瞬息万变的市场中维持秩序本就是一件不容易的事情,何况黑公关本身就是扰乱大众视线、混淆视听的行为。传播带有欺诈色彩的不实信息、引导网络舆论、轰炸网络信息系统等做法使得市场秩序更加混乱。如果一个品牌遭受黑公关后没有实行及时应对措施,在公众中的信任度也会大大下降,以公众的口吻操纵舆论,背离了公共关系的本质,不仅损害了公众的利益,还可能引发公众对企业的信任危机。

3. 阻碍网络公关乃至我国公关业的良性健康发展

公关作为一个并不成熟的新兴年轻行业,行业整体专业性有待提高。尽管存在一些正规的公关团队和公关公司,但是正规的管控系统仍旧不够完善。网络公关历史上也有过许多经典案例,但同样也存在着很多未被公开的公关乱象。黑公关现象充斥网络,势必会波及整个公关行业的发展。如若黑公关现象没有得到有效的治理,公关行业整体风向可能会被黑公关所引导,不仅阻碍了网络公关的发展进程,最终也会影响我国整个公关行业的良性健康发展。

（二）互联网黑公关现象的产生根源复杂，规制难度高

1.企业间层出不穷的恶性竞争是黑公关的需求源头

企业间的恶性竞争是导致黑公关现象出现的直接原因。市场竞争的激烈使企业之间的博弈不再以常规形式进行，不少企业为了维护自身利益或者获取更多利益，不断在灰色地带边缘试探。企业公关方法众多，在正常的公关措施无法达到预计期待的效果时，有些企业往往会选择以身犯险走"捷径"。黑公关在舆论场内的确可以成为一个强有力的武器，在短期时间内达到直接明显的效果。然而这终归是恶性竞争延伸的链条，会使企业市场陷入恶性循环里。

"蒙牛伊利诽谤事件"是一起典型的企业之间"互黑"事件，也算一起典型的网络黑公关事件。两家企业紧张的竞争关系导致了这场恶战的激烈程度，双方互不相让的态度和企图报复的心理使得网络上不断出现抹黑对方的帖子和文章，造成的恶劣影响不可低估。两家公关矛头都对准对方产品质量问题，不管信息真实与否，都造成了产品口碑下滑和销量骤减等负面影响，最终只能通过法律途径结束这场恶战，两家企业最终都付出了巨大的代价。然而黑公关势头并未因此消减，反而成为企业间惯常的营销手段。

2.网络媒体"把关人"作用缺失为黑公关创造条件

市场准入是一个长久性的问题，网络环境的市场准入问题更是棘手，何况在这个信息爆炸的时代，网络门槛较低导致海量信息参差不齐一并涌入，再加上各个媒体平台忽视信息筛选环节，使网络信息呈现巨量化和低质量化。媒体一味追求热度而不顾传播后果，"把关尺"作用下降，也给黑公关提供可乘之机。

3.自媒体病毒式、匿名式传播的特性为黑公关创造生长环境

网络黑公关本身就是营造信息、快速传播、形成舆论的过程。这个过程需要网络环境和自媒体的"共同配合"。病毒式传播一触即发，匿名式传播无需承担后果。自媒体为黑公关提供了可以萌芽的媒体环境，成为助长黑公关的帮凶。网络乱象无法制止，不实信息层出不穷，黑公关可以如此快速发展也是依托了自媒体的传播环境。

4.自媒体黑公关低成本、高收益成为自身诱发条件

发布一条信息不需要多少钱,然而一条信息背后带来的却是翻倍的关注量,赢取的是翻倍的利益。不管是自媒体自行发表企业的负面信息,还是按照客户指令诋毁竞争对手,都是一笔稳赚不亏的买卖。自媒体低成本、高收益的特点诱惑着无数媒体和企业进入到这一暴利的产业链条中。

低成本的主要方式之一便是雇佣水军或"枪手"、买通微博大V和营销号,借助各个平台进行轰炸式信息传播。一是发表竞争企业负面不实新闻,引发舆论狂潮;二是删除自家负面新闻论坛帖子,形成鲜明对比。在"陆川电影遭遇豆瓣水军打低分"这一事件中,典型的水军手段导致豆瓣评分屡触低分红线。为了挽回电影口碑和销量,不少电影生产商选择雇佣网络水军刷分进行电影营销。这样的黑公关现象长此以来层出不穷,群众不仅对电影本身质量的真实性产生质疑,更对豆瓣这样的评分平台产生质疑,造成电影行业市场秩序的混乱,助长电影虚假攀比乱象的风头。

5.法律监管乏力难以根本抑制黑公关灰色产业链条运行

黑公关现象层出不穷,负面影响愈渐显著,触及法律警戒线的行为更是只多不少。法律监管虽有一时成效但无法抑制本源。受害企业可以通过法律渠道进行抵抗,但是无法阻止有害信息的出现。法律法规不完善,监管不到位,最终也只是亡羊补牢。

蒙牛伊利黑公关事件虽然最终通过法律途径得以结束,两家企业也都承担了相应的法律惩戒,但是结果也不过是"公司个人所为,更无深层次背景"这样的回复,表明法律途径无法触及最根本的链条顶端,无法确定谁究竟是网络背后的幕后推手,再加上法律诉讼的程序限制以及法规的不完善,法律在黑公关事件上显得有些力不从心。

(三)互联网黑公关呈现规模化与产业化,外部规制效率低下

在互联网高度发达的今天,企业的公共关系也发生了深刻的变化。在自媒体越来越深入发展的时代,公关表达变得更为迅速,但同时也造成了许多负面影响,其中最明显的现象之一,就是互联网平台上的黑公关现象,主要指企业自身或者通过第三方编造传播竞争对手或者特定公关主体的负面

信息,操纵舆论、损害其形象的行为。① 其实这种现象早在传统媒体时代就已出现,只是在互联网环境下又产生了一些新的变化。黑公关不仅会对被"黑"的企业产生长期而又严重的负面评价,也是对作为"公关战场"的媒体平台的摧残,将会给互联网广告行业带来一定的威胁。

1. 互联网黑公关现象波及范围广,涉及行业众多

2019年12月,《2018—2019网络黑公关研究报告》发布。这份报告通过对网络黑公关相关主体进行系统的数据分析、线上调研和线下访谈,总结目前网络黑公关现象的现状、特性及发展趋势,并且梳理了比较著名而典型的互联网黑公关事件。报告显示,互联网行业已经逐步取代食品饮料、汽车等行业,成为网络黑公关发生最为频繁的行业。2019年以来,包括腾讯、美团、拼多多、360等在内的众多互联网企业均数次遭遇过黑公关攻击。

报告中提到2018年底某知名公关公司将科大讯飞公司内部正常的人员调整夸张成关乎公司存亡的重大事件,在多个网络媒体平台发布不实文章,严重危害科大讯飞企业内部员工工作氛围和外部资本环境。2019年5月,拼多多发起的扶贫项目连续受到系统抹黑和有组织的舆论攻击。在互联网平台上被广泛传播的相关文章大部分内容都严重失实,且都是在未注册的网站上短时间内批量发布。黑公关组织为了能够让相关报道内容更具真实性和可信性,甚至派出专业团队来假扮记者深入拼多多内部。②

2. 互联网黑公关已经形成操作严密的"产业链"

黑公关现象在相对宽松的互联网平台上快速发展,甚至形成系统化的黑公关产业链,其以没有根据的谣言当论据、雇佣大量水军进行传播的运作流程已经成为企业与互联网媒体间的合作模式。黑公关行为的市场需求甚至使其成为某些公关公司的主要经营业务,公关公司会根据客户所提出的要求和出价,为其策划、制作、发布稿件,这已经成为黑公关市场运作的主流套路。

某汽车行业公司的公关人员表示,如果不支付费用给黑公关组织,公司

---

①　参见赵文雯、周文婷:《浅析自媒体黑公关的影响与对策》,《科技传播》2019年第16期,第13页。

②　参见李国民:《网络"黑公关",还要横行到几时》,《检察日报》2019年12月2日。

就会随时面临被"黑"。一些阅读量只有几千的自媒体号,也需要支出很多费用,不同自媒体收费不同,单价从每年五万元到数十万不等。其企业负责人所出示的合同显示,公司已经与一家公关公司签署了合作协议,在协议中明确规定:服务期间公司能够享受到公关保护,而公关公司则承诺在互联网媒体平台上不会出现关于该企业的负面信息。公关公司在黑公关交易中已经掌握了主动权,企业为了避免网络平台上出现有损其评价和口碑的声音,宁愿主动花高价与公关公司签订协定来保护公司的声誉。①

删帖和刷评是比较常见的两种黑公关操作行为,还有部分营销公司会与一些新公司进行合作,帮助新起步的企业完成正面的舆论引导,以贬低同行业产品效能和口碑为主要方式来夸大其辅助的企业的市场价值,为自己借势宣传。主流网站平台往往会管制这种黑公关行为,黑公关公司进行操作的平台往往是小型的自媒体账号和中小型网站,有专门的写稿人来承接发布公关稿件和与小网站账号等主体对接的任务。不同的媒体平台上发稿、推广的价位各不相同,流量越大的媒介平台,质量越高的稿件所要求的价位也更高。

当前,部分宣传自身是"一步到位完成网络公关"的发稿平台也在互联网上出现。它们表示自身拥有着许多自媒体账号资源,与数万家互联网媒体具有战略合作关系,推出了论坛发帖加精,各类推广服务如微博、小红书、抖音等,此外还包括精准引流与整合营销等服务,但事实上这些服务大多都是通过虚假宣传、贬低同类企业的方式,把竞品的运营方案照搬照抄过来。

3. 网络黑公关渠道隐蔽,外部规制屡禁不止

黑公关的团队或平台雇佣大量水军,这些水军的用户信息很不明确,大多是一些没有经过实名认证的账号,黑公关团队中的领导者主要通过微信群、QQ群等聊天工具来向下一级的水军团体进行任务分配,而处于公关链条底层的水军仅仅是按照要求领取任务,再根据任务要求对要攻击或者控评的企业发表评论,以此来引导网络舆论,完成公关工作。他们在执行任务的过程中并不会表达对于企业的其他真实看法,而是单纯根据任务要求表

---

① 参见鸣涧:《斩断自媒体"黑公关"利益链》,《经济日报》2018年10月29日。

达看法。以抖音账号的刷评工作为例，被雇佣的水军在短视频下方每条评论的价格是1—2元左右。一般来说，被雇佣的对象大多数是低收入、低学历群体，他们拥有大量的空闲时间和充沛的精力，再加上控评并没有什么技术含量，能够轻易上手操作，使得这类有大量空闲时间的群体，成为黑公关的主要操作群体。

系统化的黑公关操作十分隐蔽，和正常用户关注、评论自媒体账号的行为大体相同。由于管理者和实际的操作者并没有直接见面，两者之间的利益关系和群聊记录无法成为黑公关操作的直接证据。这种黑公关行为事实上与淘宝、快手平台上充斥的大量刷单行为本质相同，都是将大量的虚假用户和粉丝群体伪装成真实用户，商家和所雇佣的水军也是通过在群聊中接单，完成任务后通过其他平台进行转账的形式来完成交易，这已成了黑公关行业操作中的潜规则。

在著名黑公关事件——"头腾大战"中，马化腾在其朋友圈发文斥责黑公关现象的猖獗，随后今日头条也发表声明称遭遇黑公关攻击，一时间黑公关乱象成了互联网行业中的热点话题。但令人遗憾的是，随着时间的推移，公众对于黑公关现象的讨论度逐渐平息下来，黑公关之风并没有因为互联网巨头公司的控诉而受到应有的打击。

2018年6月，广东省舆情大数据工程技术中心、广州舆情大数据重点研究基地与暨南大学新闻与传播学院传播大数据实验室共同发布《"网络黑公关"研究报告》。报告对网络黑公关现象进行了系统而详尽的调查研究，号召受到攻击的企业联合起来，一起向网络黑公关行业宣战，维护良好的互联网舆论环境和企业间的良性竞争环境。① 《"网络黑公关"研究报告》的出台，一方面对黑公关的商业运作模式和具体操作手段进行了曝光，另一方面在规范互联网企业竞争行为、加强法律规制和外部监管等多个方面提出了具体的建设性意见。互联网经济秩序的良性诉求对行业自我规制与协同沟通都提出了更高的要求，商业对战的良性竞争才可能促进全行业

---

① 参见刘俊霞：《自媒体"黑公关"现象及治理研究》，硕士学位论文，河北大学新闻与传播学院，2019年，第15页。

的健康长久发展。

二、强制性广告的传播形式与规制困境

（一）互联网强制性广告的类型与表现形式多样

互联网广告受技术和受众主动性等因素的多重影响,可以分为"可跳过的广告"和"不可跳过的广告"两种类型,而"不可跳过的广告"背后包含了一种强制性机制。强制性互联网广告,指的是网络广告主体为了提高其广告的点击率和传播范围,利用特定技术进行设置后,强制用户对其进行浏览观看的广告。强制性互联网广告不仅仅具有网络广告的一般属性,同时也含有网络广告属性以外的强制性意味。①

网络时代的到来使人们感受到在信息选择过程中的自由和个性化,而强制性广告使人们的自由感大幅度降低。强制性广告是广告传播主体利用互联网技术以强迫性的方式将广告内容投放于用户面前,在大多数情况下,这种广告传播方式将会影响到用户正常的互联网使用体验,这种强迫的形式对用户选择接受信息的权利与自由产生了侵犯。随着网络技术的发展和互联网用户需求的变化,互联网强制性广告表现形式和主要类型也呈现出多样化的特点,其中主要的类型包括以下几种。

1. 弹出式广告与游动式广告是强制性广告的主要类型

弹出式广告是一种不请自来的广告,在用户打开需要的内容页面前插入广告页面,广告页面虽然没有被用户主动请求访问过,却依然会被强制传送给用户。弹出类广告的主要类型有三种:一是弹跳插入式广告,即在用户正常浏览网页过程中弹出一个新的窗口广告。二是过渡式插入广告,在用户点击想要浏览的网页链接后,会先插入一个强制的广告页面,等待一段时间之后会变为用户之前想要浏览的网页。三是预先载入的插入式广告,这种弹出类广告采用了提前加载广告内容的 AI 技术,当用户点击浏览广告上方链接时,网页会将已经提前完成加载的广告弹出,这在一定程度上节约了用户加载广告的时间。

---

① 参见鞠晔:《试论网络广告的法律规制》,《法制与经济》2011 年第 12 期,第 70 页。

许多网站都会设置弹出式广告,虽然网站的弹出式广告数量并不会过多,但这些广告在很大程度上也会影响到用户对页面的正常浏览。弹出式广告大多会设置在网页前端,广告窗口始终处于网页内容上,遮挡正常页面内容,它不会自动关闭,用户需要手动对其进行关闭。部分弹出式广告甚至会设置虚假的关闭按钮,当用户点击时,页面直接跳转到后方的广告页面,极具欺骗性。这类难以关闭的弹出式广告严重干扰了受众的互联网浏览体验,是一种互联网时代特有的广告失范行为。当用户点击了一个自己所需要的特定页面,但弹出的是另一个无关的广告页面,这妨碍了用户所请求的页面内容,延缓了用户获取信息的时间,降低了用户浏览效率,是一种侵权行为。

游动式广告则是始终悬浮于用户所需要浏览的网页上,无论用户怎样滑动网页,广告窗口都会遮盖住用户的部分浏览内容,用户在浏览过程中很容易发生误触,不小心点击到广告,进而进入自己不想了解的广告页面。此外,这类广告还有跟随鼠标指针移动的形式,无论如何移动广告窗口都会紧紧跟随,严重影响受众的浏览体验。

以上两种强制性广告形式都是比较常见的,并且对用户浏览网站内容的过程会造成较大干扰,虽然《广告法》要求这种以弹出形式发布的互联网广告应当显著标明关闭标志,并确保能够一键关闭,但在实践操作中仍存在许多关闭标志隐蔽或难以一键关闭的情况,这个过程都会影响用户的浏览体验,甚至会对网络平台产生反感。因此,互联网在承接相关广告形式应发挥自律意识,将用户的实际浏览使用体验也纳入广告投放的考量指标中。

2. 网络视频强制性广告更容易被受众所接受

近年来,网络视频网站快速发展,网络视频内容丰富,电视节目的收视率普遍下降。网络视频广告利用动态的画面和声音相结合吸引用户注意力,现今已成为互联网广告的一种重要表现形态。虽然网络视频广告与其他强制性网络广告相比有着很多的优点,也更容易被受众所接受,但是它始终还是带有一定的强迫性。网络视频广告不像之前所提到的弹出式广告能够直接关闭,在大部分的互联网视频平台中,用户如果想要跳过广告内容,就需要在视频网站上购买会员特权,才可以享有跳过广告的特权,否则就不得不观看强制性广告后才能浏览视频内容。

随着网络视频平台和网络视频广告的快速发展,广告时长变得越来越长,已经从十几秒增加到现在的 60 秒甚至 90 秒。过长的视频广告会使用户产生更多的抵触心理,转而观看其他内容,或者待广告播放完再切换回视频页面,这样一来广告效果也会大幅度下降。有的视频网站在视频中也会设置插入广告,而且不止一次。这种广告形式有可能最终把网络视频变得像电视节目一般,使用户失去自由选择的权利。

3. 未许可的电子邮件广告是容易被忽视的强制性广告类别

《中国互联网协会反垃圾邮件规范》中指出,未经收件人同意接收的电子邮件属于垃圾邮件。而这部分垃圾邮件在很大程度上带有一定的强制性,属于强制性广告的一种。大量垃圾邮件不仅占用空间,还影响用户的正常邮件浏览与收发,也体现出电子邮件地址等个人隐私泄露所造成的不良影响。这种情况让人们对电子邮件广告产生了误解,将电子邮件广告和垃圾邮件看成是同一种类。合理合法的电子邮件广告应该是建立在许可营销的基础之上,电子邮件的发送应该经过收件人许可;而垃圾邮件在发送前并没有征求收件人同意,具有一定的强制性。从这个角度来看,如果受众对广告进行了事先订阅就是正常的广告活动,而没有同意就发送的邮件广告属于强迫性广告的一种。同时,这类邮件广告在退订环节中也可能会设置陷阱,严重影响用户的互联网使用体验。电子邮件平台在对这类广告进行规制时,会涉及受众的邮件隐私问题,并不能直接监控用户的邮件内容,这无疑大大增加这类强制性广告的外部监管难度。

(二)强制性广告违背用户意愿,损害广告效果与正当竞争

1. 强制性广告易引起受众反感,难以达到预期的广告效果

强制性广告的形式易引起受众对广告内容的反感。大部分广告主仅仅以点击率等测量指标来评估广告所带来的效果,却没有注意到他们所吸引的仅仅是用户的注意力,而没有增加用户对于产品本身的兴趣。强制性广告虽然在一定程度上能够引起受众认知变化,但相伴而来的可能是用户对产品甚至品牌的负面态度和情绪,最终导致广告商投放的广告无法获得预期效果。广告效果主要表现在用户对于广告中所展示的商品的认识、态度

和行为等方面的变化。美国视频网站 Hulu 自 2007 年起就开始尝试个性化的广告服务,即观看的广告类型可以由用户进行自主选择。在广告播出前平台会将广告名称提供给用户,用户可以选择观看一个自己感兴趣的广告,而不会被迫强制观看自己不想了解的广告内容。调查结果显示,76% 的受访者表示 Hulu 播放的广告并不影响他们的观看网页内容;同时数据还显示,28% 的用户在观看非强制性广告后增加了对品牌和平台的好感以及对于相关商品的购买意愿。[①] Hulu 平台认为,给予用户选择广告的权利,而非强迫其观看不感兴趣的广告内容,能够让用户感受到尊重,同时具有自由和参与感,在最大程度降低用户对广告反感度的同时,让用户对广告加以选择也将有助于提升广告投放的精准性,最终提升广告效果。

近些年来,在广告领域有很多学者对用户选择与广告效果的关系进行了系统的研究。有研究者认为,给予用户对广告的选择权是一种自由精神的体现,而感知自由将会影响受众对广告所指向的目标产品的评价。在观看广告的最初阶段,是否被强迫观看对用户的产品评价没有显著区别;但是在长期被迫观看广告的用户产品评价中,有选择权情况下的用户好评度要大于没有选择权的情况。还有研究者采用实验法研究了在某网络平台上,用户是否被迫浏览产品信息这两种情况,结果表明,当用户被给予广告选择权时,他们对于产品的评价要高于没有选择权时的评价。[②] 这也在一定程度上证明了降低广告的强制性有利于产生正面广告效果,而强迫性的广告形式很可能达不到广告主预期的投放效果。

2. 强制性广告与低俗内容相伴,影响广告行业的正当竞争

互联网强制广告的准入门槛低,调查显示,只需 40 元就完成对 1 万个 IP 地址的广告推送。[③] 当前,我国的互联网强制性广告属于"灰色地带",互联网广告法律监督审查以及广告生产标准无法及时确定,对于强制性广

---

① 参见王冉:《正版 Hulu 广告实现"少即是多"》,《南方都市报》2010 年 3 月 1 日。

② 参见魏惟:《用户选择模式对网络广告效果影响的眼动研究》,硕士学位论文,上海交通大学,2013 年,第 20 页。

③ 参见景凯洋:《网络弹窗广告的伦理与规范问题研究》,《法制与社会》2018 年第 23 期,第 155 页。

告的定性和外部审查工作也并不彻底。

从内容来看,强制性广告在窗口和标题上经常使用大量极具引诱性的文字、图片来吸引受众关注,这违背了真实性原则,同时很可能导致低俗内容问题的出现,污染网络视听环境。比如,在部分软件的弹窗内容里经常含有"性暗示"内容,一些弹窗资讯也经常配有尺度较大的图片,这类软件本身往往以捆绑的形式强行安装,并在受众不知情的情况下设置成开机时自动启动,影响了用户正常使用。但不论强制性网络广告的内容是否涉及低俗问题,其强制性都影响了互联网广告行业的正当竞争,不利于我国互联网广告业的良性发展。

3.强制性广告侵犯了互联网用户的多种权利

用户是强制性网络广告的最主要受害者,强制性网络广告会同时侵犯用户的公平交易权、自主选择权以及对广告的知情权,甚至还有可能为了实现广告信息的个性化推送,通过不合理手段来收集用户个人信息,侵犯受众隐私权。

首先,从互联网用户的公平交易权来看。我国《消费者权益保护法》规定了消费者在市场活动中应当享有公平交易权。在市场经济条件下,由于信息不对称,消费者需要通过获取一定量的广告信息,来辅助自身正确判断商品、服务的价值。而就用户的公平交易权而言,广告行为人对其提供的商品或服务应设定合理、公平的条件,充分保证交易双方处于平等的交易地位。而强迫性互联网广告显然与公平交易的原则相违背,使网络用户相对于广告发布者处于一种被动的地位。

其次,从互联网用户的自主选择权和对于广告内容存在的知情权来看。我国《消费者权益保护法》规定了用户享有自主选择权。不同的广告媒介平台对受众选择权的侵害方式并不一样,这是由传播方式的差异性所导致的。如果用户知道在浏览的页面或 APP 中将会出现广告信息,他们可以选择继续使用或者放弃使用。但归根结底,用户进行自主选择的基础和前提是需要媒体平台通过一定的提示来告知用户广告内容的存在。与无强制性的互联网广告不同,强制性网络广告在网络用户不知情的情况下直接发布,通过强制浏览的手段让网络用户必须进行浏览或点击行为,实际上已经损害了用户的知情权和自主选择权。

（三）强制性广告的危害与成本较低，规制动力相对不足

1.互联网环境下受众对于广告内容的容忍度更高

互联网环境下，大部分用户除去宽带资费，并没有实质性的货币支出，因此在这种近乎于"免费"的条件下，用户对于广告的容忍度要比其他收费的内容中广告的容忍度高出很多，但这并不意味着受众对于广告内容的容忍是没有限度的。网络广告平台和广告主都是相对理性的，他们都希望能够获得最大的商业利益。广告主方面想要借助平台宣传产品，会向平台支付大量的广告费用；而网络平台方面则选择用"免费"来吸引受众的"注意力"资源，以这种注意力资源来换取广告主提供的广告收入。在这种情况下，广告主、网络媒体平台和用户都能从中获取利益，用户虽然排斥广告内容，但为了获取免费的服务和信息，对于网络广告内容的容忍度大大提高。

2.互联网强制性广告的制作和投放成本都相对较小

网络平台的自由、开放既增加外部"他律"对网络强制性广告监管的难度，也为互联网强制性广告的出现本身提供了必要条件。互联网强制性广告本身已经形成了较为成熟的利益链与产业链，纵横交错的利益关系让这类强制性广告问题的解决面临重大阻碍。对处于利益环节中的投放企业来说，互联网强制性广告内容制作和平台投放成本都相对更小，投放的周期和平台选择都十分灵活，也更容易引起网络用户的注意。快捷便利的投放流程让许多商家选择了互联网强制性广告形式，然而这种短期利益的获得将会以企业口碑和用户好感度的下滑为代价，企业应当形成更为长远的眼光，对这种强制性广告进行自我规制。

3.强制性广告外部监管相对不足

互联网强制性广告的监管缺失问题主要表现在三个方面。一是广告准入制度的缺失问题，现行管理机制在责任划分方面存在一定问题，对于互联网广告的准入制度尚未形成切实有效、清晰明了的管理制度和管理标准；二是互联网广告具体问题的法律界定缺失或模糊，权力的分散与下放不足导致网络广告管理存在"真空地带"，缺少法律法规的外部规制让相关问题变得更为严重；三是审查标准问题，互联网强制性广告自产生就受到网络用户

的批评与反感,国家有关部门和监管机构也出台了相关政策进行监管,但由于监管的标准难以实现量化,在实际的监管工作中发挥的作用也有限,强制性广告的出现频率并没有因此真正被消减。

三、互联网广告传播过程中产生新型失范行为——"二跳广告"

（一）"二跳广告"在结构上具有二次跳转的特征

"二跳广告"并不是一个专业广告词汇,这个词是 2018 年 3 月央视财经频道《经济半小时》播出《"今日头条"广告里的"二跳"玄机》中提出的一个新词汇。

互联网广告整体页面上分为两部分:前端广告页面和跳转广告页面。其中,前端广告页面的内容由广告主、网络媒体平台制作。跳转广告页面也可以称为"链接页面",根据具体的跳转次数分为"二跳页面""三跳页面",根据页面内容可以分为网页链接、落地页面、应用程序下载页面等。

"二跳广告"中的"跳",指的是用户点击链接按钮后进行的跳转环节。当用户浏览到广告界面时,所看到的通常是广告表层展示信息,这些标题信息相对内容来说相对简短,具体的表现形式通常为图片配上简短文字。这与浏览新闻的流程相似,在看新闻时首先"映入眼帘"的是新闻的标题,此外还会搭配有对新闻内容的简短概述。当用户对其感兴趣,想要浏览新闻的具体内容时,就需要点击新闻链接跳转到新闻内容界面。"二跳广告"表层的展示页面就类似这种新闻标题,如果用户被标题吸引,点击标题进行跳转所进入的广告页面,就是"一跳"页面,这里所说的"一跳"是相对于广告"标题"界面而言的。在进入"一跳"页面后,有时还存在可以进一步点击的链接,点击后进入的下个页面就是"二跳"页面。这里的"二跳"也是相对于广告"标题"界面而言,即进行了二次跳转的意思。①

如图 4-1 所示,以央视报道的今日头条"二跳广告事件"为例,打开今日头条客户端首页,推荐栏内出现广告标题关键词"补气血",当用户点击

---

① 参见姚志伟、曾玉锋:《对"二跳"广告页面违规问题的思考》,《中国工商报》2018 年 4 月 10 日。

这三个字后,出现了"一跳页面"——"芪冬养血胶囊"的药品广告,再点击了解详情后出现"二跳页面"——"中国中医科学院临床医学专家"的广告信息。①

图 4-1　今日头条"二跳广告"流程示意图

(二)"二跳广告"使传统的广告失范行为危害性进一步扩大

1."二跳广告"为虚假广告"披上外衣",危害用户合法权益

大多数用户会认为广告的链接内容应该从属于广告标题,平台会对链接内容进行审核。因此,用户对点击广告链接之后跳转界面内容的信任度,在一定程度上与广告发布者和发布平台相关。从传统虚假广告来看,"二跳广告"将信誉度和传播力较高的广告主体与虚假违法广告内容通过"二次跳转"相连接,这种广告形式为虚假广告"披上了新的外衣",使"二跳"之后的虚假广告内容拥有了知名品牌的品牌价值和可信度,让不知情的用户难以判断广告内容的真实性,最终误信广告内容,作出错误的购买决定,危害用户的合法权益。

2."二跳广告"给品牌厂商带来经济与名誉的双重损失

"二跳广告"让很多知名品牌"躺枪",被"二跳"的品牌在承担名誉损失的同时,也在承担着由于用户举报所带来的行政制裁和经济损失。以同仁堂所遭遇的"二跳广告"事件为例,2018 年年初不少用户举报"今日头条"客户端推送北京同仁堂的一款药品广告,广告宣称该产品具有降低血糖的效果。但特别的是,该药品不能在同仁堂线下的药店直接购买,只能通过添加广告界面推送的微信号,进行线上购买。2018 年 3 月,北京同仁堂兴安盟中药材有限公司对此表示,北京同仁堂公司从未在"今日头条"上发

① 参见刘双舟:《"二跳广告"研究需要澄清的几个问题》,2018 年 9 月 26 日,见 ht-tps://www.sohu.com/a/256223227_100011202。

布任何广告,而是有一些微信号利用"二跳"的手段,在移动 APP 端推送虚假广告,在二跳界面上把保健品伪装成药品,并通过假病患的介绍进一步增加宣传的可信度,最后将与宣传不符的药品销售给用户。

"今日头条"上的"二跳广告"没有受到阻止,北京同仁堂的品牌名誉受到直接威胁,由于用户的不断投诉,北京同仁堂公司的正规产品被工商部门进行了行政查处。同仁堂为了保护品牌的声誉,只得采取相关产品全面下架召回的无奈之举。对于此类违法违规行为,法律监管和外部规制往往在受害企业的名誉发生损失之后,这也体现出从源头进行防范开展行业自我规制的必要性与重要性。

3. "二跳广告"严重危害互联网广告平台和广告行业的发展

"二跳广告"作为严重的互联网广告违规行为,会给互联网媒体平台和互联网广告行业的发展造成严重的危害。2018 年 4 月,北京市工商管理局对北京今日头条公司开出行政处罚,没收广告所得 23 万元并处广告费用 3 倍的罚款,共计 70 万元。2018 年的今日头条屡屡出现问题,不断被网信办、工信部进行约谈,在受众中产生了严重的信任危机。在 2018 年的《中国网络媒体公信力调查报告》中,今日头条在"用户信任度"排行榜上的排名垫底。①

在今日头条"二跳广告"事件的影响下,百度分批进行了针对保健品、药品、化妆品的广告信息采集,并对可能涉及"二跳"问题和使用软文推广的客户进行了临时屏蔽,很多利用软文推广的广告主表示广告效果大幅度下降。

无论是出于何种目的,维护长期的良好品牌形象或是畏惧高昂的违规代价,互联网媒介平台和互联网企业都应该强化自我规制的意识并积极进行落实,致力于减少违法违规广告数量,良性的互联网广告环境能够为各个广告主体和相关参与者提供更加长远的利益。当违法违规广告层出不穷,产生诸如"二跳"等新的违规形式,可能会让互联网广告行业面临严厉的外部规制政策,影响到整个产业的发展。

---

① 参见市场营销智库:《被央视打脸的今日头条,二跳广告"黑勾当"危机如何化解?》,2018 年 3 月 31 日,见 https://m.sohu.com/a/226938756_160576/。

（三）"二跳广告"超出传统规制范围，增加规制难度

1. 网络链接带有无限性特点，外部审查力度逐级递减

网络页面通过链接联系在一起，用户通过点击链接按钮可以有"一跳""二跳"乃至无限跳，带有无限性的特点。对于外部监管而言，其审查能力相对有限。对于广告主所提交的广告"标题"内容，广告平台会进行重点审查，"一跳"页面同样也会进行审查；但到了"二跳"页面，即使进行审查，审查的力度也会相对减小。甚至，部分广告平台可以不经过网页链接方式，而是通过在广告页面中留下微信等社交账号，来让用户主动添加，实现变相跳转，进一步增加外部审查的难度。

2. "二跳"页面往往已经不在广告平台的规制范围之内

广告主向平台提交的广告"标题"信息，通常是在平台的控制范围内。互联网广告的"一跳"页面可能呈现在发布平台上，也可能跳出发布平台，进入广告主自己创建的媒介平台；而"二跳"页面基本上已经不在广告媒介平台上，其内容在很大程度上并不受媒介平台所控制。作为广告平台，要防止"二跳"页面违规，就要严格要求广告主，使其在内容发布前提交全部跳转页面，进行严格审查，并在广告投放期间进行持续监控。

3. "二跳广告"为不法广告主规避外部监管风险

目前，互联网平台自身和外部的监管部门对互联网违法违规广告的审查力度大大增加。在外部监管严查广告标题以及"一跳"页面的情况下，广告主为了规避监管，会将违规内容设置到"二跳"页面。此外，广告主还可能利用审查流程的漏洞，在广告发布前提交符合规定的"二跳"页面，等到审查通过后再将其替换为违规页面。"二跳广告"的形式钻了当前审查流程的"空子"，为不法广告主规避了风险，这要求互联网广告行业继续更新自我审核流程，防止新型违法违规广告的泛滥。

第四节　互联网广告传播效果衡量中的失范行为与规制困境

在互联网广告传播效果衡量过程中存在的虚假流量以及数据监测标准

不统一等问题,也是互联网广告行业存在已久的失范行为表现,并存在一定的规制难度,需要全行业的共同努力。

一、流量造假乱象下的行业自我规制需求与困境

技术的发展让互联网广告流量造假成本更低,且隐蔽性更强,流量造假乱象在全球范围内对广告及商业经济环境都带来了极大损失。[①]

（一）互联网流量造假作弊手段多样,波及范围广

据第三方营销技术公司秒针发布的《全量广告监测数据》显示,2017 年我国数字广告异常流量占比 30.5%,相当于约三分之一的数字广告费被浪费了。至 2019 年国双控股有限公司发布的《国内互联网广告异常流量白皮书》显示,2019 年互联网广告异常曝光占比 32.2%,较往年有所增加。快速发展的互联网广告程序化购买,使投放中各个环节可供作弊的灰色区域增多,流量造假乱象在我国愈演愈烈,已经成为互联网行业的巨大痛点。尽管国内已有不少互联网媒体平台采取了相应的反作弊措施,第三方监测机构也不断开发数据监测技术,但从目前综合效果看仍可谓任重道远。

2016 年起,互联网广告行业的相关组织、协会已经认识到广告流量造假问题对互联网广告行业带来的潜在风险,以行业组织的名义制定了互联网广告的流量验证标准。2017 年 1 月,品牌安全与流量质量标准小组正式成立,承担起了监督广告流量造假问题的重担。2017 年 5 月,该小组正式发布了关于互联网广告流量测量的两大标准——《移动互联网广告无效流量验证标准 V.1.0》和《移动互联网广告可见性验证标准 V.1.0》。异常流量是当前互联网广告行业中最主要的作弊方式,第三方流量监测机构的异常流量排查根据审查流程,可以分为前期预防和后期排查。在具体的排查工作中,相关机构通过采用反作弊工具筛查出异常流量,将其从用以评价广告效果的数据中删除,同时记录异常流量产生的地址和设备 ID。为了取得长期的有效监测数据,监测机构会将这部分流量来源的地址和设备纳入黑

---

① 参见张艳:《美国互联网广告业自我规制:多元主体与路径选择——以广告数据欺诈防范为切入点》,《编辑之友》2020 年第 7 期,第 108—112 页。

名单。尽管目前的主流监测机构已经具备了反作弊工具和流量黑名单,但流量作弊依然层出不穷。

1.互联网流量造假的具体方式多样化

在互联网时代,尤其是程序化广告购买过程中,流量造假的手段可谓多种多样。按照虚假流量的产生方式来看,有机器人刷量和人工刷量的方式。机器人刷量主要通过专门的软件工具制造虚假广告访问量,以这种方式进行流量造假成本较低,可以短时间内大规模制造,并具有一定技术要求。人工刷量则是花钱聘请专门的"职业刷友",模仿真实用户,制造虚假流量,相较于机器人刷量的方式,这种人工的方式需要人员组织,成本更高,行为轨迹较为"真实",识别难度也比较大。按照流量造假的技术手段划分,则有设备 ID 重置、流量劫持、静默安装和归因作弊等多种方式。① 互联网流量造假的具体方式呈现出多样化的特点,这对监管工作提出更高要求。

2.互联网流量造假涉及的领域众多

互联网流量的造假问题几乎波及了目前互联网平台上的所有领域,如视频网站、直播平台、自媒体账号、网络交易平台。可以说在互联网上,只要涉及流量,基本都存在一定的泡沫和水分,有区别的只是具体数量。2015年,某主播在"斗鱼"平台直播时,直播间实时显示的观看人数竟然超过了13 亿,这相当于所有中国人都在观看,用户们纷纷吐槽说"网友快要不够用了"。自媒体平台也是这样,更高的文章阅读量意味着更多的广告收入。微信公众号资深运营人士表示,现在淘宝上刷 1000 的阅读量,价格最高也仅仅需要几十元,便宜时价格为几块钱,具体的价格需要看微信官方管控的严格程度。但无论价格高低,始终会有人购买相关的服务。

(二)流量造假影响广告主的效果预判,危及广告平台可信度

1.广告主难以获得预期的广告投放效果

虚假流量造成的最直接影响即为广告主难以获得预期广告投放效果,广告经费受到损失。互联网流量造假行为使低质量的网络媒体平台以优质

---

① 参见鞠海涛:《程序化购买广告造假问题的主要类型及影响》,《编辑之友》2019 年第1 期,第 61—64 页。

平台的面貌和身价出现在广告主的投放选项中,虚假流量将劣质广告流量包装成优质的、精准的、用户流量巨大的广告位,这抬高了广告主购买互联网广告的平台成本,严重损害了广告主的经济利益。而这种直接的经济损失将会使广告主对以流量为定价标准的互联网广告行业失去信任,甚至会使其成为广告流量监测标准的质疑者。尼尔森的报告显示,2017年中国用户平均每天的触媒时长预计将超过380分钟,其中超过一半的时间用于与互联网相关的数字媒体;广告主的广告投放成本增长近15%,在数字媒体上的占比已经超过一半,达到54%。但互联网媒体广告投放的回报率,已连续五年以每年15%的趋势持续下滑。①

2. 流量化广告平台陷入信任危机

流量造假使得互联网广告行业陷入了恶性的低层次竞争,长此以往将会阻碍整个行业的发展。网络媒体平台一旦被认为涉及"数据造假"行为,其在广告主心目中的诚信度和投放价值就会大幅度下降;但如果不掺杂一定的流量水分,媒体平台又很难在竞争激烈的互联网广告市场中脱颖而出。流量造假问题已经严重损害了互联网广告行业的生态,冲击了大数据的真实性价值,流量化的广告平台逐渐形成了"难辨真假"的氛围,深陷信任危机。流量造假现象可能牵涉投资机构、流量平台、广告主、用户、广告代理公司等多方主体的利益,利益关系网错综复杂,难以推断问题产生的真正根源。从互联网发展历史来看,当流量造假已经成为行业中的规模化产业时,说明该行业将会开始进行淘汰和洗牌。

2018年,宝洁减少了大约1亿美元的互联网广告预算,结果却发现对销售业绩并没有很大影响。宝洁的首席财务官曾直接表明,互联网广告平台的流量数据都是"机器人点击下产生的虚假流量"。根据广告监测公司公布的数据显示,宝洁与联合利华在互联网广告上的投资正在逐步减少,其中宝洁2018年的互联网广告预算减少了41%,联合利华力度更大,减少的预算达到了59%。原生于互联网的企业也在重新评估互联网广告的实际

---

① 参见金牌舆情官:《剧情注水后,预告也注水》,2017年5月24日,见 https://www.sohu.com/a/204569978_821124。

效果。"土巴兔"是一家互联网创业公司,不过这家公司却没有青睐互联网广告平台,始终对线下广告有更高的投资热情。在互联网的广告投放中,除了部分对搜索引擎工具的投资之外,土巴兔并没有进行更多投入。"土巴兔"官方表明,在他们之前所做的互联网广告平台投放评估中,并没有达到理想的广告效果。因此,在投入产出比无法被更加客观真实地反映前,互联网广告并不会成为他们在广告投放中的首要考虑对象。

(三)流量造假源于供需矛盾,其规制受困于产业链变化

1. 广告主广告投放需求与优质媒体资源供给之间存在矛盾

面对互联网时代复杂而激烈的竞争环境,广告主更加注重品牌建设的重要意义,意图以更多广告投入为"筹码"来实现品牌的突围。互联网广告以传播速度快、投放灵活、精准触达用户群体、单次传播成本低廉等特点获得了越来越多广告主的肯定。但与广告主对互联网广告投放持续增长的需求相对应的,却是互联网流量红利的逐步下滑,流量风口期的逐渐结束让优质互联网媒体平台的优质广告位减少。因此,为了满足广告主源源不断的大规模投放需求,部分媒体平台选择采用作弊手段来制造出虚假流量,以此吸引广告主进行投资。

2. 互联网广告投放流程延长,众多广告环节出现流量造假

在传统媒体时代,广告产业链主要由广告主、广告代理公司、媒体、受众四个主体组成;而新媒体环境下的广告产业链包含了广告主、广告代理、技术服务供给商、媒介平台供给商、相关服务供给机构以及用户等众多主体,广告产业链在互联网时代被大幅度延长了。各个环节的相关主体都会感受到竞争压力,为了获取更多的商业利益,各个环节都出现了流量造假现象:广告主作为广告活动的发起者和投资者,为了更高的曝光度,给竞争对手更大压力,参与到流量造假中;技术服务商、媒介平台为赚取更多广告服务费会进行流量造假,将劣质流量"以次充好"高价贩卖,甚至进行刷量行为;广告代理商为了完成与广告主商定好的曝光目标,也会与流量监测机构合作进行一定的刷量行为。

3. 广告交易链不透明,加剧广告流量造假行为滋生

与传统广告相比,互联网广告的流量测定涉及特定的流量监测技术,相

对于传统媒体的监测,难度更大。技术服务提供商的出现让技术因素在互联网广告领域发挥了十分关键的作用。然而由于技术门槛的限制和出于数据安全的考虑,互联网广告流量监测中的技术规则和数据资源并不会对广告主和第三方数据监测机构公开,这也导致广告交易的整体透明度下降,互联网广告流量造假行为加剧。

4. 流量造假技术愈发高端,广告主难以察觉

为了防止媒体平台在流量上造假,部分精明的广告主在购买广告服务时,会要求查看平台后台的具体粉丝分布数据及流量数据。但正所谓"道高一尺魔高一丈",媒体平台的相关运营人员表示,对于这样的广告主,还有一种更加高级的流量造假服务,这种流量造假是通过真人而非机器,通过手工操作实现的。此类服务通过社会众包的手段来实现,达到的虚假流量效果甚至能够精准定位地域、频次、停留时间、浏览器类型等。真实用户在互联网上的真实浏览痕迹都能够被"复制"出来。虽然价格相对比较昂贵,但是对依靠广告收入的自媒体平台运营者来说,通过这种造假行为,一次性支付相关费用就会在很长一段时期被广告主所认可,从长期来看媒体平台反而可以获得更高的收入,而这种收入实际上是广告主的直接经济损失。

二、数据监测标准问题所引发的行业失范与规制难点

为了有效衡量互联网广告的传播效果,为广告主提供有参考价值的广告数据,打破广告产业链中的"数据壁垒",互联网广告行业有必要进行数据监测标准的统一化。从发达国家的实践来看,2017 年,全球最大的广告平台 Facebook 和谷歌公司已先后表明,自己的广告流量数据将会实现开源,第三方审计机构可以进行详细监测。① 没有统一的数据监测标准衡量互联网广告效果,已经成为制约我国互联网广告业发展的重大阻碍。就我国目前的情况来看,制度化的媒介市场数据监测和权威的第三方媒介数据监测机构都十分稀缺。在阅读量、播放量和粉丝数量等数据的公布方面,互

---

① 参见鞠宏磊、李欢:《程序化购买广告造假问题治理难点》,《中国出版》2019 年第 2 期,第 34 页。

联网媒体平台掌握着主导权。从互联网广告行业的长远发展来看,缺乏统一的数据监测标准不利于互联网媒体平台及广告市场的公平竞争。

（一）数据监测标准缺失导致的市场数据乱象与危机

1.媒介市场的不公平竞争与逆向选择

互联网数据监测标准的模糊会严重影响网络媒介数据的可信度,进而导致媒介数据市场信号传递的失灵。市场交易双方长期处于信息不对称状态,交易一方就会根据此类商品的平均价格支付费用,最终导致高出平均价格的高质量商品被迫退出市场。① 我国的互联网广告市场就存在着这种现象,广告主、广告代理和媒介平台间处于信息不对称状态,广告主倾向于支付同类型媒介广告的平均价格,导致高质量的媒介平台没有办法获得相应的高收益,没有足够的经济收入来维持媒介内容再生产,从而造成互联网广告市场中"劣币驱逐良币"的逆向选择现象。

2.媒介数据监测机构的公信力遭受质疑

虚假流量和数据垄断等问题,已经严重影响了互联网广告市场第三方媒介数据监测机构的可信度,使其受到广告主的不断质疑。媒介数据监测机构所提供的媒体流量数据会直接影响广告主的投放决策,进而会对媒体的广告收入和经营活动产生影响,也是媒介平台改进自身内容质量、满足用户需求和判断自身价值定位的重要标准。我国第三方媒介数据调研机构由于行业自律的缺位,长期存在着数据监测方法不科学、数据监测过程不透明、数据监测标准不明确不统一等问题状况。这种情况如果不能及时得到纠正,达成广告数据监测行业的自我规制,必然影响互联网数据监测行业的长远发展。

3.增加市场主体的广告投放风险

互联网媒介数据监测机构与互联网广告市场的关系十分紧密,广告主和广告代理需要媒介数据机构所提供的权威媒介数据,以数据为依据来制定高效合理的媒介组合计划和广告投放策略。Facebook就曾因为视频观看

---

① 参见廖秉宜:《中国媒介市场数据失范现象与治理对策》,《编辑之友》2018 年第 10 期,第 34—35 页。

数据标准问题影响广告主及广告代理公司的决策过程,而使广告主蒙受经济损失,最终公开致歉并在官网开通专门渠道开放其数据的更新和修正。对于广告主来说,不同媒介平台有着各自特定数据监测工具和监测标准,广告主难以综合评估各个媒体平台的广告投放数据,最终导致广告主付出高额广告费用而无法获得相应的广告效果;对于广告代理来说,数据监测标准问题会导致其被广告主委托进行的广告活动无法达到预先商定的广告效果,这在很大程度上会影响到代理公司的评价和口碑,从而导致广告代理机制出现问题,代理与广告主的关系逐渐恶化。

（二）数据监测标准失范问题的产生根源

1. 媒介数据对互联网数据监测形成制约

互联网数据监测标准的科学性、透明度主要取决于媒介数据的量和质。用户的碎片化和流动性使其与广告的互动行为模式愈发复杂,只有通过大量数据积累才有可能实现精准的媒介数据监测。虽然数据监测已经被广告行业所认可,但是从实际的操作情况来看,互联网数据监测依然被数据量不足的问题所制约。许多公司仍然处于初级的数据采集阶段,数据量存在不足,而基础数据充足的大数据公司却对商业数据实行严格的管控和保密机制。即使是百度、阿里巴巴、腾讯这样行业顶部的数据全面的互联网公司,拥有的也只是某一方面的互联网数据,当这些数据不能够共同作用于分析工作,互联网广告的真实效果就很难被监测到。

与此同时,互联网数据监测行业内出现了过度追求数据量的趋势,监测公司一味地大量收集数据,忽视了对无效数据的清洗和数据的多样性与全面性,使数据监测仅仅具有"大量"这一特点,而远达不到"精确"这一要求。数据获取是数据监测工作的基础,也是解决互联网数据监测标准问题的关键,在目前这种数据的"质"与"量"都不高的条件下,互联网数据监测标准很难走向科学,并指导互联网广告行业发展。

2. 监测与处理技术不足对互联网数据监测标准的统一造成阻碍

监测技术不断突破局限,但受限于媒介生态。近年来,随着大数据技术的加速发展,互联网广告数据监测中的技术问题愈发复杂。首先是互联网广告监测所需的数据挖掘技术,需要科学的分类储存和有机的管理建构,但是当前中国互联网很多领域还处在"有数字,无认知"的阶段。[①] 空有一堆数据,却没有科学的监测标准和分析模型对数据加以处理,或者对数据的处理过于简单,导致数据监测对广告决策的指导受限。其次是移动化提升了数据监测的技术难度。移动端广告由于各操作系统、设备间具有独立性,不同设备提供的 ID 难以被综合起来共同使用,并且主流系统会提供隐私设置,如果用户保密设置严格,数据获取的难度将会大大增加。同时,移动端的大部分 APP 更新快速,数据高度碎片化且有效期短暂,存在稳定性问题。[②] 此外,移动端目前还难以做到精准定位,这就导致了数据的地域判断问题,定位偏差也会影响数据监测的准确度。

3. 互联网数据监测行业发展机制混乱

广告监测的困境不仅仅是数据资源、技术手段这样的客观阻力造成的,更多的问题其实植根在行业的发展机制中。目前,中国互联网数据监测行业有三大主要问题:一是缺乏客观、公正的监测主体。监测机构主要由媒体平台或者第三方机构主导,但其中存在复杂的多重利益关系。[③] 利益主体既充当了互联网广告的载体和平台,又担任着互联网数据监测的裁判,很难做到真正的公正透明。媒介平台虽掌握一手数据,也有进行数据监测的技术,但由于监测的效果与平台利益直接挂钩,其数据监测标准和结果难以被行业所认可。从第三方数据监测机构的角度来看,大部分机构也并非完全独立,由于缺少跨屏数据,监测机构需要和众多的互联网媒体平台合作,才能实现数据的打通与整合,这种合作关系必然涉及更多利益关系。二是监测标准难以通用。传统媒体时代,广告数据监测所采用的是通用的一套评估指标,但在进入互联网时代后,新概念、新指标层出不穷,导致监测标准难以通用,监测行业内部的数据标准繁多、混乱无序,给广告数据监测埋下了许多隐患。三是缺乏行业规范。中国的互联网数据监

①　参见陈园园:《Admaster:第三方数据的先行者》,《互联网周刊》2013 年第 10 期,第26—27 页。

②　参见周丽玲、陶如意、李聪:《中国互联网广告效果监测发展报告》,《中国媒体发展研究报告(2003—2016)》2016 年第 1 期,第 146—160 页。

③　参见刘燕南:《新旧媒体受众测量之比较》,《新闻战线》2010 年第 9 期,第68—70 页。

测行业与欧美等发达国家相比起步较晚,数据监测产业链并不完善,互联网广告领域的监测也存在着诸多的失范现象,需要其他的独立第三方机构来对监测行业这一相对于互联网媒体的"第三方"进行有效的规制与管理。然而,就目前的情况来看,中国尚缺乏有关互联网广告数据治理的相关法律规定,也缺少权威性的独立监管机构,数据监测主体仅仅按照自己制定的监测标准进行数据监测。

(三)数据监测标准的统一工作面临诸多难点与阻碍

1. 不同终端的数据监测指标各不相同,尚未打通

当前,互联网广告投放环境相对复杂。如何识别不同的用户和不同数据,打通各个平台的数据标准,对广告效果进行综合评估,是解决互联网数据监测标准问题的重中之重。传统媒体时代的监测指标逐步被引入互联网广告效果监测领域,在互联网时代形成了新的监测指标,但不同终端的广告监测标准各不相同。研究发现,移动广告整体优于 PC 端的视频广告,平板电脑端广告优于智能手机广告。由此可见,不同终端下观看同一广告内容的效果各不相同,但如何实现跨终端的广告数据监测与统一标准仍然是行业的一大难点。

2. 广告作用于用户的心理效果数据测量难度较大

随着大数据技术的迅速发展,互联网广告的传播效果能够通过考察用户行为数据的定量指标来进行考量。而仅仅依靠用户的行为数据,难以对广告投放效果进行真实的还原。目前在广告的用户心理效果测量方面,还存在很多数据难以解决的问题。为了解决这些难题,一些第三方监测公司开始尝试利用脑神经技术。尼尔森公司在 2011 年就开始尝试将脑神经科学应用于广告效果测试,利用神经技术对用户观看广告时的情绪波动进行监测,获得用户情绪变化数据,再结合传统访谈和问卷等研究方法,了解用户情绪变化的具体原因。[①] 但是在互联网广告活动中,脑神经技术在心理效果测量方面的应用还处于探索阶段。

---

① 参见王淼:《数据驱动的互联网广告效果监测研究》,《广告大观(理论版)》2017 年第 4 期,第31—46 页。

3.广告周期不同阶段的销售数据无法有效整合

广告不仅有短期效果,还有长期效果。在阿里巴巴的一项研究中也发现,销售转化数据和广告流量数据之间存在一定的时间差。前期广告流量数据和后期商品销售数据之间并没有完全打通,影响了在其他环节中广告数据的监测。多数情况下,数据监测是随着广告活动的结束而终止的,长期的广告效果则无法被有效测量和记录。对于一些长期效果占主导的互联网广告,如果没有重视这部分效果的数据监测,会导致广告主对广告效果的过低评价,不利于互联网广告行业的长远发展。

4.强势媒体平台拒绝接受第三方数据监测

实现互联网广告效果监测的前提是媒体平台提供开放的可监测数据。但就目前的情况来看,部分强势媒体平台并不接受第三方的数据监测。一些具有优质流量的垂直类媒体在所属的细分领域内有很强的影响力,但是一些互联网行业头部媒体平台并不接受第三方效果监测。这主要是出于经济利益的考虑,监测机构获得媒体流量规模及用户活跃度方面的数据,可能影响网站估值和媒体价格。另外,竞争环境影响垂直类媒体对监测的开放程度,一些细分领域,例如在线视频领域,内部竞争比较激烈,为了获得更多的广告客户,媒体就会通过开放第三方效果监测证明自身的营销价值,但在头部媒体优势比较突出的细分领域,如母婴和汽车,具有优势资源的媒体就更加封闭。同时,垂直类媒体是否开放第三方监测以及开放的程度,归根到底是广告主和媒体之间的博弈。广告主比较强势的情况下,就会推动垂直类媒体接受监测,验证其对于广告主产生的商业价值,但在头部媒体比较强势的情况下就很难实现较为公正的效果监测。

第五节　特殊领域的互联网广告失范
行为与自我规制需求

针对烟草、医药等特殊行业的广告监管,我国法律法规中有一些专门性规定,这些领域的广告活动依托于互联网媒体平台也呈现出一些新的发展态势,并在一定程度上增加了监管难度。

一、互联网烟草广告行业的自我规制需求及必要性

（一）烟草广告借互联网平台"死灰复燃"，面临监管困境

近年来，随着国家禁烟力度加大，不得在公共场所吸烟已经成为常识。然而随着互联网平台的发展，原本在传统媒体上已经收敛的烟草违法广告找到了新的载体。由于商业利益的诱导和相对宽松的审查，一些互联网烟草广告难以根除，以更隐蔽的方式游荡于网络平台。

1. 明令禁止下互联网烟草广告仍大量存在

《互联网广告管理暂行办法》规定，禁止利用互联网发布烟草广告，《广告法》也明确规定禁止在大众传播媒介或者公共场所发布烟草广告。然而互联网烟草广告问题依然不乐观。2019 年 4 月，据北京疾控中心发布的《2018 年互联网烟草营销数据监测报告》显示，青少年用户众多、监管相对缺位的互联网平台已经成为烟草营销的重灾区。2018 年 1 月至 6 月，有关部门抓取的烟草广告和促销信息达到五万多条。在烟草广告和促销信息中，烟草代理商销售信息数量最大，数量为四万条，占广告和促销信息总数的 76%；其余部分包括烟草代购销售信息两千余条，烟草广告信息两千余条，烟草赞助信息二百余条。[①]

2. 烟草广告依托互联网媒体平台隐蔽性更强

与传统媒体广告相比，互联网烟草广告更多采用软性植入的方式，具有更强的隐蔽性。在互联网平台以及一些 APP 平台上的文章多以"测评""体验报告"等方式来展示烟草相关信息，表面看起来完全不像广告的软文更能吸引用户关注。2018 年中国互联网烟草营销数据监测结果中发现了大量促销情怀软文和伪科学信息。其中，情怀软文信息共 7700 条，这些软文通过渲染烟草与爱情、友情、亲情之间的关系来美化吸烟行为，提升公众对烟草品牌的认同度，进而传播烟草信息、促进烟草销售。这种情怀软文极易麻痹人们对烟草广告的反感。另外，还有 420 条与烟草相关的伪科学信息，以此加强用户对香烟品牌的认可度，吸引更多的潜在客户。[②] 经统计，

---

① 参见史奉楚：《让未成年人远离"网络烟草营销"》，《检察日报》2019 年 4 月 17 日。
② 参见舒年：《互联网不能成为烟草营销法外之地》，《工人日报》2019 年 4 月 21 日。

仅在"小红书"APP 上,与"烟草"相关的营销信息就多达 9 万余条,这显然违反了我国《广告法》对于烟草广告的规定。①

3. 互联网烟草广告目标受众扩大至青少年及女性群体

随着互联网平台受众范围逐渐扩大、门槛降低,互联网媒体平台上产生了许多指向青少年和女性群体的烟草营销信息。在年轻群体庞大的短视频平台上搜索"吸烟",结果发现不仅能够搜到明星在影视作品中的吸烟镜头合辑,将吸烟与"酷"起来联系,而且有的视频刻意强调"少女吸烟",并且这类视频下点赞数量很多,相关评论中也有许多用户为吸烟行为加以辩解。一则标题为"高颜值少女心香烟"的短视频有 46 万次的浏览量,收获 5.9 万个赞和四千余条评论,点赞数量最高的几条评论全数是对吸烟持正面态度,其中说自己初中就开始吸烟的评论被点赞了六千余次。②

4. 网络媒体平台增加了监管机构的审核难度

对互联网违法烟草广告,国家的相关广告法规已经对此划出红线。但是与传统媒体的严管、重罚相比,大量网络媒体平台的监管显得相对无力,给烟草广告找到了可以生存的空间。相较于传统媒体,网络媒体平台拥有实时更新的海量信息,大量用户在平台上随时随地生产内容,监管机构的审核难度极大,很容易出现监管不到位的现象。尤其是很多烟草违法广告通篇下来没有"香烟""烟草"之类的关键词,机器筛查对此也失去了作用。这就需要互联网媒体平台发挥把关人的责任,进一步强化自我规制的技术手段,通过智能算法加人工审核的方式对烟草产品的软文广告进行识别与屏蔽,从源头防范并惩治违规烟草广告的互联网媒体平台投放。

(二)互联网烟草广告行业进行自我规制的必要性

1. 互联网烟草广告潜移默化诱导未成年人吸烟

互联网烟草信息并非直接以广告的形式显现出来,而是以"测评""体验报告"等更加隐蔽的方式来展示。但这种互联网软文实际上还属于广告的范畴,特别是那些向未成年群体推送的内容,明显违背了《广告法》中禁

---

① 参见田志强:《APP"种烟草":电商平台广告亟待加强监管》,《工人日报》2019 年 4 月 21 日。

② 参见舒年:《互联网不能成为烟草营销法外之地》,《工人日报》2019 年 4 月 21 日。

止向未成年人发送任何形式烟草广告的规定。同时,由于这类互联网烟草广告内容并没有明确加入广告标识,对于不明真相的受众更具诱惑性和欺骗性,让观看的未成年人深受不良内容诱骗而不自知。在这种情况下,由于青少年思想不够成熟,对于接触到的内容辨别能力较低,很容易受到烟草广告的诱导进而尝试吸烟行为。

2. 互联网烟草广告带有伪科学的虚假信息,误导社会大众

烟草中含有尼古丁、焦油等有害的致癌物质,对此人们已经熟知。为了减少人们对烟草的抵触心理,增加销量,互联网烟草广告选择宣传自己的烟草产品毒素低、危害小,传播出"低焦油可以减少烟草危害""过滤烟草、爆珠烟草可以降低健康隐患"等虚假内容。根据资料显示,烟草焦油中的有害物质只占卷烟有害成分的不足1%。降低焦油量并不能明显减少烟草的总体危害。所谓"过滤""爆珠"能够降低烟草健康隐患也已经涉及虚假宣传,烟草危害并不会因为制作上的区别而有所减少。互联网烟草广告中这些虚假的伪科学信息在一定程度上会误导社会大众,影响受众对于烟草危害性的认知。

3. 缺乏自我规制的烟草广告主体将面临严格处罚和舆论批评

《互联网广告管理暂行办法》实施,该办法规定禁止利用互联网发布烟草广告。《广告法》也明确规定,违规发布烟草广告的,由工商部门责令停止发布广告,对广告主处二十万元以上一百万元以下的罚款,情节严重的可吊销营业执照。有了政府规制的有力支撑,在互联网平台上违法发布和传播烟草广告的行为主体,被举报查处后会被要求立即下架内容并受到法律的严格处罚,没有尽到审查义务的媒体平台同样会面临相关部门的问责与处罚。2017年11月,北京市工商局办结菲利普莫里斯企业管理有限公司利用互联网微信公众号发布烟草广告案件。菲莫公司因多次在其微信公众号中发布万宝路香烟广告,违反了《广告法》及《互联网广告管理暂行办法》中禁止利用互联网发布烟草广告的相关规定,被处以100万元罚款。这也展现出行业主体开展自我规制的现实意义,如果不能遵守国家法律规定,进行有效的自我规制与管理,将会受到更严厉的经济处罚与行政处罚,并受到来自社会的舆论谴责与批评,进而影响到品牌价值与平台形象等无形资产,

带来不可估量的损失。

二、医疗、保健品领域的互联网广告亟须专项自我规制

国家市场监管总局 2019 年下发通知,要求深入开展互联网广告的整治工作,并将医疗、药品、保健品等关系公众人身健康的违法广告列为重点整治对象,尤其是广告内容中含有功效、安全性的断言保证,说明治愈率,夸大产品功效以及宣传具有预防、治疗功能等违规广告内容。

(一)医药广告问题严重侵害用户生命健康,加剧医患矛盾

1. 严重侵害用户权益

互联网违法违规医药广告通常会采取欺骗或诱导的手段为医院或药品进行宣传,急于缓解病情的患者很容易误听误信,被虚假医药广告所误导,最终的治疗效果不佳,不但会贻误病情、加重患者的痛苦,还会对受害者造成精神上和经济上的严重损害。这类违规医药广告严重侵犯了用户的人身和财产安全,损害了用户的合法权益。

2. 扰乱医疗秩序,阻碍行业健康发展

互联网违法违规医药广告在一定程度上破坏了医疗药品行业的规范,推动了医疗行业内的恶性竞争,短期传播会扰乱医疗药品行业的秩序,长此以往,此类广告问题将会成为行业发展的重大阻碍。就目前的情况来看,我国公立医院在经营上具有优势,而私立的民营医疗机构想要与公立医院竞争,快速提升自身竞争力,增加在社会中的认可程度,广告宣传是重要途径和手段。因此部分私立医疗机构投入了大量资金用于广告宣传,提高自身影响力,吸引患者,扩大市场份额,获取更大收益。这些违法医药广告不仅打破了正常的行业秩序,也不利于医疗药品行业结构的优化与发展。另一方面,医疗机构过度投入医药广告将会导致医疗服务的成本增加,而这部分成本最终会转嫁到患者头上,无形之中增加了患者负担。某些无良的私立医疗机构为此甚至不惜降低医疗服务的质量水平,贩卖高价药品来获取暴利,挽回广告成本。这样的医药广告行为大大降低了医院在患者中的口碑,加剧医患矛盾,最终影响医疗行业的整体形象和健康发展。

（二）互联网医药广告失范行为的规制困境

1. 互联网医药广告方面缺乏专门法，界定标准模糊

目前，除《互联网医疗保健信息服务管理办法》外，还有部分规定涉及互联网医药广告的内容，但并没有把互联网医药广告形成专门范畴，更没有对互联网医疗广告监管作出明确、具体规定。互联网医药广告的规制主要沿用《广告法》和《医疗广告管理办法》等这些法律法规。虽然我国《广告法》《药品管理法》等法律已经对医药领域做了一些列举性的禁止规定，药监部门和工商部门也出台了相关政策来辅助监管，但仍然缺乏针对互联网医药广告的特殊性和违法标准的明晰界定和系统规范，这也给违法医药广告的发布者留下一些可乘之机。

2. 互联网违法医药广告的行政处罚震慑力不足

我国在医药广告法律责任的判定方面已经取得了巨大进步。《广告法》规定关系患者生命健康的商品或者服务的虚假广告，一旦造成用户损害，其广告经营者、发布者以及代言人与广告主承担连带责任，这种严格的责任判定让明星专家在虚假药品"天价"广告费的诱惑下能够保持清醒。同时，《广告法》将违反药品广告管理规定行为的罚款上限提至到了一百万元。但是，对于虚假医药广告所带来的动辄上亿元的巨额利润，仍让一些广告主和媒体平台铤而走险选择违反法律。[①] 现行法律规定对虚假医疗广告的处罚主要局限在给予警告、罚款等，但由于处罚额度有限，相比互联网医药广告成本低、传播广、影响大等特点，显得震慑力相对不足。

3. 互联网医药广告实行多头监管，导致监管效率低下

按照现行《医疗广告管理办法》，工商行政管理部门负责医药广告的监督管理工作，卫生行政部门、中医药管理部门负责医药广告的审查工作并对相关医疗机构进行监督。而按照《互联网医疗保健信息服务管理办法》的规定，发布互联网医药广告属于互联网医疗信息服务，其负责的主体包括通

---

① 参见权鲜枝、周为：《法律视角下的药品虚假广告及其解决方案初探》，《中国食品药品监管》2018 年第 2 期，第 30 页。

信管理部门以及卫生行政部门。

卫生行政部门负责相关服务的前期审核,通信管理部负责颁发相关服务的经营许可,备案违规从事医疗信息服务的单位并且依法查处。在实际监管过程中,以上管理办法都没有赋予卫生行政部门执法权,因而在发现违规网络医疗广告时,相关部门只能将涉及的广告行为人移送工商部门进行查处。这样一来,互联网违法违规医药广告要经过多个机构与部门共同执法,经过多道程序才能完成监管工作。这在造成违法广告监管效率低下的同时,还很容易形成执法过程中的"真空地带",让违法广告主体钻了空子。[1]

4.患者缺乏医药知识,对虚假医药广告鉴别能力低

医药行业的专业性相对于其他行业更强,患者在患病状态更加急于获得有效的治疗。这种焦急的心理状态和相关知识领域的了解不足,使得用户在面对医药违法广告时的辨识能力明显下降。互联网时代让人们获取健康知识的途径更加广泛,但是涉及生命健康专业领域的信息、知识传播缺乏权威渠道。大部分患者想要了解诊疗信息,都会选择面向普通受众的网络检索工具或广告宣传,最终被虚假的医药广告所蒙骗。在这种情况下,更需要媒体平台在医药、保健等特殊领域承担起自身的规制责任,减少患者接触到虚假违法医药广告的可能性。

互联网医药广告涉及广泛的经济利益、社会利益和医患利益,作为一种特殊且重要门类的广告,互联网医药广告业与人们的健康和安全关系紧密,应该保持更高的他律和自律标准。

三、互联网未成年人诱导广告的危害及规制难点

2020年,中国社会科学院等单位共同发布的《青少年蓝皮书:中国未成年人互联网运用报告(2020)》显示,我国未成年人的互联网普及率达99.2%,这个数据明显高于我国互联网用户的总体普及率64.5%。报告显

---

[1]　参见周刘芳:《网络虚假医疗广告监管中的问题与对策探讨》,《江苏卫生事业管理》2013年第6期,第246—247页。

示我国未成年人首次触网的年龄在不断降低,主要集中在 6 岁至 10 岁之间,10 岁及以下开始接触互联网的人数多达 78%。① 基于互联网媒体平台中投放的针对未成年人群体的广告也成为政府监管部门的一个重点监管领域。

2015 年修订后的广告法对未成年保护作了全面的规定。《广告法》中指出广告不得损害未成年人的身心健康,其中对于未成年人广告的具体规定主要集中在广告播出时间、长度、数量、内容、广告形式以及未成年人形象的运用上。比如"不得利用不满十周岁的未成年人作为广告代言人",针对十四周岁以下未成年人的广告不得含有劝诱家长购买广告商品的内容等。这些内容规定同样适用于互联网广告。

(一)互联网未成年人诱导广告的危害与影响

1. 助长不合理的消费欲望,影响家庭和谐

未成年人接触诱导广告后的过程是:接触广告;产生兴趣和购买意愿;告诉父母其购买意愿;广告反复进行宣传;提醒父母购买产品或服务。这种诱导类广告会导致未成年人纠缠父母,让父母为他们购买想要的东西,扩大青少年不合理的消费欲望,而不考虑父母的经济能力或产品的必要性。如果未成年人在多次与父母沟通后,并未得到想要的广告产品,他们大多会生气或感到失望,这也可能导致家庭不和谐或冲突。

2. 传达不利于未成年人健康成长的信息

还有一些未成年人广告可能会影响未成年人心理健康发育,如广告中一些错误价值观等不当内容的传播等。而这种价值观在尚未形成自身价值判断的青少年群体中传播迅速,在某些情况下,没有形成价值认同的青少年甚至会被同龄人排挤或欺负,进而可能导致各种心理问题的产生。还有些广告采用夸张的创作手法,向青少年传达消费某种产品就会帮助顺利解决困难,或者受到同伴羡慕等观念。这种夸大产品效果的广告内容极易引起未成年群体的误解,容易助长未成年人对外界物质的依赖感和攀比炫耀心

---

① 参见《中国未成年人首次触网年龄不断降低》,载《青少年蓝皮书:中国未成年人互联网运用报告(2020)》,社会科学文献出版社 2020 年版,第 1—3 页。

理,对青少年的身心健康发展带来巨大隐患。

（二）互联网未成年人诱导广告的规制难点

1. 广告形式的混淆性成为监管的最大挑战

就目前的情况来看,我国对未成年人广告的监管主要体现在传统媒体上,互联网广告并没有特定的法律来进行具体界定与管制。比如某网站微博平台中出现一位童星使用在线英语网站的图片,并由该童星发布了相关的微博内容文字。该企业与国内十名不同地区的童星签署协议并支付了宣传费用,这种商业性行为已经构成一种商业广告活动,如果按照《广告法》的有关规定,童星本人就是广告发布者,但是未满十周岁的未成年人不承担民事行为责任,也不宜为此承担行政法律责任。这个案例就呈现出针对未成年人广告的两个规制难点:一是童星借助微博平台以内容的形式发布的广告信息具有极强的混淆性,增加了广告内容的监管难度;二是作为未成年人发布的广告内容,其广告发布者的身份与权责等相关问题都与成年人的广告行为不同,也增加了权责认定的难度。

2. 未成年人的信息判断能力较低,难以正确辨识广告

许多未成年人在身心上并不成熟,他们缺乏接受营销信息的经验和判断,同时又善于模仿媒介内容与行为,因而很容易对广告上的产品及信息产生兴趣和购买意愿。当前未成年人诱导广告的表现形式已经越来越多样化,广告主会通过植入式广告和游戏式广告等多种未成年人易于接受的形式,使其在进行游戏娱乐的同时潜移默化地接受广告信息。

未成年人群体是一个数量庞大的特殊群体,我国目前对于面向未成年人的广告监管主要是通过政府规制来实现,但是在这方面的广告立法层次还远远不足,还需要针对面向未成年人商品的特殊领域和特定种类作出更为具体的规定。① 英国针对未成年人群体的广告监管除了政府规制外,还有市场自我规制组织及监督体系,完成针对未成年人群体的广告规范,保护其免受误导广告侵害;美国早在 1974 年就成立了儿童广告审查部门（The

---

① 参见吴笑雯:《中英美关于儿童商业广告的管制分析》,《国际商贸》2017 年第 5 期,第 61 页。

Children's Advertising Review Unit,CARU),该组织针对儿童广告的表现形式、播放时长以及广告内容等都做了细致的规定,并提出一些广告主和发布者都自愿遵守的建议;还有一些欧洲国家也有市场自发形成的组织或行业内自愿遵守的自我规制建议来规范儿童广告行业。我国除了加强面向未成年人群体广告的政府规制外,也应该加强行业主体对自我规制管理,保护青少年群体的身心健康发展,免受各种误导广告的侵害。

综上,我们可以发现,当前我国互联网广告行业在快速发展过程中存在诸多失范问题,多种多样、形式各异的失范行为具体表现在整个互联网广告生产、流通与传播过程中。究其原因,主要是由于广告行业过分追求经济利益而忽视社会利益、从业人员缺少对传播规律的正确认识、技术的"推波助澜"以及相关法律法规不健全等。互联网广告失范行为的频发不仅给用户的合法权益带来直接损害,从长远的角度看,也会给广告主带来巨大损失,甚至会为我国互联网广告媒介平台、互联网广告行业以及社会经济运行和文化氛围蒙上一层"阴影"。

与传统的广告相比,互联网广告的形式和内容的更新速度远快于法律法规的修改和政府部门的事后监管。这就需要互联网广告行业主体在国家工商行政管理总局的统领下,在法律法规的支撑条件下,发挥行业协会、网络平台、广告主以及互联网广告公司等行业主体的自我规制作用,构建互联网广告行业自我规制体系,在信任机制和协调机制的基础上,形成一定的行业共识与标准,配合政府规制的有效执行,形成行业主体与政府监管机构的有效沟通,提高互联网广告规制效果,促进形成良性健康的行业生态环境,实现行业利益与社会利益的有机统一,经济效益与社会效益的动态平衡。

第五章　中国互联网广告行业自我规制体系建构与实践路径

第二章论述了自我规制对于互联网广告行业的适用性问题,在广告产业较为发达的美国、英国、日本等国家,都较早建立了广告自我规制体系,并将传统广告自我规制理念与实践延续至互联网广告领域,互联网广告行业的自我规制实践也成为国际上关注的一种趋向。但是正如世界银行全球信息与通信技术部发布的一份报告指出,各个国家因有不同的政治经济特征和制度环境,并且技术本身也是不断演进的,因此现实中不存在普遍适用或全球统一的解决方案,每个国家会形成独特的政策选择、法律与规制框架。① 任何规制框架与发展模式的选择都应该与各国的具体条件相适应,那么,在中国当前的数字媒体环境下如何借鉴海外经验,构建适合我国国情的互联网广告行业自我规制框架,就成为一个既重要而又特别的议题。

第一节　互联网广告自我规制管理
体系的构成与框架

中国互联网广告规制最大的问题是沿用"泛行政化"的广告管理体制,造成体制不顺和管理缺位,《广告法》虽然将互联网广告纳入法律规范范畴,但对具体的互联网广告行为规范、监管、处罚仍不够清晰、准确。互联网

---

① Singh R., Raja S., *Convergence in Information and Communication Technology: Strategic and Regulatory Considerations*, World Bank Publications, 2010, p.6.

广告独有的数字性、互动性以及可链接性等特征,使得实际运作中出现的许多新问题无法用现有的法律法规来解决;社会舆论监督管理虽日益发挥重要作用,但往往多作用于事后监督。基于此,本章基于海外实践经验的考察,面向中国实际,以规制理论为基础,结合我国互联网广告市场现实条件,提出我国应构建完善的互联网广告行业自我规制管理体系,并对其框架构成与实践路径提出建议。

一、互联网时代中国广告规制模式的转型

通常情况下,学界和业界提到广告规制(Advertising Regulation)大多是指政府主管部门通过法律、行政约束等多种方式对违法广告行为采取纠偏措施,使广告活动主体在法制化轨道内运行的管理方式。一般意义上的广告规制大多是从政府规制的视角进行阐释的,在很多地方广告规制又被称为广告监管。

在我国依托《广告法》形成了典型的以国家法律、法规为主的政府主导型广告规制模式,这种广告规制模式虽然也强调行业自律和社会监督,但自律仅是促使行业遵守法律法规。[1] 尽管这种广告规制体制在实际运作中存在着某些问题,但却是我国经济转型时期、市场经济发育不健全的现实状况下的必然选择。[2] 在这种传统的政府主导型广告规制模式下,行业组织和社会个体采取的行动相对有限。在传统媒体时代,这种广告规制模式是有效的,但是伴随着互联网媒体的快速发展,这种传统的广告规制模式与规制理念就受到了多方面冲击。[3]

(一)基于大众媒体环境所形成的传统广告规制模式

我国《广告法》于1994年颁布,而我国第一则互联网广告于1997年才开始出现,当时的广告规制体制和规制工具主要针对电视、广播、报纸、杂志

---

[1]　参见范志国、殷国华:《构建中国广告监管长效机制》,《广告人》2011年第9期,第117页。

[2]　参见张金海:《我国广告监管体制的合理性建构》,《现代广告》2016年夏季学术刊。

[3]　参见窦锋昌:《新〈广告法〉的规制效果与规制模式转型研究——基于45起典型违法广告的分析》,《新闻大学》2018年第5期,第114页。

等传统广告媒体而创设。在传统媒体时代,广告发布者主要就是这些有限的媒体平台,广告规制处于相对简化的状态,主要由行政主管部门负责主动执法,当遇到棘手问题时就会加大执法力量。在规制法的理论体系中,这种模式属于典型的由行政机关主导的"命令—控制"模式,其作用原理主要是政府将广告活动主体纳入法律管控范围,并由主管行政机关主动实施这一决定。① 这种广告规制模式在传统媒体时代发挥了重要作用。但在互联网时代,新的媒介环境和产业格局正在滋生和培育更多新的广告形态,各类竞价排名广告、社交媒体软文广告、信息流广告与定向投放广告已融入人们的生活,广告与媒介内容的边界变得模糊不清。我国于 2015 年修订的《广告法》虽然增加了对互联网广告的监管条款,规定互联网广告"适用本法的各项规定",但其中除了对网络弹出式广告做了特别规定外,并未对种种新型广告样态设计行为规范与权责界定,难以全面回应互联网广告的规制需求。

同时,智能算法技术和程序化购买所引发的广告产业链变革,使广告传播主体变得更为复杂化,每个互联网用户都可以是潜在的广告投放主体。在程序化广告运作流程中,广告主或代理方等主体会通过 DSP 需求方平台提出广告投放需求,广告交易平台提供媒体资源并将其放入 SSP 供应方平台,然后通过实时竞价 RTB(Real Time Bidding)的方式将需求方平台和供应方平台相连接,其中数据支持和数据回传则是由 DMP 数据管理平台实现。程序化购买已经颠覆了传统的广告产业链,形成了一个由行业多主体参与的复杂广告产业网络,互联网广告的表现形态和运作模式均发生了结构性变化。这也使得依靠政府主管部门主动实施行政监管的传统广告规制模式面临第一章所述的形态复杂界定难、主体泛化辨别难、即时传播取证难、方式隐蔽识别难、管辖权限确定难以及信息、成本与滞后性等难题。

因而,互联网广告规制不能仅仅是机械照搬传统广告规制模式。我国以电视、广播、报纸为代表的传统媒体,其核心职能是作为新闻传播媒介和政治舆论平台。而互联网媒体则不同,其自诞生之初就具有很强的商业化

---

① Logue,Kyle D.,"Coordinating Sanctions In Tort",*Cardozo Law Review*,31(6),2010,pp. 2313-2325.

气息,除政府机关和公益机构的网站外,许多互联网媒体平台都属于商业性媒体,如果按照传统广告规制的"主体—行为—责任"逻辑,所有网络运营者将动辄承担极高的连带责任与审核义务,极易陷入过度规制的风险,抑制网络技术投资及产业发展。并且市场规制手段本身也存在风险,政府规制和其他规制手段一样,有时也会失灵,只是由于受到"公权万能假设"的影响,规制失灵往往没有被充分认识。① 由于互联网广告行业的专业技术壁垒,完全依靠政府主管部门依据《广告法》主动实施行政监管,许多具体的行业问题就容易面临规制不足与过度规制的双重风险。因此,制度上不能完全照搬基于大众传播媒介环境建立起来的传统广告规制模式,必须按照互联网广告自身独特的规律和技术特点,以全新的规范逻辑和规制手段应对互联网广告行业市场的快速发展。

(二)建构符合互联网广告规律的广告规制模式

互联网广告具有即时传播、多元主体参与、高技术含量的特点和规律,由于专业技术壁垒和行业经验缺乏,政府部门主导的传统广告规制方式难以有效管控瞬息万变的互联网广告。② 一般规制理论认为,在广告规制的选择上,政府规制并不一定是最优策略,规制既是解决问题的技术性方法,但也可能破坏行业自主发展。③ 因此,互联网广告规制应该改变政府单一监管的传统规制理念,通过理念创新和制度重构,充分调动行业主体的参与和潜能,充分发挥行业多元主体的权力、技术和专业优势,构建一种由政府协调督促,行业主体发挥自我规制主导作用,并由社会力量协同监督的共同规制模式。

如本书第二章所述,在广告业,美国、英国、日本等国家均选择了自我规制路径。美国的广告规制经验表明,只有5%的违法广告案件最终会进入政府规制机构,其他都在行业自我规制组织内部得以解决。④ 在美国,相比

① 参见邓刚:《侵权之诉还是政府干预》,《现代法学》2002年第1期,第80—82页。

② 参见宋亚辉:《互联网广告规制模式的转型》,《中国市场监管研究》2019年第2期,第23—28页。

③ 参见[美]罗伯特·鲍德温:《牛津规制手册》,宋华琳等译,上海三联书店2017年版,第4页。

④ Edelstein Jeffrey S., "Self-Regulation of Advertising: An Alternative to Litigation and Government Action", *IDEA: The Journal of Law and Technology*, 43(3), 2003, pp.509-543.

于传统媒体广告,互联网广告也更加依赖行业自我规制,但自我规制并不等于完全自治,有效的自我规制也是有严格的前提条件的。一般而言,政府规制机构会起到提供法律保障与合规指引的支撑作用,确保规制目标的实现,政府规制作为支撑也可以克服行业自我规制的执行不力问题。① 例如美国政府规制机构会通过事前发布警告信、指南或政策声明等形式为广告市场主体提供合规指引。2002 年美国联邦贸易委员会发出公开信,要求搜索引擎服务商执行披露规则,还专门针对儿童在线广告发布"自我规制指南",旨在充分调动互联网媒体和行业自我规制组织的积极性,辅助政府规制。行业自我规制组织无法处理的广告案件才会移交联邦贸易委员会裁决,一旦进入其诉讼程序,当事人可能面临"以日计罚"的高昂民事罚金。② 这会对行业自我规制提供合规指引和威慑机制。英国通信管理局(Ofcom)从2004 年起,把原来由其承担的广告监管工作交由独立的广告规制机构执行,而英国通信管理局的职责便是对广告标准的更改行使审批决定权。③

正如奥地利学者娜塔莎·贾斯特(Natascha Just)和迈克尔·拉泽(Michael Latzer)所言,全球化与急剧变化的科学技术加重了政府规制的危机感,在此条件推动下,来自产业方面的力量在规制过程中的作用越来越大,因此行业自我规制将作为政府规制的补偿性方式,发挥越来越重要的作用。④ 规制理论认为,规制任务从政府向企业的转移必须伴随着可归责性的设置,政府在行业自我规制过程中应进行调控或激励,有学者称这种规制体制为"政府监督下的自我规制",⑤ 学界也称之为元规制(meta-

---

① 参见宋亚辉:《竞价排名广告规制的转型:从政府规制到受监督的自我规制》,《中国市场监管研究》2018 年第 4 期,第 40—47 页。

② Smith,Tyson,"Googling a Trademark:A Comparative Look at Keyword Use in Internet Advertising",*Texas International Law Journal*,46(1),2010,pp.231–256.

③ 参见张文峰:《走向治理:媒介融合背景下西方传媒规制理性与实践》,西南交通大学出版社 2015 年版,第 152—153 页。

④ Natascha Just,Michael Latzer,"Self-and co-regulation in the mediamatics sector:European community(EC). Strategies and contributions towards a transformed statehood",*Knowledge Technology & Policy:The international journal of knowledge transfer and utilization*,17(2),2004,pp. 38–62.

⑤ Weiser Philip J.,"Future of Internet Regulation",*U.C.Davis Law Review*,2009(43),pp. 529–590.

regulation)。元规制意指对自我规制进行观察与调控,其基本形式是政府部门或规制机构对自我规制体系进行观察,在此基础上认为成果基本满意或进行干预,这种干预并非直接而为,而是对自我规制进行调控或激励,令其制定更严格的规则或采用更有效的执行机制。在这种规制模式下,国家能够确保公共目标的实现,同时成本更低,技术专业性更高,企业接受度也更高。[1]

基于此,本书认为我国互联网广告行业应该在政府规制的支撑作用下,同时辅助以社会舆论监督的力量,建立起一套完善的行业自我规制管理体系。政府以及互联网广告行业主体应该调整其在规制过程中的固有角色和定位,政府应从广告规制的前后两端入手,提供事前合规指引和事后归责框架,并形成行业主体的责任威慑机制,推动督促建立完善的互联网广告行业自我规制管理体系,促进互联网媒体平台、广告主、代理机构以及第三方技术公司等多元行业主体共同参与行业自我规制与管理,包括针对不同技术类型的互联网广告制定自我规制审查指南或操作规程,细化并完善互联网信息服务商的广告审查标准等,使之适应互联网环境的不断变化。

二、互联网广告自我规制体系的构成与框架

如本书第二章所述,自我规制管理更适合互联网广告领域,因为最理解行业规制和操作的不是政府工作人员,而是行业实践操作者和执行者;另外在这种动态系统的语境中,自我规制的处理过程更适应行业变化,也不容易抑制创新。本书以规制理论为依据,结合国际实践经验与国内现实状况,提出我国互联网广告自我规制体系的构成框架设想与预判,并从规制主体、规制内容、规制方式与规制目标等维度探究我国互联网广告行业自我规制体系运行框架(参见图5-1),以期增强互联网广告行业自我约束、自我规范的意识与能力,发挥行业自我规制的重要作用。

---

① 参见[英]科林·斯科特:《规制、治理与法律:前沿问题研究》,安永康译,清华大学出版社2018年版,第5—6页。

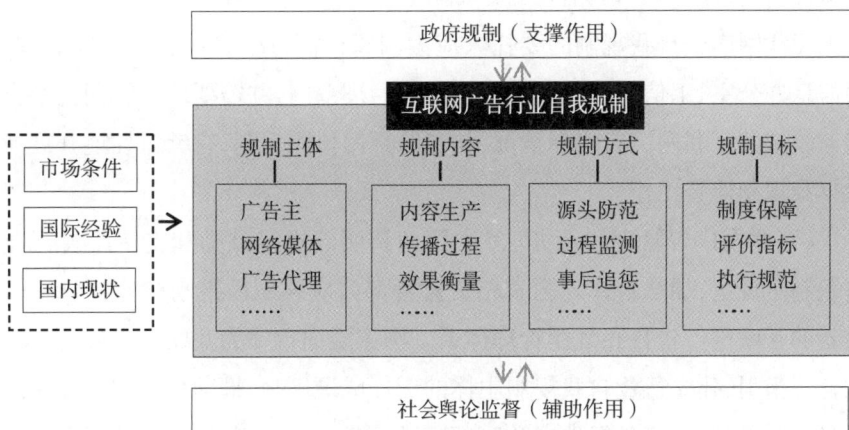

图 5-1　互联网广告行业自我规制体系框架

（一）自我规制主体的职责与定位

1. 自我规制主体的委托机构

20 世纪 80 年代激励性规制实践在欧美等西方国家得到广泛应用,拉丰和泰勒尔(Laffont and Tirole)等学者将激励理论和博弈论应用于规制经济学中激励规制理论。激励规制理论的基本框架是建立一个委托—代理模型,其中委托人是国家或规制机构,它们在激励性约束下进行社会福利的最大化,代理人是被规制的企业,它们的行业信息优势和策略性行为形成了激励性约束。[①] 依据激励规制理论的委托—代理模型,我国互联网广告自我规制的委托人应为政府相关管理部门。依据我国《广告法》的规定,国家工商行政管理总局是广告监督的管理机构;由于互联网广告主要借助于互联网媒体平台和移动互联网进行传播,同时也受到国家网络安全和信息化领导部门的监管。2014 年国务院重新组建"国家互联网信息办公室",主要负责互联网内容的传播规制。网信办成立之初就会同工信部和国家工商行政管理总局启动"整治网络弹窗"专项行动;在 2016 年 5 月,网信办还会同国家工商行政管理总局、国家卫生计生委和北京市相关部门联合调查"魏则

---

① 参见高萍、靳军会:《对剩余增量补贴方案的拓展性研究》,《西北大学学报(哲学社会科学版)》2008 年第 6 期,第 111—113 页。

西事件"。互联网广告具有广告层面和互联网传播层面的双重属性,因此,我国互联网广告自我规制的委托人应为国家工商行政管理总局、国家互联网信息办公室、工信部以及各级政府相关管理部门,并需要结合不同技术类别与领域的互联网广告实际情况,构建跨部门协同机制,有针对性地开展行业自我规制监督工作。

《互联网广告管理暂行办法》中第四条明确规定鼓励和支持广告行业组织制定规范,加强自律。国家相关监管部门应该积极推动行业建立一套完善的互联网广告自我规制管理体系。国家层面重在为互联网广告行业提供合规指引,建立行业自我规制主体的责任威慑机制,推动行业制定统一的自我规制准则,并由各级地方政府部门进行公正监督,具体审核各行业主体的自我规制执行规范以及充分性等问题。

2.互联网广告行业自我规制主体的复杂性

在互联网广告自我规制行为中,自我规制主体变得更为复杂。2015 年修订的《广告法》对传统三分式广告主体进行了补充,其中第二条规定商品经营者或者服务者通过一定媒介和形式直接或者间接地介绍自己所推销的商品或者服务的商业广告都适用。《广告法》明确了互联网广告行为主体的身份界定,广告主通常是指委托他人制作或发布广告的法人或组织,广告经营者一般指接受委托提供广告服务法人或组织。按照广告法规定,为广告主提供设计、服务的广告代理公司、公关公司以及一些第三方技术公司等机构、组织或个人都是广告经营者,也是互联网广告的行为主体。广告发布者主要是指为广告主发布广告的自然人、法人或者其他组织。2015 年修订的《广告法》首次确认了自然人作为广告发布者的合法身份,按照广告法规定,个人作为广告发布者也应遵守广告法的相关规定,也是互联网广告的行为主体。《广告法》中还增加了对广告代言人的主体身份认定。

另外,《互联网广告监督管理暂行办法》第五条中,对于一个广告主体多角色的情况也做了明确说明,规定"广告主、广告经营者、广告代言人、互联网信息服务提供者同时为互联网广告发布者"。特别是 2016 年 7 月国家工商行政管理总局通过的《互联网广告管理暂行办法》,紧随互联网广告的实践发展,对互联网程序化广告购买过程中的行为主体做了明确规定,其第十四条规定广告需求方平台的经营者是互联网广告发布者和广告经营者。按照这些规制文件，我国互联网广告行业的自我规制主体应为广告主、广告代理公司以及互联网公关公司等广告经营者、网络媒体平台、第三方技术公司以及发布广告的自媒体机构与个人等，这些行为主体均负有自我规制义务与责任。

3. 自我规制主体的职责与定位

美国社会学家科尔曼认为宏观层面的问题最终还是要还原到个体行动的层面来进行解释，国家政府机构制定的法律法规与合规指引最终还是要靠行业自我规制主体的自觉遵守与执行。

（1）广告主在互联网广告领域的规制自觉与责任

广告主在广告的信息传播流程中，扮演着重要角色，具有统帅和前导的主体地位。如果广告主对于互联网广告市场中出现的各种失范现象置之不理，将可能直接影响全行业的健康发展。2018年10月我国车企行业内就爆出一则黑公关事件，事件的发酵从最初的一张微信群聊截图开始，展示了吉利汽车公关群内部关于雇水军抹黑其他品牌的交易记录，其中包括了具体操作方式及报价。随后长城汽车官宣称某品牌长期雇佣水军恶意攻击长城汽车品牌，之后又有奇瑞汽车、陆风汽车也借机发声要坚决抵制黑公关。其实在我国车企行业发展中互相攻击的事实发生已久，只是这场四家车企纷纷发声的黑公关事件被曝光在了公众眼前。这场事件让我们清晰地认识到，如果将互相攻击的黑公关作为中国汽车行业内斗、竞争的手段，不仅会将消费者与口碑混乱的国内汽车品牌疏离，还可能影响到中国汽车民族品牌的整体市场。这次事件之后，长城汽车、奇瑞汽车、比亚迪汽车、东风风神、华晨汽车、陆风汽车、宝沃汽车、东南汽车8家汽车企业自发成立中国汽车行业自律联盟，共同抵制行业出现的黑公关现象。联盟制定了共同的行动纲领，呼吁中国汽车企业全面自律自查，共同维护中国汽车行业的舆论环境，并加强与政府、行业机构以及执法机关的沟通汇报，建立消费者举报渠道，同时邀请权威媒体加入联盟行使监督权力，联盟企业将以切实行动保护行业秩序和消费者权益，共同发声、一致谴责顽劣的黑公关和黑媒体。

广告主在广告行业内部自发建立联盟进行自我规制，更有利于广告主针对该领域中确实存在的突出问题群策群力,充分发挥其专业能力。自发组建联盟既是维护行业利益的体现,也是其社会责任感的展现,由此可以看出,广告主其实有动力加强对互联网广告领域的自我规制,并正在形成一定的规制自觉。企业自我规制作为一种由内而外的主动性力量,一旦被激发出来,往往比政府强制性规制效果更显著。① 基于道德的自我规制是约束广告主市场行为的重要因素,也是赢得消费者信任、履行社会责任的重要推动力量。

(2)互联网媒体平台的资源把控与管理职责

互联网媒体平台和传统媒体一样具有"把关人"的特点,区别在于互联网媒体平台可以凭借新兴技术更好地进行媒体资源把控,不仅可以即时删除违规广告,限制违规广告主体使用权限,还可以通过出台各种广告发布规范来约束各类广告主体的行为并帮助其形成规范化操作习惯,承担起网络媒体平台的社会责任。一般而言,互联网媒体平台是广告主的利益相关体,存在共存共荣的关系,在广告发布上也要承担一定的连带责任,不规范的广告行为会使互联网媒体平台形象遭受不良影响,因此出于理性选择的需求,我国许多互联网媒体平台都开始强化自我规制意识,收紧对广告传播的控制与管理权。

伴随互联网媒体的快速发展,我国互联网广告投放平台日益多样化,网络视频平台、新闻客户端、搜索引擎平台以及各类社交媒体平台都成为广告投放的重要载体。随着互联网广告的日益兴盛与发展,这些互联网媒体平台也应需而变,纷纷颁布适合平台自身特性及问题的广告规范与自律条例,对于规范我国互联网广告行业的健康发展具有积极促进作用。平台运营者所发布的这些规章制度对于互联网广告实践会形成一种内在约束力,也是我国互联网媒体平台践行社会责任、推进行业自我规制的探索体现。如我国互联网媒体平台新浪公布有《新浪 feed 广告审核执行规范》《新浪网广告发布通用条款》《微博粉丝通广告创意规范及管理办法》《新浪微博话题管

---

① 参见孟茹、查灿长:《新媒体广告规制研究》,南京大学出版社 2018 年版,第 248—249 页。

理规定》《新浪微博社区公约》《新浪微博违规行为处罚条例》等多项管理条例,对互联网广告行为主体进行合规约束。互联网媒体平台网易发布《网易行为定向广告手册》,搜狐平台发布《搜狐媒体平台自营广告规范》,知乎平台发布《社区管理规定》,专门制定关于垃圾广告信息的管理细则。腾讯平台发布《腾讯广告素材审核规范》《微信公众平台运营规范》以及《腾讯广告平台广告主违规处罚条例》等管理规范,进一步明确在广点通系统以及微信平台广告系统中的广告行为规范,并依据违规情节对广告责任主体采取相应的处罚措施。还有互联网电子商务平台京东发布《京准通数字广告素材审核规范》《京东广告审查注意事项指引》《京东平台广告投放规则》《京东商品标题规则及广告词发布规范》《京东违规虚假宣传的全新解读及解决办法》等准则,以约束在京准通平台签约的广告主,规范其广告投放行为。

表 5-1　《腾讯广告平台广告主违规处罚条例》节选

分类		违规场景	违规级别	处罚措施
广告法明确禁止宣传的行业与商品	1	推广含有恐怖、暴力、涉政、枪支弹药、毒品等违法违规的信息	一级违规	封停账户+罚没返货返点+罚没广告费
	2	推广腾讯广告平台禁止发布的特定医疗保健服务相关广告(如尖锐湿疣、梅毒、淋病、软下疳、银屑病、艾滋病、恶性肿瘤、癫痫、乙型肝炎、白癜风、红斑狼疮或前述疾病的专业性术语,如乙型肝炎的专业术语,包括 HBV、大三阳、小三阳转阴、两对半等,具体以腾讯广告平台规定为准)		
	3	推广淫秽、色情、违法违规或违反腾讯广告平台政策的成人用品(迷情香水、迷魂药、壮阳药物、壮阳保健等)的内容或包含色情信息(如色情图片、色情服务、色情视频等)		
	4	推广介绍赌博技术、赌博场所、赌博产品及服务等,如赌博会所、赌场、棋牌赌博、上分下分、博彩 APP 等		
	5	推广售卖国家保护动植物相关产品		
	6	推广虚假代办业务(如代开发票、偷税漏税或虚假证照买卖等不合法业务)		

续表

分类		违规场景	违规级别	处罚措施
对消费者的人身安全及财产安全造成伤害的违规产业及商品	1	利用网络兼职、网络钟点工、网络小时工、在家办公、刷单、刷钻、刷粉、免费送（如骗取邮费，欺诈）等形式，推广涉嫌传销、网络骗局、诈骗信息		
	2	推广泄露、买卖个人信息或企业商业秘密（如个人\企业信息买卖、盗用等行为）		
	3	被监管部门认定存在夸大、过度承诺效果或存在其他任何违法违规情况，损害消费者合法权益，或给腾讯广告平台品牌造成恶劣影响，或给流量供应方及其他任何主体造成损失		
	4	推广虚假信用卡办理/代办业务		
	5	推广恶意扣费产品或含有、传播病毒的不当软件等		
	6	推广私家侦探、非法取证等非法业务		
	7	推广偷拍、迷你、针孔摄像机/录音机等录音录像设备、产品或服务		
	8	被用户/媒体投诉且切实存在违规行为，损害消费者合法权益，或给腾讯广告平台品牌造成恶劣影响，或给流量供应方及其他任何主体造成损失		
违反腾讯广告平台基础要求	1	在广告业务合作过程中提交虚假资质（如法人身份证、营业执照等）	二级违规	暂时或永久冻结账户＋罚没广告费（注：若出现恶意违规，则直接上升为一级违规，启用对应的违规处罚）
	2	在微信公众平台广告系统有一级违规行为的账户		
	3	推广未经许可的互联网彩票业务、秘籍		
	4	推广假冒伪劣品牌商品，包括但不限于以低价、低折扣售卖山寨品牌服饰、名表、手机、皮带、鞋类、饰品、箱包等，如贵州茅台、飞天茅台、拉菲红酒等		
	5	推广封建迷信内容，如风水、算命、改命、改运等涉及封建迷信的商品、服务		
	6	推广股票配资（借钱炒股、配资炒股）、杠杆、股权转让、个股推荐等禁投信息		
	7	推广贵金属、石油衍生品（原油、重油、沥青等）产品或业务		

续表

分类		违规场景	违规级别	处罚措施
	8	推广校园贷、学生贷、首付贷等相关产品或服务		
	9	推广内容中,直接或间接冒充知名媒体,或使人产生误解,如使用知名媒体直播背景、图标等作为广告背景等		
	10	推广具有增高、美乳、去体味功效的产品		
	11	推广 POS 机售卖、免费送等相关产品或服务		
	12	推广一元云购或一元夺宝模式产品或业务		
	13	推广信息存在诱导关注(关注个人微信公众号、QQ 号、QQ 群、加个人微信等)		
	14	推广海外禁投业务(如金融投资、投资移民、资产转让、海外产子等)		
	15	推广不符合行业资质要求的产品或服务		
	16	风险特征与历史封停记录高度吻合的风险账户		
	17	开户或素材阶段发现反复恶意提交审核,如账号/素材被驳回后未经任何修改反复多次提交再次审核		
	18	因域名过期导致页面内容变更为一级违规行为内提及的场景		
	19	违反广告主承诺函,使用未授权的自然人肖像进行广告投放		
违反腾讯广告平台的体验及流量特殊要求	1	违反《腾讯广台平台广告审核规范》	三级违规	拒绝违规广告
	2	推广违反公序良俗的信息内容,情节较为轻微的		
	3	关于商品的性能、功能、产地、用途、质量、成分、价格、生产者、有效期限、允诺等或者对服务的内容、提供者、形式、质量、价格、允诺等与商品、服务有关的信息存在不实陈述,情节较为轻微的(直营电商客户适用于附录直营电商处罚规则)		
	4	推广文案、描述或素材存在直接或隐晦的不良诱导、性暗示等不当内容(擦边色情,涉及色情诱导点击或相关的标题党,按照色情处罚)		
	5	提交伪造虚假行业资质或投放资质(包含且不限于使用无效过期资质等行为)		拒绝违规账户

注:其他违规情况,腾讯广告平台有权根据相关法律法规及合作协议的约定,给予相应处罚。

这些互联网媒体平台的广告管理规范与自律条例大都设置得十分详细而全面,如表5-1《腾讯广告平台广告主违规处罚条例》(节选)所示,平台自律涵盖了互联网广告行为的各个方面,进行全方位的广告违规行为约束。在网络经济时代,互联网媒体平台的角色与职能也应进行相应的调整与转换。尤其是一些大型的互联网平台,它们不仅仅是单纯的被监管者,还是巨大的信息枢纽、交易平台和创新平台,应该进一步加强行业主体的自我规制责任和意识。互联网媒体平台自身所处的信息枢纽地位,也决定了其在互联网广告市场规制领域的重要作用,其所具有的技术优势、信息优势以及成本优势可以弥补单一政府规制的滞后性。未来应进一步通过激励机制充分调动并利用互联网媒体平台的技术和信息优势,辅助我国互联网广告自我规制工具的落实。

(3)第三方技术公司的自我规制职责与制约力量

除了广告主与互联网媒体平台外,互联网广告行业另外一类重要的自我规制主体就是一些第三方技术公司。因为互联网广告的技术性需求,使得市场中快速崛起一些第三方垂直机构与技术支持公司,它们也是互联网广告行业的行为主体,也可以为市场的健康发展贡献重要力量。第三方技术公司发挥自我规制作用,可以对相关利益主体在广告运作过程中使用的投放方式和内容形成强有力的约束,以防止因缺乏监督而产生的违法行为和不良现象。当前我国主要的第三方监测平台包括秒针系统、精硕科技、国双等。

第三方监测平台在利用技术手段有效实施投放管控的同时,参与一些互联网广告行业标准的制定,对行业乱象可以起到一定预警作用,对行业主体自我规制提供依据。2018年我国第三方营销数据技术公司精硕科技(AdMaster)推出OOH解决方案,以实现户外广告全时段、全量的数字化监测。平均五分钟一次的定位获取,实现对移动设备全部路径的准确还原,并将其监测体系"Mearsurement"进行升级,实现事前预测、事中优化、事后评估,全方位、全链路的数字营销监测,有效避免广告资源的浪费和虚假流量。2019年1月,MMA中国广告标准委员会就指派专业数据研究机构——国双数据中心担任组长,第三方数据营销技术公司北京秒针信息咨询有限公司等担任副组长,同时联合欢网、尼尔森、银联智惠等多家成员企业,共同制定了OTT广告监测标准——《MMA中国无线营销联盟OTT广告监测标准》,目的在于建立一个能够被行业多方采纳的基础统一的广告监测标准,从而促进市场的发展和提高消费者的广告接受度。2018年10月,中国广告协会牵头组织互联网业界共同参与制定的"中国数字媒体价值评估标准框架"在上海发布。标准的制定为数字广告行业带来了标准化的改革。这些第三方技术公司通过参与制定行业自我规制监测标准,让行业内部的环境治理有所依据,有所依凭,为业界的治理规范树立了风向标。

在制定标准维护消费者和广告主利益的同时,第三方技术公司还对行业情况进行定期数据统计和分析,发布多领域有深度的行业报告,为自我规制指明方向并提供数据依据。2016年,中国程序化购买DSP技术的服务商——品友互动,与群邑集团的全球性数字媒体平台Trading Desk Xaxis以及国际品牌安全公司Integral Ad Science(IAS)合作,经过半年时间,共同发布了中国第一部《数字广告反作弊最佳实践白皮书》,借助品友互动的反作弊技术,以Xaxis、IAS的相关客户作为实例依据,提出要利用程序化的技术反流量作弊,维护数字广告行业健康发展,提高互联网广告质量,给广告主提供最佳解决方案。在中国广告协会的支持下,国双在2019年3·15国际消费者权益日发布了《国内互联网广告无效流量白皮书》,指出组织力量制定行业标准,通过利用区块链等技术,共同打击流量黑产以提升互联网广告数据真实性的必要性,并制定了一套无效流量监测体系,可以进行广告数据的检验,同时结合网站数据异常监测,完整串联广告流量路径,识别出广告投放的异常情况。除此之外,国双还利用AI智能机器人自动发现复杂作弊特征,以此甄别一般的无效流量。与此同时,秒针系统也发布了一系列互联网广告行业的相关报告,以推动净化市场环境,维护行业健康稳定发展。2019年1月,腾讯灯塔联合秒针系统共同发布了《2018广告反欺诈白皮书》,对数字广告作弊整体现状和作弊的技术构成进行了全方位的剖析,并提出了反广告作弊行为的解决方案与建议。

通过发布报告的形式,第三方监测平台有力地推动了行业的自我规制环境,为广告主、各大联盟组织以及广告协会对当前时局和行业现状的把握提供数据参考,使消费者对当前互联网广告行业的问题和治理现状有清晰的认知,为下一步行业环境治理的方向提供指引。第三方技术公司已经成为互联网广告行业自我规制不可或缺的力量,在其协助下,广告主在和第三方监管平台的合作中能够实时查看投入的有效流量并制定合理的投资方案,同时也为消费者的个人信息安全加上了一道屏障。

(二)互联网广告行业自我规制的内容涵盖

规制内容是互联网广告行业自我规制体系的重要组成部分,互联网广告行业自我规制内容主可以从广告内容生产层面、广告传播过程以及广告效果衡量层面展开,自我规制内容的重点和难点应在于对互联网广告全产业链运作过程中失范行为的自我规制与管理。

1.互联网广告内容生产层面的自我规制

内容生产层面的自我规制主要涉及对互联网广告内容生产环节中各种失范行为的自我规制,如互联网虚假广告、低俗广告等都属于广告内容层面的问题,各行业主体需要在广告内容制作过程中加强自我规制意识,避免制作违规及不良导向的广告内容。

(1)建立广告内容审查机制,进行广告内容深度把控

互联网广告市场目前正在向专业化、差异化的市场细分演进,逐步摆脱了野蛮生长状态。建立内容审查机制可以使广告主体对自身互联网广告管理更加专业化、导向化,具有更强的针对性和目的性。对于互联网平台也具有更为重要的现实意义,广告内容的审核如果不到位很可能衍生出新的传播问题,互联网媒体平台的广告内容审查机制可以给目前纷繁复杂的互联网广告市场一个"运行规则",使各方主体按照"运行规则"来运作。

广告内容审核是互联网平台内容审核机制中最复杂的一环,当前我国一些互联网媒体平台已经开始构建广告内容审核机制,如前文提到的腾讯建立全链路审核机制,确保广告内容的合法合规。除此之外,我国视频直播互动平台哔哩哔哩因拥有着大量未成年人用户粉丝,也在加强平台的广告内容审核,如严令禁止任何影响未成年人健康成长的广告内容;增加严禁在直播中出售、使用、分享游戏外挂、漏洞、辅助等相关内容;严禁主播通过各种途径诱导、教唆未成年人充值;严禁主播通过各种途径诱导、教唆未成年

人私下交易等广告信息;明确禁止针对未成年人的打赏;通过完善平台内部管理和内容审核机制,确保广告内容安全和平台运营的安全。同时,一些互联网媒体平台还特别注重宣传教育,在内容引导、信息安全、技术防范、充值付费以及反馈渠道等方面进行改进,做好未成年人保护。我国电商服务平台淘宝和京东则专门针对未成年群体在一些特殊领域的广告内容审核方面设立专项规定。淘宝平台宣布电子烟品牌不得将戒烟、清肺等违规广告宣传内容投放于店铺页面中,要求商家进行及时清理,不执行者平台会自动作出下架处理。京东平台同时上线未成年人禁止购买电子烟的身份验证系统,不仅在广告内容传播上禁止向未成年群体进行定向传播,同时会通过真实身份认证信息等方式有效防止未成年人购买电子烟。

（2）建立互联网广告违规内容的追责与投诉机制

互联网媒体平台的广告投放过程往往会涉及更多的角色,使广告主体的监管也变得更为复杂。尤其是电商服务平台在互联网广告发布中就扮演着多重角色,首先是电商平台自身需要对互联网广告进行自我审查和管理,承担起电商平台的广告责任。而入驻电商平台的这些商家在自己的店铺内发布广告,这时就具有广告主和广告发布者的双重身份,需要对广告的真实性等内容负责;电商平台这时仅仅是互联网信息服务提供者,所有广告责任由入驻商家自行承担。但是当入驻商家与电商平台签订广告推广协议,在全平台或首页指定位置发布广告时,入驻商家是广告主,电商平台就是广告发布者,由双方共同承担广告责任。还有一种情况是在自营模式下,电商平台直接向消费者销售商品,这时电商平台就同时扮演了广告主和广告发布者的角色,平台对自营店铺内的广告发布应当承担全部广告责任。因此,电商服务平台逐渐形成一种投诉与追责机制,一旦发现违规广告内容,会立即制止并保留证据向商家追责,报备有关部门。在广告内容审核环节中,加大对于酒类、医疗药品、保健食品等风险较高领域的广告审核,通过广告服务协议明确商家的广告主义务,从源头确保广告内容的真实性与合规性。阿里巴巴平台建立了一种广告内容处理和申诉流程,当出现违规违法广告,或者广告内容损害了消费者或其他商家的利益时,可以直接向平台进行投诉,平台会按照规定及时作出相应处理。

（3）推进"技术+人工"的智能内容审核模式应用

人工智能等新兴技术的发展，在降低互联网广告内容违规风险方面作出了巨大贡献。当前，除了互联网媒体巨头百度公司成立了 AI 技术+人工审核团队，应用"技术+人工"的审核模式外，还有许多互联网媒体平台都在广告内容审核方面加强了智能技术的应用。如新浪建立了 DSP 平台广告内容审核规范，并在移动端进行智媒的全链赋能探索，与中科院等科研机构深度合作，利用深度学习模型提升系统对敏感内容的过滤。建立端到端的智能审核机制。利用图像识别、深度学习、云技术等智能技术的审核模式可以提高广告内容的筛选效率，从图像、音频、文本等多种广告素材中鉴别出违规广告文案信息，进行高效的技术过滤。技术再辅助人工肉眼的审核，可以大大降低广告内容风险的出现，并逐渐帮助形成一种高效的互联网广告审核新秩序。

（4）基于用户行为对广告内容推荐流程进行多频管控

当前我国一些社交媒体平台，如搜狐号、百家号、头条号、企鹅号等平台也开始加强内容质量的严格把控，同时对平台的广告推广宣传也非常严谨。比如今日头条，其平台中的文章需要经过严格审核，才会进入推荐系统，在其机器算法中包含一个可被拦截的内容库，当进入审核流程的文章出现这些内容时，算法会自动识别并判定文章不合规。头条号上文章内容为推广某品牌或产品而出现大段内文铺垫的，均不会被推荐。企业为宣传产品特性而撰写的可读性强的文章内容，会由企业号或第三方自媒体作者发出，或使用"号外"功能推广。头条号针对含有商品信息的推广文章新增商品外链功能，在文章中插入链接图片，点击图片可以自动跳转到天猫、亚马逊、京东等外部链接，然后进入正常的广告审核环节。

除此之外，今日头条还加强了用户监督功能，基于用户行为对广告内容进行多频率管控，在用户监督基础上进一步加强对互联网广告内容的审查。还有问答社区知乎平台会通过主动清查以及用户举报的方式处理垃圾广告内容，并且根据发布次数和垃圾广告信息严重程度等情况采取禁言 1 天、7天、15 天或者永久禁言的处罚。各互联网媒体平台开放并加强用户监督功能，进行多频管控已经成为加强互联网广告内容审核的一种有力举措。

2.互联网广告传播过程的自我规制

互联网广告传播过程的自我规制主要针对在广告传播过程中产生的各种失范现象,如前文提到的互联网广告的强制性传播、"二跳广告"的违规操作、隐私泄露以及黑公关乱象等。

(1)完善互联网广告传播过程中的数据保护体系

针对互联网广告传播过程中的隐私泄露等问题,我国一些互联网媒体平台结合自身的数据保护实践经验和用户需求,逐步完善数据保护体系以预防用户隐私泄露。腾讯创立 PBD(Person Button Data)隐私保护方法论,以用户为中心,保障用户数据安全,给用户提供便利的信息管理功能。在遵循 PBD 隐私保护方法论的基础上,腾讯在产品研发、运营的各个环节中融入隐私保护理念,用户可以通过产品功能设置,实现对个人信息的控制力,做到"数据服务有温度"。比如,微信就设计了加好友验证、查看朋友圈范围等功能,让用户能便捷、高效地管理个人信息。另外,腾讯公司内部还研发了多款安全工具,开发多终端安全产品,为用户营造安全系数高、可信赖的在线环境。2016 年 7 月,腾讯在深圳建立国内首个互联网安全实验室矩阵——腾讯安全联合实验室,旗下涵盖反诈骗、反病毒和移动安全等七大实验室,专注安全技术研究及安全攻防体系搭建,针对云数据安全,构建了包括通过数审、数隐和数密等模块的一站式全流程保护体系,实现包括安全监控与安全防御在内的全方位数据防护。

(2)改善互联网广告传播过程中的用户体验

一些强制性广告展现形式很容易让网民产生抗拒心理,因而,互联网广告投放主体如何更好地提高用户的广告浏览体验,给消费者充分的广告浏览自由选择权,成为互联网广告主体自我规制内容需要考虑的一个现实议题。天猫平台为了更好地满足用户体验,在"双 11"促销过程中,通过红包的形式弹出广告,并且不会影响到用户的浏览行为,感兴趣的网民会自己去点击红包,然后出现"双 11"优惠信息的广告,以吸引用户好奇心的方式,改善弹出窗口广告的用户体验效果。网易参照治理垃圾短信的措施来加强对弹窗广告的自我规制,强调未经接收者同意或者请求,不得向其发送弹窗广告,接收者同意后又明确表示拒绝接收的,应当停止向其发送。① 今日头条平台则建立了风险提示系统,用户点击平台上发布的广告后,若需跳转到其站外页面,将会收到风险提示弹窗,经过用户点击确认后才会跳转页面,并通过人工智能技术不断强化违规广告的机器巡检力度,发现"二跳"违规广告,第一时间予以下线和查处。同时开放违法广告用户举报通道,并对有效举报给予奖励。

3.互联网广告效果衡量的自我规制

除了在广告内容生产层面、广告传播过程中,还有在互联网广告效果衡量方面存在的失范行为,也是互联网广告自我规制内容中的重要部分。

(1)构建互联网广告反作弊机制

互联网广告在效果衡量方面对相关数据流量的作弊行为,使诚信、公平、合理等商业道德受到挑战,更是违背了社会公德,不利于行业的良性健康发展。在这方面,我国一些互联网媒体平台主动承担起自我规制主体责任,在互联网广告反欺诈领域积累了一定的技术经验。如腾讯旗下公司"腾讯灯塔"建立了由终端特征识别、多模型组合、多产品验证的反作弊识别方案,并推出"灯塔智能反作弊引擎",采用终端识别技术和云端交叉验证相结合,利用 AI 技术建立起查模型、杀模型、验模型三管齐下的实时反作弊平台;基于庞大数量的终端用户画像,建立起六大维度上千张以上异常特征图谱,同时融合终端防伪技术和查、杀、验技术结构,提高互联网广告反作弊防范强度及精准识别度;通过与第三方技术公司秒针开展技术合作,共同成立广告反欺诈实验室,共同承担反流量欺诈的自我规制责任。第三方营销数据科技公司精硕科技则针对互联网广告行业推出全流程广告效果评估平台 Trakck Master,针对 OTT 领域推出广告流量反欺诈技术 Blue Air,以及视频广告反欺诈定投识别和监播实录等产品,对互联网广告数据造假进行实时监测。技术的研发是行业自我规制能力进步发展的重要动力,通过监测技术的不断升级,可以节省监测的时间成本和治理的成本,为广告主体在合理合法的区域内活动提供技术加持,是互联网广告行业自我规制中必不

---

① 参见龙跃梅:《"买买买"却遇广告"霸屏"斩断利益链条是防治关键》,《科技日报》2019 年 11 月 15 日。

可少的环节和重要支撑。

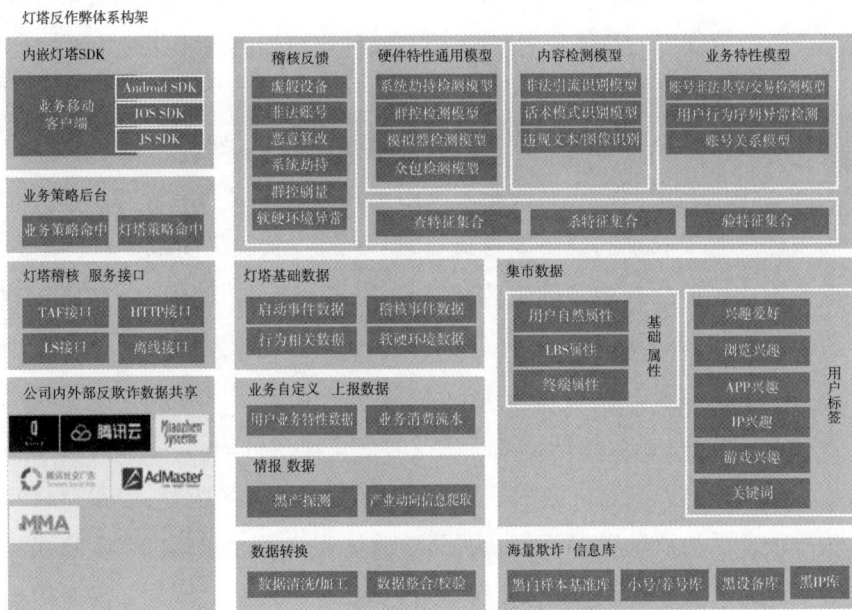

图 5-2　腾讯灯塔反作弊解决方案①

（2）多方协作构建效果监测自我规制共同体

由于互联网广告数据信息的实时动态更新,具有较强的技术性和隐蔽性,增加了广告效果监测环节对失范行为的辨别与监管难度。尽管国内已有不少互联网媒体平台采取了相应的自我规制措施,第三方监测机构也不断开发数据监测技术,但从综合效果看仍可谓任重道远。目前行业尚缺乏完善的互联网广告自我规制内容体系,行业各主体对自我规制的重视程度仍然欠缺,相较于政府规制,行业自我规制更符合互联网广告行业特点,能更快适应市场变化,付出的整体成本也小得多,管理过程更为动态。互联网广告效果监测方面的自我规制是一项系统工程,需要广告主、互联网媒体平台、第三方技术公司等多方主体共同参与,构建效果监测的自我规制共同体,发挥行业主体协同自律的整合效应,从源头避免各种失范行为的发生。

---

① 参见腾讯灯塔、秒针系统:《2018 广告反欺诈白皮书》,2019 年 1 月 21 日。

（三）互联网广告行业自我规制方式：全流程追溯

互联网广告行业自我规制主体应采取类型化自我规制思路，针对互联网广告各个流程中的具体失范问题，建立一种全流程追溯的自我规制方式。

1. 进行事前风险防范

互联网广告独有的数字性、互动性、可链接性以及动态化等特征，使得实际运作中出现的许多新问题无法用现有的法律法规来解决。各行业行为主体应基于长期利益自发地进行自我规制，从源头防范互联网广告传播流程中可能存在的各种失范问题，如互联网广告媒体平台方加强对广告投放主体的资质审核制度，并从广告内容层面加强投放前的审核机制等。依据受监督的自我规制理论，政府相关监管部门可以督促互联网广告行业建立专门的、具有相对独立性的自我规制机构，并要求其对互联网广告活动进行投放前的自我规制审查，提前进行风险防范，构建互联网广告投放前的风险防范制度更强调预防的重要性。这样可以在政府规制范畴内制定与技术相关的规则，找到用户、政府和行业主体各方都能接受的联合解决方案，以生成建立在更多社会责任与合法性基础上的创新和动态的自由。

2. 构建事后追惩制度

美国监管机构对于市场违规主体建立了严厉的事后追责制度，这也成为推动行业主体进行自我规制的重要推动力，因为一旦政府介入干预，可能产生阻碍行业发展的不良影响，因而基于长远利益考虑，他律不如自律。这里需要注意的是，除政府监管部门的监督外，市场机制的刺激和参与社群同样会带来规制压力。如果行业主体消极履行自我规制义务，则可能面临来自市场的惩罚以及社群的否定，使违规操作成本高昂。因而，政府监督并不一定是行业自我规制的唯一调控机制，政府可以尝试与行业组织、社群以及被规制主体等合作，以提高其自我规制效力，[①]并充分发挥行业内部的市场追惩效力，培育并形成行业自我规制的威慑力。

---

① 参见周汉华：《探索激励相容的个人数据治理之道——中国个人信息保护法的立法方向》，《法学研究》2018 年第 2 期，第 1—23 页。

3. 开展事中全流程监测

针对互联网广告的技术特性,互联网广告行业宜建立全流程动态监测机制,在广告内容生产、投放过程以及用户回馈等全过程进行动态的自我审查与管理,从事前、事中和事后全过程对各种违规行为加以自我规制。在整个广告操作中建立健全投诉机制,除了发挥同行业自我规制主体的相互监督作用,还可以借鉴澳大利亚广告业自我规制模式中采用的分类投诉机制,将竞争对手的投诉与公众投诉分类处理,提高广告操作流程中的自我规制效率。①

(四)互联网广告行业自我规制目标:建立健全制度保障与评估机制

互联网广告行业建立完善的自我规制管理体系应形成健全的自我规制管理制度保障,以及分类别的目标体系与执行规范的评估机制。

1. 健全自我规制管理的制度保障

一个行业具备完善的自我规制管理体系应形成相应的制度保障,其中包括资金的支持、自我规制体系的透明度与责任性保障以及自我规制程序的科学性与可行性等。其中资金是一个完善的行业自我规制体系得以运行的关键基础,资金来源的稳定性和数量影响着自我规制体系的正常运转,也是专业化自我规制组织独立性和自主性的重要保障。澳大利亚广告业的自我规制体系具有相对稳定的资金来源,主要采取行业主体志愿式融资的方式,从志愿参与主体的收入中收取一定比例的费用。②志愿式融资可以保障稳定的资金支持,但同时需要注意的是当提供资金的行业主体违反规范时的行业组织处理,这就要求自我规制程序的公开性与透明性,需要引入第三方监督机构,以及时发现体系内部问题并提高其信誉和在社会中的地位。

---

① Harker, Debra and Harker, Michael, "Dealing with Complaints about Advertising in Australia: the Importance of Regulatory Self-Discipline", *International Journal of Advertising*, 21(1), 2002, pp.23-45.

② Harker, Debra, "Towards Effective Advertising Self-regulation in Australia: the Seven Components", *Journal of Marketing Communications*, 9(2), 2003, pp.93-111.

2. 建立分类别目标体系与执行准则

互联网广告行业的自我规制执行需要由专门的行业自我规制组织帮助联合相关领域利益攸关者共同建立分类别内容的目标体系与执行准则,以确保与具体领域问题的相关性与针对性。目标体系与执行准则的创建应"易于获取",以便利益攸关者使用并公开广泛传播。英国广告标准管理局(ASA)主要通过召开公开研讨会,并设立专门的电话热线来帮助准则信息的传播与执行。为确保目标体系与执行准则的完整性与相关性,往往需要利益攸关者和外部社会人士的共同参与,以确保涵盖面广并能够快速响应现行的社区标准。①

3. 构建行业自我规制体系评估机制

行业自我规制体系的运行应具备一套完善的评估机制。澳大利亚广告业自我规制机构会定期审核行业主体自我规制的执行,审查其执行程序和服务范围,以发现缺陷并确定其执行效力。审核机构除了包括来自广告主、广告代理公司、互联网媒体平台的行业人员代表外,还应包含由社会知名人士作为公众代表参加,以确保评估结果的可信性并公开发布评估报告。这样既能满足对行业自我规制体系评估的专业化需求,又可以发挥一定的监督功能。还有的国家在广告业自我规制体系的评估中引入第三方审计机构,对自我规制的规范化执行开展定期审核与监督,以形成制度化、体系化的自我规制监督与评估机制。

总体而言,我国互联网广告行业虽然在自我规制方面有一些探索与实践,但是目前尚未形成完善的自我规制管理体系,在规制主体、规制内容、规制方式与规制目标等方面还需要行业各方的共同努力与深入探索。

第二节　互联网广告行业自我规制
机构的职责与作用

通常而言,行业自我规制机构是由行业相关主体基于共同的利益纽带

---

① Harker,Debra and Harker,Michael,"The Role of Codes of Conduct in the Advertising Self-Regulatory Framework",*Journal of Mactromarketing*,20(2),2000,pp.155-166.

组建而成的组织机构,彼此之间具有共同的利益关系和信息共享机制,在行业自我规制领域扮演着举足轻重的作用。早在19世纪末20世纪初,美、英两国首个广告行业自律协会相继成立,并将行业内部自我规制的方式延续至互联网广告领域,如英国广告标准局(ASA)、美国广告联合会(AAF)以及澳大利亚广告业委员会(AAIC)都是行业自我规制的重要组织机构。这些自我规制机构历史悠久,积累了丰富的管理经验,建立了成熟的运作体系,在行业中也赢得利益攸关群体的信任与支持,对于行业自我规制的管理起到了重要推动作用。

一、互联网广告行业自我规制的组织机构

　　我国广告产业虽然起步发展较晚,但是伴随广告产业的发展也形成了权威性的行业机构,中国广告协会目前是我国广告行业最主要的自律组织。随着互联网广告市场的日益扩大,中广协对该领域设立了二级机构进行管理。2007年6月14日,中国广告协会下属二级分支机构——互动网络委员会正式成立,其会员单位在成立仪式上签署了《中国互动网络广告自律守则》,其中涉及的规制对象包括了广告主、网络广告经营者、门户网站、网络交易平台以及其他所有参与互联网广告活动的组织和个体。《中国互动网络广告自律守则》出台的目的在于增强互联网广告市场行为主体的自我约束力并保护消费者的相关利益,维护互联网市场秩序的稳定,保障和推动互联网广告行业发展的循环可持续,标志着我国互联网广告行业自我规制行为开始组织化和规范化。

　　2017年11月23日,中国广告协会互联网广告委员会成立,旨在对互联网广告中存在的各种问题制定合理系统的监察措施。2018年2月5日,互联网广告委员会第一次会议在北京召开,提出要服务于行业自律、行业维权和行业发展,努力实现互联网广告标准化,建立权威的广告市场数据平台,进行有效的预警监测,建立起互联网广告信用评价体系,提高整个行业的自律意识,净化互联网广告市场环境。2019年2月,中国广告协会正式开启"一般无效流量数据"(GIVT数据)的服务,这是协会开启数据服务平台以来的第一个成型落实的项目。通过使用DIF联盟链进行数据生产和发布,运用新技术打造一个基于区块链的黑名单机制和体系,可以极大地提高反异常流量的效率及精准度,这也是行业协会推动新技术力量介入规制体系的一种创新思路。

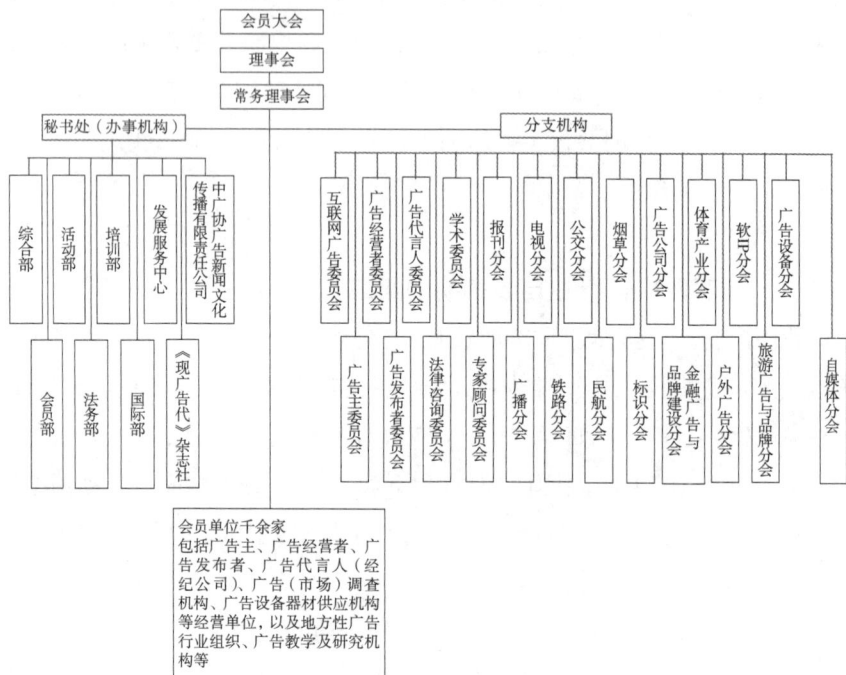

图5-3　中国广告协会的组织架构

2001年5月,中国互联网协会成立,旨在净化互联网环境,营造良好的网络生活平台。其主要业务范围首先在于连接政府部门和互联网行业相关企业,建立行业自律规范和公约,受理对网上不良行为的投诉,并承担起部分互联网广告监管工作,这使其成为广告协会外互联网广告管理工作的重要补充力量。2003年8月8日,中国互联网协会向社会公布了"垃圾邮件服务器名单",并对名单中的所有网站运用者和所有者进行及时整治,以此来有效治理互联网广告中存在的垃圾邮件问题,这项举动得到了广大人民群众的积极响应。同年9月,搜狐、新浪、网易三大门户网站联合发布声明,为积极表示对"坚决抵制互联网上有害信息"的支持,三家门户网站宣布正式成立中国无线互联网行业"诚信自律同盟",共同制定同盟规范和准则,以此杜绝一切损害消费者利益的行为。这项举动标志中国互联网行业的自我规制开始系统化和秩序化,并有效带动互联网广告市场的规范化和行业发展的有序规范化。

表5-2　中国广告主协会组织结构及主要工作①

下属机构	主要工作
广告主研究院	研究战略理论,提供品牌发展基金支持,提供品牌竞争力指数,加强跨行业交流,提供战略咨询培训。
大数据运营专业委员会	为广告主提供数据支持,提供行业能力监测平台、效果监测平台、传播力分析平台、信用价值平台和品牌传播力平台。
广告反欺诈专业委员会	为广告主提供数据反欺诈服务,建立广告反欺诈监测平台,消除欺诈性流量,打击数字广告欺诈现象。
公益品牌建设专业委员会	为公益项目提供交流服务平台,引导企业投入公益事业,建立志愿服务体系,树立公益品牌。
电商数权评价专业委员会	提供数据资产权利研究、企业数据资产化管理、电商领域数据价值评估、数据资产证券化管理以及行业报告编撰、研究成果转化等专业服务。
合规咨询专业委员会	解读标准维护信用治理,倡导广告传播正确导向等。
创新营销专业委员会	推动营销的技术创新、产品创新、市场创新、媒介创新、管理创新与组织创新等。
知名品牌建设专业委员会	挖掘、发现、培育、宣传我国知名品牌并制定长期战略目标。
法律专业委员会	提供法律服务。
标准和认证服务专业委员会	修订国家和行业标准;制定团体标准和企业标准;制定品牌建设、服务体系文件;协助第三方认证;举办标准宣贯活动和培训。
信用价值专业委员会	为会员提供学习、分享与经验交流的平台。
媒体工作委员会	建立广告主、媒体、广告代理三方协作制约机制,促进受众数据监测科学化,进行广告市场信用建设等。

2007年,中国互联网广告协会成立"绿色网络联盟",通过多种有效措施积极展开优质互联网内容和业务开发、活动宣传以及广告推广工作,持续推进绿色网络文化建设,并在全国范围内开启"青少年专网"工程,进而开

---

①　作者根据公开资料整理。

发新一批精品业务和绿色服务网站。该联盟主要由互联网服务提供商与内容提供商共同参与,对于引导企业的社会责任意识以及教育网民的信息识别能力具有积极意义。2008 年 7 月 17 日,中国互联网协会、12321 网络不良与垃圾信息举报受理中心共同提议成立"反垃圾短信息联盟",以推动短信息服务市场规范化发展,为严厉打击垃圾短信息行为探索了更高效的解决方式。2009 年 3 月 10 日,"中国互联网协会网络诚信推进联盟"成立,中国互联网协会与发起单位共同呼吁互联网企业和各行业主体加入,并积极开展行业市场诚信建设交流会,建立会员企业自律与协同监督机制,对联盟成员企业及其客户进行身份核实,建立网络诚信投诉举报及虚假信息预警平台,并定期编制《反网络欺诈工作报告》和《如何识破网络欺诈》市民宣传手册等方式,为推进行业主体网络诚信社会责任的履行起到了积极意义。该联盟要求会员共同向社会承诺强化职工诚信教育,提高社会责任感,增强自觉抵制网络失范行为能力,规范企业经营行为,共同参与建设互联网诚信长效机制,并自愿接受社会监督。

我国互联网媒体发展的二十多年间,依托各行业协会陆续成立了一些专门性的行业自我规制组织。这些组织结构通过举办论坛、交流会等多种形式促进了行业多方主体间的交流,对于促进我国互联网广告行业自我规制生态环境的形成具有重要作用。2013 年 8 月 10 日,国家互联网信息办公室和中国互联网协会等单位共同成立"网络名人社会责任论坛",就"承担社会责任,传播正能量",共守"七条底线"达成共识。2015 年 3 月 15 日,中国广告协会互动网络委员会同多个网络平台以及经营商共同制定《中国移动互联网广告标准》,行业成员对于标准的认知一定程度上标志这个行业的成熟度,由行业成员共同自觉推动和参与起草各项标准,也说明我国互联网广告市场正在日渐成熟,行业共识对于推动互联网广告行业的健康有序发展具有重要意义。2017 年 7 月 13 日,中国商务广告协会在北京召开成立自媒体委员会的筹备工作,旨在构建良好的广告市场生态环境,规范行业内不良行为和维护市场秩序,加强行业自我规制能力,使自媒体向专业化和规范化的方向发展。

伴随新媒体技术在广告产业中的广泛应用,传统的广告行业协会组织也纷纷增设专门性的互联网广告行业协会和机构,以顺应互联网时代的广告合规需求。这些细化的机构设置可以针对互联网广告行业出现的各种新问题进行更有针对性的管理和行业督促,已经成为在政府规制下的一种重要补充力量。

二、行业组织机构的自我规制职责与作用

传统广告行业协会在新增的针对互联网广告方面组织机构基础上,针对具体领域制定的自律规范会有更强的针对性,重点更突出,并能及时紧跟新技术发展趋势,灵活更新相关规范的调整。这些互联网广告行业的专门性协会机构作为一个整体性组织,为了更好地协调各方利益关系,需要制定一定的规范与奖惩标准。规范一旦出现,便可以引导个人的行动并决定个人所得利益,因而行动者是各种奖罚措施的实施对象。[①] 科尔曼将规范分为指令性规范、禁止性规范和共同性规范三种,指令性规范多以指南、原则的形式出现,主要通过提供肯定性反馈,为成员提供行为的参照标准;禁止性规范多提供否定性反馈,比如成员未经许可不得进行某种违规操作,以限制相应的焦点行为;最理想的状态应该是形成共同性规范,即每一个行动者既是规范的受益者,又是目标行动者,在这种情况下,规范具有充分的社会效益。[②] 也就是说,如果协会成员能够认同互联网广告行业协会的这些细分组织,这些行业组织机构便会更容易建立起权威地位,并将制定的自律规范内化为成员的行为规范,这也是组织成员的自我规制自觉形成过程。

自1997年网络广告的出现至2000年,针对互联网广告领域颁布的行业自我规范的准则和条例相对较少。2001年至2006年间,伴随互联网广告产业的快速发展,细分化的行业协会纷纷成立,其制定和颁布的规范和准则也纷纷出台,互联网广告行业的自我规制开始有规则可依。这段时期中国互联网协会颁布了对垃圾邮件、低俗信息、搜索引擎、网络版权、恶意软件等的自律规范,如表5-3所示。这些自律规范要求入会成员积极履行责任,维护消

---

① 参见[美]詹姆斯·S.科尔曼:《社会理论的基础》,邓方译,社会科学文献出版社2008年版,第26页。

② 参见[美]詹姆斯·S.科尔曼:《社会理论的基础》,邓方译,社会科学文献出版社2008年版,第228—240页。

费者利益,净化市场环境,对于我国互联网广告行业主体开展自我规制具有重要的积极意义。但这一时期的自律规范也存在一定的滞后性,有些规范条例往往是在问题发生之后才颁布,缺乏预警超前的规制意义。

表5-3　互联网协会颁布与互联网广告相关的自律规范(2001—2006年)①

颁布时间	颁布规范	颁布目的	规制对象	主要内容
2002年3月26日	《中国互联网行业自律公约》	规范业内人员行为,依法保证并促进行业健康发展	从事互联网运行服务、应用服务、信息服务、网络产品和网络信息资源的行业	推动互联网行业职业道德建设;反对不正当竞争;维护消费者权益,保护用户信息隐私;坚持互联网信息服务自律;不发布并阻止危害社会的信息内容;引导健康上网,尊重他人知识产权。
2003年2月25日	《中国互联网协会反垃圾邮件规范》	保护用户正当权益,促进电子邮件服务业健康发展,合理运用网络资源和信息系统	开通电子邮件服务的协会成员,其他自愿遵守的行业主体	坚持信息共享和行动一致,建立反垃圾邮件协调机制和垃圾邮件举报受理机制。
2004年6月10日	《互联网站禁止传播淫秽、色情等不良信息自律规范》	加强互联网信息服务提供商的自律意识,抵制淫秽信息等不良内容的网络传播,推动行业持续健康发展	加入《公约》的成员单位,互联网信息服务提供商和从业人员	建立信息内容审核制度,内容健康科学,来源合法可靠;不以任何形式登载和传播含不良信息的广告;不为含有不良内容的网站或网页提供宣传和链接。
2004年9月2日	《中国互联网协会互联网公共电子邮件服务规范》(试行)	建立电子邮件规范服务机制	为客户提供公共电子邮件服务的协会成员、各地方协会成员及其他遵守本规范并接受监督的单位	为客户提供反垃圾邮件功能。服务商对客户的邮件地址、内容和个人资料有保密义务。未经客户同意,不得将信息资料泄露给第三方。除服务商为客户提供与电子邮件服务相关的信息、通知等外,未经客户同意,不得向客户发送第三方广告类信息。

① 作者通过公开资料整理。

续表

颁布时间	颁布规范	颁布目的	规制对象	主要内容
2004 年 12 月 22 日	《搜索引擎服务商抵制违法和不良信息自律规范》	促进互联网搜索引擎行业健康发展,禁止通过搜索引擎传播违法和不良信息	搜索引擎服务商	不得传播、收录、链接含污秽、色情等违法和不良信息内容的网站、网页。不得提供搜索导航、广告、排名、接入等任何形式的网络服务。依法阻止违法和不良信息,不与非法网站建立合作关系。
2005 年 9 月 3 日	《中国互联网网络版权自律公约》	维护网络著作权,规范从业者行为	公约成员	增强版权保护意识,鼓励、支持、保护依法进行的公平、有序竞争,反对不正当竞争;建立网络版权纠纷调解中心。
2006 年 4 月 19 日	《文明上网自律公约》	推动互联网文明道德建设,提高内容提供者和广大网民的思想道德修养	互联网行业从业者和广大网民	加强绿色网络建设,推动网络应用繁荣,实现内容商与用户和平共处,塑造安全可信的网络环境,保护青少年健康发展,促进资源共享。
2006 年 12 月 27 日	《抵制恶意软件自律公约》	维护互联网用户合法权益,抵制恶意软件在网上的滥用和传播	互联网企业和使用者	保护用户知情权和隐私权,反对恶意广告弹出、反对恶意捆绑和收集用户信息;共同抵制恶意软件的制作和传播,社会人员可对制作传播恶意软件的机构进行举报。

　　2007 年以后,伴随我国互联网广告产业的快速发展,行业协会颁布的规范条例数量也不断增多。中国互联网协会颁布了对个人隐私侵犯、虚假内容、垃圾信息、网络环境、信息捆绑、网络谣言、搜索引擎等方面的自律规范(见表 5-4),进一步深入到互联网广告环境中,不断更新行业出现新问题的规范条例。这一时期协会出台的准则和规范基本上能与行业问题同步,自律规范具备了一定的预警作用。

表 5-4　互联网协会颁布与网络广告相关的自律规范(2007 年至今)①

颁布时间	颁布规范	颁布目的	规制对象	主要内容
2007 年 8 月 21 日	《博客服务自律公约》	规范互联网博客服务,促进互联网博客服务有序发展	博客服务提供者	健全博客信息安全保障措施;博客服务提供者制定有效实名博客用户信息安全管理制度等。
2007 年 8 月 21 日	《文明博客倡议书》	建设文明、健康的博客文化,加强互联网信息交流和资源共享	广大博客作者	增强责任意识,加强自我约束,维护网络秩序;尊重知识产权,鼓励自主原创;尊重他人隐私,维护合法权益,构建和谐环境;提倡文明跟帖,鼓励友好互动等。
2008 年 7 月 17 日	《中国互联网协会短信息服务规范》(试行)	规范短信息服务行业经营行为,维护用户合法权益,促进短信息服务行业健康稳定发展	提供短信息服务的行业从业者;中国互联网协会反垃圾短信息联盟成员;其他自愿主体	为垃圾短信息进行定义,任何组织或个人不得利用短信息服务制作、复制、发布、传播垃圾短信息及违法和不良短信息;加强信息安全保护措施,保护用户隐私等。
2011 年 5 月 16 日	《中国互联网协会关于抵制非法网络公关行为的自律公约》	针对"网络水军""投票公司"等非法机构及个人进行的不正当竞争现象,规范市场经营行为和信息传播秩序	签署公约的网站	依照国家法律不参与任何形式的非法网络公关活动;坚决反对和抵制不正当竞争、庸俗、低俗、媚俗之风、操纵网络舆论、非法牟利行为,维护互联网行业公信力;积极营造弘扬正气、文明健康的网络文化环境。
2011 年 8 月 1 日	《互联网终端软件服务行业自律公约》	规范互联网终端软件服务,保障互联网用户合法权益	中国互联网协会会员、加入《公约》的从业者;倡议其他从业企业、组织和个人	遵守国家法律,鼓励自主创新,提倡公平竞争,保护个人信息安全,尊重用户知情权和选择权;禁止终端软件强制进行捆绑、软件排斥和恶意拦截。
2012 年 4 月 8 日	《中国互联网协会抵制网络谣言倡议书》	抵制网络谣言,营造健康文明的网络环境	全国互联网业界	提供互动信息服务的企业应当遵守政府有关互联网真实身份认证的要求,各类信息发布者发布信息必须客观真实,每个网民都承担起应尽的社会责任。

---

① 作者通过公开资料整理。

续表

颁布时间	颁布规范	颁布目的	规制对象	主要内容
2012 年 11 月 1 日	《互联网搜索引擎服务自律公约》	规范互联网搜索引擎服务,保护互联网用户合法权益	中国互联网协会会员和自愿加入《公约》的互联网从业单位,倡议其他从业单位	坚决抵制违法和不良信息通过搜索引擎传播,构建健康、文明、向上的互联网搜索引擎传播秩序。搜索引擎服务提供者有义务协助保护用户隐私和信息安全,收到权利人符合法律规定的通知后,应及时删除、断开侵权内容链接。
2013 年 4 月 8 日	《网络营销与互联网用户数据保护自律宣言》	保护网络用户的合法权益,进一步规范网络营销服务以及网络用户的数据研究业务	网络营销服务及互联网数据企业	尊重用户知情权和选择权、收集和使用用户信息的原则、尊重用户上网体验、保护用户上网安全、维护用户合法权益、健全用户信息安全保护制度、接受社会监督、推动网络营销标准化进程。
2016 年 6 月 21 日	《中国互联网分享经济服务自律公约》	推动建立社会诚信体系,为分享经济创新发展营造良好的环境	签约成员以及自愿遵守者	尊重消费者知情权和选择权,保护用户个人信息安全,保护平台从业者信息安全。反对损害商业信誉、商品声誉,反对恶意排斥,反对恶意竞争。
2017 年 10 月 31 日	《诚信倡议书》	营造和谐有序的网络秩序,共享网络信用信息,共建网络诚信体系,共筑诚信、安全、文明的网络生态	互联网业界	各企业加强行业自律,遵守行业规范,履行社会责任,弘扬优秀文化;提高网站服务能力,为用户提供优质、安全、可信的产品和服务;加强企业间信用信息共享,共建网络诚信行为监测监控平台。
2017 年 11 月 7 日	《移动智能终端应用软件分发服务自律公约》	以用户为中心,努力维护公平有序的市场环境,共同营造清朗网络空间	接受本公约的互联网相关行业从业者	不得强迫用户捆绑下载、安装、升级应用软件或服务;嵌入不良信息(含电子垃圾广告信息)以客观、清晰、准确、简洁、便捷的方式进行弹窗提示,用户忽略提示而选择进一步操作的,应当尊重用户的选择权。

颁布时间	颁布规范	颁布目的	规制对象	主要内容
2019 年 1 月 8 日	《网络数据和用户个人信息收集、使用自律公约》	引导并督促电信和互联网企业规范收集和使用用户个人信息行为,保护用户合法权益,维护用户个人信息安全	签约的电信和互联网企业	对数据的共享、交易、承接等各方面进行了规范,为用户的知情权、选择权等合法权益提供了保障。
2019 年 7 月 11 日	《互联网新技术新业务安全评估第三方服务自律公约》	进一步规范安全评估服务市场,保障服务质量,引导企业提高安全风险防范和应急处置能力	签约的安全评估第三方服务机构	保证不分包或转包安全评估项目,不从事能影响评估结果公正性的业务;不采用不正当手段进行竞争;不利用工作便利,徇私舞弊、弄虚作假,出具与真实情况不一致的评估报告,谋取不正当利益。

由表 5-4 可以看出,互联网广告行业协会组织注重新问题的探索与解决方案,研究的管理内容涉及面广并有较强的针对性,行业组织往往对行业的最新变化动态更为敏感,更容易发挥对行业热点问题的预先规制预警作用。2008 年 12 月 30 日,中国广告协会互动网络委员会制定出台《中国互联网广告推荐使用标准》,该标准对于提升我国互联网广告的技术质量和标准化水平具有重要意义,同时有助于我国互联网广告的监督管理和国际化操作。2011 年 5 月 16 日,中国互联网协会发布《抵制非法网络公关行为的自律公约》,包括人民网、新华网、新浪、腾讯、百度等 140 家网站代表共同签署了该自律公约,内容主要包括承诺不组织、不参与像"网络水军""网络推手"等形式的非法网络公关活动,坚决抵制损害他人商业信誉的不正当竞争行为。2013 年 4 月 8 日,中国互联网协会同相关企业共同制定了《网络营销与互联网用户数据保护自律宣言》,主要为了有效规范网络营销服务和互联网用户数据研究业务。12 月 3 日发布《互联网终端安全服务自律公约》,主要对客户端存在的盗用用户隐私、恶意捆绑和发布低俗广告,应用间的恶意排斥和拦截现象进行规范。这些都是我国互联网广告行业发

展过程中不断出现的新问题,行业组织也在不断依此调整着规范与管理的重点方向。

2011 年 3 月 11 日,由中国广告协会互动网络委员会主持发布《中国移动互联网广告标准》,该标准由腾讯、百度、华扬联众等多家互联网企业、广告主、广告代理公司以及第三方数据机构共同参与研制完成,主要包含《互联网数字广告基础标准(V1.0 版)》《移动互联网广告监测标准》《移动系统对接标准》三个部分,对广告使用物料的标准、广告监测指标计算方法和非常态流量排查等进行了统一规范,提出了全网统一接口标准,为保障用户信息安全和我国互联网广告监管统一了接入通道。由行业协会组织、各方行业主体共同参与制定的标准与规范往往更能够契合市场的实际需求,并且能有效对接国际标准,顺应我国互联网广告行业发展的国际化趋势。

表 5-5　行业协会互联网广告自律规范与标准(2004—2017)①

颁布日期	颁布组织	自律规范
2004 年 6 月 10 日	中国互联网协会	《互联网站禁止传播淫秽、色情等不良信息自律规范》
2004 年 9 月 2 日	中国互联网协会	《中国互联网协会互联网公共电子邮件服务规范》(试行)
2004 年 12 月 22 日	中国互联网协会	《搜索引擎服务商抵制违法和不良信息自律规范》
2006 年 12 月 27 日	中国互联网协会	《抵制恶意软件自律公约》
2007 年 6 月 13 日	中国广告协会互动网络委员会	《中国互动网络广告行业自律守则》
2008 年 7 月 17 日	中国互联网协会	《中国互联网协会短信息服务规范》(试行)
2008 年 12 月 28 日	中国广告协会互动网络委员会	《中国互联网广告推荐使用标准》
2010 年 12 月 28 日	中国电子商务协会	《电子商务网络广告标准》
2010 年 12 月 28 日	中国电子商务协会	《中小企业网络营销标准》
2010 年 12 月 28 日	中国电子商务协会	《企业商用邮箱标准》
2010 年 12 月 28 日	中国电子商务协会	《中小企业网络营销网站标准》

---

① 作者根据公开资料整理。

续表

颁布日期	颁布组织	自律规范
2011年5月16日	中国互联网协会	《中国互联网协会关于抵制非法网络公关行为的自律公约》
2014年3月15日	中国广告协会互动网络委员会	《中国互联网定向广告用户信息保护框架标准释义和基本指引》
2014年3月15日	中国广告协会互动网络委员会	《中国互联网定向广告用户信息保护行业框架标准》
2015年2月	中国广告分会互动网络委员会	《中国互联网IP地理信息数据库清洗标准》
2015年3月11日	中国广告协会互动网络委员会	《中国移动互联网广告标准》
2015年3月11日	中国广告协会互动网络委员会	《移动互联网广告监测标准》
2015年3月11日	中国广告协会互动网络委员会	《移动系统对接标准》
2015年10月24日	中国广告协会互动网络委员会	《中国互联网广告标准:移动互联网品牌广告效果评估》
2015年10月24日	中国广告协会互动网络委员会	《移动互联网视频广告标准》
2017年7月31日	中国广告协会互动网络委员会	《中华人民共和国国家标准公告(2017年第20号)》
2017年11月7日	中国互联网协会	《移动智能终端应用软件分发服务自律公约》

中国广告业开始进行自我规制最早可以追溯到20世纪初,在当时进行规制的行业主体主要是报馆,通过议案设立"广告社"以监管报业出现的不良广告内容。互联网技术的迅速发展,使得传统广告产业的自律管理面临新的挑战。"中国广告协会互动网络委员会"于2007年6月成立,并发布《中国互动网络广告行业自律守则》,也是中国互联网广告第一部自律守则。这标志着我国互联网广告行业自我规制进入发展期,传统的广告行业协会组织不断增设新的互联网广告相关领域的广告协会组织,制定或修订适于互联网广告的自律规范与条例,加强对互联网广告细分领域的管理研究;同时互联网无国界的传播特性还促进了这些细分化行业协会组织间的合作,通过协同各方跨行业主体共同开展自律规范的制定,联合聚焦焦点问

题。协会组织对于推动我国互联网广告行业自我规制的完善与发展发挥了重要作用。

第三节　互联网广告行业主体的伦理责任培育

美国哲学家西塞拉·博克（Sissela Bok）提出，专业人士可以通过学习而在工作中作出正确的伦理抉择。① 面对智能技术时代各种复杂的伦理困境，对互联网广告行业主体的广告伦理观念以及伦理责任培育就成为行业自我规制的重要保障。

一、互联网广告行业主体伦理责任培育的现实意义

伴随互联网市场的蓬勃发展，互联网广告行业对于人才的需求也随之上升。但由于广告行业准入门槛较低，致使进入广告行业的人员年龄层次、受教育程度、职业素养水平参差不齐，难以满足互联网广告市场的需求与预期，甚至会出现职业道德缺失的状况，对整个互联网广告行业造成不良影响。为此，对互联网广告行业主体的伦理责任培育就显得尤为重要。

（一）促进以"专业化"目标为内生动力的广告业伦理行动

早在 20 世纪初，西方广告业就以"专业化"目标为内生动力，采取了一系列完善自身的广告伦理行动，一方面是在观念上确立广告从业者及其广告行为的道德合法性，"获取道德身份"；另一方面是在操作层面上发布伦理守则，确定行业普遍认同的伦理规范，赢得公众对广告活动的信任。② 这些伦理准则成为广告业专业性特征的重要衡量参照，"专业化"的标签可以给行业带来社会声望、经济收益、行业归属感、权威地位以及自我规制能力的认可等很多益处。与广告法规具有强制性质的调节手段不同，广告伦理

---

① 转引自［美］菲利普·帕特森、李·威尔金斯：《媒介伦理学——问题与案例》（第 8 版），李青藜译，中国人民大学出版社 2018 年版，第 4—5 页。

② 参见康瑾：《西方广告伦理实践及理论研究的演进》，《现代传播》2018 年第 8 期，第 130—135 页。

是以广告行为活动"应当怎样"为尺度,通过衡量和评价广告行为的现状,力图使"现状"符合"应当"。① 从调节方式上,广告伦理的调节作用主要通过教育感化、市场舆论影响等方式实现,尤其注重唤起广告从业人员的进取心,调动其积极主动性并提高其社会责任感。对互联网广告行业主体的伦理责任培育,可以帮助从业者面对智能技术时代各种复杂的伦理困境作出恰当的伦理决策,从源头上促进广告行为的规范化操作,并为互联网广告从业者提供规范指引。

(二)为净化互联网广告市场环境提供理论取向指引

早在 20 世纪 70 年代,广告伦理要素等研究开始逐步嵌入广告专业化研究的领域。美国学者普拉特(Cornelius B.Pratt)等对 460 位美国广告基金会成员进行调查,发现广告从业者的伦理感知由"公共责任""广告诉求"与"公司标准"等因子决定。② 美国的基恩(John G.Keane)提出广告专业化的必要条件中也包含了伦理强制力、伦理守则与社会责任等要素。③ 还有规范伦理学的义务论、美德论等都对广告伦理的相关问题研究提供了新的研究视角,也为互联网广告市场环境的净化提供了理论取向指引。对互联网广告行业主体的伦理责任培育可以促进行业主体规范自身行为,生产出更具人文关怀的广告作品,共同营造良好的市场环境,从而推动整个互联网广告行业的良性健康发展。

二、开展互联网广告从业人员的职业伦理专项培训

互联网广告行业的健康发展,离不开道德和法律的协调与配合。对于互联网广告行为主体的伦理责任培育,首先应使其知法懂法,遵守相应的法律法规,如《广告法》《消费者权益保护法》以及《反不正当竞争法》等,切实做到全流程广告行为的合法化与规范化;同时在相关法律法规没有规定的

① 参见陈绚:《广告伦理与法规》,中国人民大学出版社 2015 年版,第 37 页。

② Cornelius B.Pratt,E.Lincoln James,"A Factor Analysis of Advertising Practitioners' Perceptions of Advertising Ethics",*Psychological Reports*,73(3),1993,pp.1307-1314.

③ John G.Keane,"On Professionalism in Advertising",*Journal of Advertising*,3(4),1974,pp.6-12.

新问题上,也要加强伦理规范的自律培训。

(一)对从业人员进行广告伦理观的教育培训

包括广告主、广告公司以及互联网媒体平台在内的各互联网广告行业主体都应在员工入职之初,对其进行广告伦理观的渗透,提高其对广告伦理的重视,并在培训期间对其进行广告伦理案例研究与分析、广告法精析、广告伦理与广告法律法规等专业知识的传授与讲解。通过专业知识的讲解与具体案例的分析,使其对于"应该做什么""不能做什么""怎样做"有着清晰的认知与判断,这有利于广告从业人员减少甚至避免其在广告活动中的失范行为。同时还可以增加对广告从业人员的内部定期考核与测评,加深其对广告伦理的重视度,并定期对优秀广告作品与典型伦理行为案例进行展示与集体评析,在源头上促进广告伦理职业化的内生动力,帮助塑造良好的互联网广告自我规制环境。

(二)开展智能技术场景下的伦理决策实践训练

智能技术发展引发的"隐私泄露""算法操控"等伦理失范问题,也引发公众和监管机构愈发关注广告伦理问题。在智能传播技术重塑广告生态并加剧一系列伦理风险的境况下,提升互联网广告行业主体的伦理决策能力的培育与训练就显得尤为重要,这样可以帮助其形成内化的专业伦理观,并在遭遇伦理困境时作出恰当的伦理决策,从源头上促进互联网广告从业者的规范化操作。美国学者 O.C. 费雷尔(Ferrell O.C.)和格雷舍姆·拉里(Gresham L.G.)提出伦理决策包括伦理意识、伦理判断、伦理意图以及伦理行为四个部分,[1]互联网广告行业主体面对具体伦理困境时的伦理决策过程即可以通过以上四个部分呈现。通过收集整理智能技术变革引发公众和广告业界关注的突出广告伦理问题,对其中涉及的伦理价值、侵害对象、业务环节进行概括化和标签化,梳理出智能时代典型广告伦理困境的参与方、情节和伦理冲突,开展行业主体内容的典型案例讨论或伦理情景的模拟训练,并深入探寻广告伦理与公司运营、广告伦理与广告效果之间的联系,可

---

① Ferrell O.C.,Gresham L.G.,"A contingency framework for understanding ethical decision making in marketing",*Journal of Marketing*,49(3),1985,pp.87-96.

以帮助互联网广告从业人员消除对于智能技术所引发伦理困境的疑惑,强化其专业认同感和归属感。

三、对广告学子进行广告伦理观的深度置入与培育

我国每年培养逾万名广告专业学生,他们在广告教育中形成的广告伦理观念及相应的决策能力是广告行业有效自律的重要保障,将深刻影响中国广告的未来。因而,在广告教育对广告学子进行伦理观的深度置入与培育就显得尤为重要。

(一)在广告教育中将广告伦理培育过程贯通化

以美国为代表的西方广告教育中将广告伦理教育作为确立广告专业地位的"必要条件"。美国广告教育的重要源头伊利诺伊大学香槟分校媒体学院的广告专业,将规范视角下的广告伦理教育嵌入到了"广告学概论"等前导性课程中。[1] 在我国,基于新文科建设的基本要求,高等院校广告学专业教育应努力探寻课程思政、专业知识与能力培养的结合点,并将其有机融入教学体系的构建过程中,培养学生形成自己的专业伦理观,养成以"伦理价值(value)"为基准的"社会责任",使广告伦理教育更加有机地与业务课程融合,从单纯地强调"知识""技能"向高素质、综合性人才培养目标转变,突出思想引领的作用,探索"知识传授与价值引领相结合"的有效路径,在专业框架下解释伦理问题产生的原因、机制及相应解决方案。在动态的环境中,分析互联网广告主体如何调整战略避免广告活动中的伦理失范。在广告教育中落实习近平总书记关于"广告宣传也要讲导向"讲话精神,切实把伦理价值、道德情操、社会责任等有机融入广告专业各阶段教学环节,培养出适应适合时代需要的、具有高度社会责任感的高素质广告专业人才。

(二)马克思、恩格斯广告批判思想的深度植入

马克思、恩格斯十分重视广告,也充分肯定广告的重要作用,同时对

---

[1] 参见康瑾、张一虹:《广告伦理教育与伦理决策能力——基于高等学校广告专业学生的调查》,《广告大观(理论版)》2019 年第 2 期,第 93—102 页。

西欧发达资本主义社会中的种种"不良广告"现象开展了口诛笔伐,体现出他们深刻的广告批判思想。① 这些思想对于我们今天开展广告教育,引导未来的广告学人避免各种违法违规广告现象,具有重要启示意义和指导价值。马克思主义思想体系具有极强的包容性和发展性,启发我们开展人文与社会反思式的广告学教育,探究融价值理性研究与工具理性研究于一体的综合性的广告研究体系。以马克思主义批评思想为方法论指导,可以为新时代的未来广告人提供指引,引导学生对智能时代广告文化的影响进行反思与批判性考察,全面认识互联网广告文化的作用与局限。在广告教育教学中,可以通过在各阶段广告专业主干课程中对思政元素的深度挖掘,通过理论讲授、案例分析、作品价值观解读、互动讨论与点评引导等多种方式,引导学生对智能技术引发各种失范问题的深入思考与批评,将"广告导向"问题前置,采取"滴灌式"教育理念,使学生将正确的广告价值导向"内化于心、外化于行",并形成一定的广告伦理道德自觉意识。

第四节　互联网广告行业自我规制生态的营造

"生态"原本是生物学的概念,自 20 世纪 40 年代起,这一概念逐渐走出自然科学领域,开始向社会科学领域渗透。"生态系统"这一概念,由英国生态学家阿·乔治·坦斯利提出,生物群落同其生存环境之间以及生物群落内不同种群生物之间不断进行着物质交换和能量流动,并处于互相作用和互相影响的动态平衡之中,这样构成的动态平衡系统就是生态系统。② 互联网广告行业运行环境也可以看作这样一种生态系统,在一定的时间和空间内,互联网用户、媒介平台、行业内部自我规制主体以及外部规制主体之间通过利益交换、信息流动的相互影响、相互作用而构成的一个动态平衡

---

① 参见葛在波:《从马克思、恩格斯的广告批判思想看违法违规广告问题》,《新闻知识》2019 年第 2 期,第 9—12 页。

② 参见李卓君:《网络广告的媒介生态学研究》,硕士学位论文,西南大学,2011 年,第 7—8 页。

的统一整体。因此,实现互联网广告行业的有效自我规制,需要通过优化与外部规制环境的互动关系,平衡行业内部自我规制的稳态机制,才能最终实现行业自我规制与管理的可持续发展。

一、基于互联网广告行业主体利益的自我规制动力与自觉

构建良性的、自发式的行业自我规制生态,需要互联网广告行业进行长期的自我规制实践。这种自我规制不应建立在外部强制力的基础上,而是应当以互联网广告行业每个参与主体的切身利益为基础。王小锡教授提出"伦理资本概念",伦理资本是指"伦理投入生产并增进社会财富的能力,是能够带来利润和效益的伦理理念及行为"[①]。杨文兵教授认为伦理道德资本能够实现价值、创造价值,不仅是促进价值增值的人文动力,更是以实现经济效益与社会效益共同发展为终极目标的理性精神。[②] 当互联网广告行业主体能够积极主动地保持自我规制时,他们能够从自我规制行为所带来的道德资本中获得长期的正向回报,如经济利益或社会口碑等。而从发达国家互联网广告行业的自我规制实践来看,这种自我规制—回报模式需要较长的时间来建立。

英国广告行业自我规制体系是历时一百多年建立起来的,广告行业和相关政府部门在这一过程中经历了长期的沟通协调,乃至冲突摩擦。从结果来看,作为广告行业成员利益代表的广告自律协会同政府相关部门进行了长期的积极沟通,而广告行业成员基于自身利益都会保有一定程度的自律意识。英国的广告自我规制体系不仅能够保护广大消费者的利益,同时还可以保护广告行业的自身利益,有效地防止因广告市场混乱、影响正常的商业活动导致政府制定不利于行业发展的严格法规,这让广大的英国广告市场主体能够自发地积极进行自我规制。此外,这种自我规制模式也使自律协会对成员的行为有着更加严格的要求,以此来避免由于广告行业的不当行为导致的消费者权益和社会利益受损问

---

① 王小锡:《道德资本与经济伦理》,人民出版社 2009 年版,第 97—100 页。
② 参见杨文兵:《论道德资本的供给与需求》,《经济师》2004 年第 6 期,第 9—10 页。

题,这种严格的自我规制增加了行业与政府部门协商法规和行政规制时的砝码。①

美国广告自律委员会主席在采访中曾经表示,提高广告行业的自律意识,应当通过广告自律组织的工作向行业内的主体证明,通过自律能在政府的广告规制之外,提供及时的、有切实效益的补充,以此来体现出自律意识与自律行为的价值。广告行业自律能够为广告主带来诸多好处,确保公平竞争环境,提高消费者对其广告的信任程度。②

二、提升行业协会在自我规制体系中的权威地位与作用

互联网广告行业自我规制生态的构建需要行业协会发挥至关重要的作用。美国影响最大的广告行业自我规制机构是美国广告自律监管事会,理事会的职能主要是为广告业的自我规制与管理制定出具体政策和操作程序,其下属的主要部门分为全国广告委员会、全国广告审查委员会、儿童广告审查组、电商自律监管组和互联网广告组。全国广告委员会和儿童广告审查组分别负责监管面向大众的一般广告和面向儿童的特殊广告,他们在接收到广告主、广告平台的举报或主动发现违法违规广告时,会立刻向相关的广告行为人下达调查通知。如果违规的广告行为主体对通知进行回应,他们会对相关的广告违规行为进行进一步的详细调查;如果相关行为人对通知或调查结果存在不同意见,可以向委员会申请复议。如果委员会对复议申请表示赞同,将会针对广告违规的具体类别建立其由 3 名广告经营者会员、1 名广告主会员和 1 名公众会员所构成的复议委员会对违规广告进行二次审查。电商自律监管组和互联网广告组则是针对互联网广告领域来进行自我规制与管理的组织。电商自律监管组主要负责监管互联网电子零售广告,互联网广告组主要负责对互联网领域广告进行自我规制。针对互联网广告领域,美国广告自律监管理事会制定了相关的广告行为准则,在相关准则的基础上,互联网广告组对进行互联网广告活动的相关主体提供指

---

① 参见刘晓丹:《欧美广告行业自律体系研究》,《现代商贸工业》2009 年第 12 期,第 126 页。

② 参见贾雪:《美国广告主如何自律?》,《现代广告》2017 年第 7 期,第 45 页。

导并进行持续监督。

这些行业自我规制机构分工明确,规制程序系统科学,并且在行业具有一定的权威性。广告自律监管理事会的内部监管机制对相关行为主体的约束力,与外部的法律和政府规制相比相对有限;但是行业自我规制能够通过公开违规行为的方式来对相关主体施加行业内外的舆论压力,在无法顺利处理案件时也可以移送更具权威性的行政机构,而作为外部监管主体的联邦贸易委员会等监管机构会对行业内部自我规制机构所递交的案件进行优先处理。就目前的情况来看,美国广告自律监管理事会在外部监管机构和上级部门的指导下,为下属各个部门的具体广告问责程序都制定了具体政策,并且为互联网广告领域的自我规制系统建立了用来让用户与广告主体交换意见的网络论坛,相关广告行为人和用户可以在论坛平台上解决广告行为产生的具体问题。此外,对于医疗药品等具有较强专业性的广告的自我规制,广告自律协会的监管具有更强的权威性,对互联网平台上的相关广告监管也更为有效。①

三、互联网广告自我规制体系与司法体系的互相补充与支持

外部监管的司法体制能够为互联网广告行业自我规制生态的营造奠定坚实基础。互联网广告自我规制体系是建立在各类别广告主体能够自愿接受行业内部规制基础上的,这种规制在很大程度上并没有司法体系的强制力。这两种体系结合运用下,如果广告主体对于广告自我规制机构的裁决处理不能及时作出反应甚至不予理会,虽不会遭受外部监管的直接诉讼,但行业自我规制机构能够将案件移交政府有关部门从而间接地进行强制执行。这在很大程度上规范了广告主体行为和广告市场环境,从深层次营造广告行业更为严格的自我规制氛围。

公民的守法形式是他律与自律并存的,自律守法比他律守法更值得追求和称赞。互联网广告活动的主体应是出于自律而守法,即不仅对法律的

---

① 参见周辉:《美国网络广告的法律治理》,《环球法律评论》2017 年第 5 期,第 151—152 页。

合法性和正当性有正确认识,还把遵守法律看成是一种道德义务。"法律在最初的时候,必须是强制性的暴力,等到人们认识了法律,法律变成了人们自己的法律时,它才不是一个外来的东西。"①从发达国家的自我规制实践来看,美国作为高度法治的国家,并没有对广告行业的法律条款进行统一制定,在大部分的商业相关法律规制和各个自治州制定的法律法规中都涉及广告活动相关的法律条款。因而,缺乏统一法律并没有影响政府相关管理部门对于互联网广告行业进行严格而又有效的管理。作为外部监管者的政府部门通过立法的形式将自身所具有的权威性赋予行业内部的自我规制组织,这使得行业自我规制组织机构能够对广告行业内产生种种违法违规现象进行有效管理。借助司法体系权威性的加持,美国的广告行业形成了严格而又全面的自我规制体系,从广告自律协会到各个广告经营主体普遍具有较强的自我约束和自我管理的自律意识,一直信奉"广告行业的自律监管能够获得比外部法律监管更好的效果"的理念。②

四、发挥公众舆论对于互联网行业广告自我规制的促进作用

福柯在《话语的秩序》中首次提出了"话语"与"权力"的结合。根据福柯的观点,话语应当被看成一种资源,而能够掌控这种资源的个人或群体,将会拥有"话语权"这样一种权力。在互联网平台的公共领域中,话语权的作用变得尤为明显,任何用户只要来到网络平台就会拥有表达自己观点的权利,广大网民凭借庞大的数据开始逐渐占有互联网平台上的话语优势。这些"草根网民"在网络空间中的话语权远远超过了传统媒体时期,这也对曾经更加强势的广告企业的话语权产生了很大冲击。依据互联网时代的这种话语权迁移,日本的电通公司将经典"AIDAM"理论创新地改成了"AISAS"理论,在理论中加入了"Search"与"Share"两个新的要素,这是对互联网用户强大力量的一个印证。

---

① ［德］黑格尔:《哲学史讲演录(第 1 卷)》,贺麟等译,商务印书馆 2011 年版,第166 页。

② 参见包娜:《我国与欧美国家广告行业自律的异同》,《中小企业管理与科技》2017 年第 11 期,第 106 页。

六度空间理论假设认为世界上所有互不相识的人,只需要很少中间人就能建立起联系。1967 年哈佛大学心理学教授斯坦利·米尔格拉姆,根据这个概念做过一次连锁信件实验,尝试证明平均只需要 5 个中间人就可以联系任何两个互不相识的美国人。该实验表达了这样一个重要概念,任何两个素不相识的人,通过一定的方式总能够产生必然的联系或关系。① 互联网社交媒体网络的兴起,证明了人际间这种相互影响的能力以及所产生的聚合效应确实存在,并且能够形成巨大的网络舆论,从而对广告行业主体的自我规制发挥监督作用。网民们能凭借强大的话语权和便捷的话语表达途径对互联网广告行为进行理性或非理性的评价,因而当企业的广告活动侵犯到了用户权益,或者违背了社会所普遍认同的观念时,将会受到公众舆论对其的强烈谴责;只有遵守广告行业的自我规制准则,自觉维护用户的正当利益的广告主体才能在互联网舆论大潮中平稳前进。

2014 年,日本电通公司为全日空航空公司创作的视频广告在互联网平台上引发了激烈的讨论。该广告为了介绍新增的国际航线,开了一个典型的日式玩笑,在广告中一位飞行员指出日本人们需要尝试改变自己的国际形象,此时他的同事戴上了浮夸的金色假发和巨大的假鼻子。这则广告因为种族脸谱化受到了强烈的舆论抨击,出于网民巨大的舆论压力,航空公司对此公开道歉并立刻撤销这则广告。② 由此,我们可以看到互联网公众舆论对于广告自律的强大推动力,不仅效果显著,而且速度快、效率高,在监督广告主与广告公司遵守基本规范的同时,还能促使其考虑到广告的受众接受程度与文化价值观层面的正确性。发挥公众舆论对于互联网广告自我规制的促进作用,打通用户的意见表达渠道,舆论影响比政府或法律的规制表现得更加柔和,同时它强大且迅速的影响力能够促使这种外部的舆论督导转化为行业内化的自我规制意识,促进各个广告主体对于自身行为的约束,

---

① 参见刘宏杰、陆浩:《基于微博的六度空间理论研究》,《计算机应用研究》2012 年第 8 期,第 2826—2829 页。

② 参见王晓易:《全日空广告惹恼西方网民公司道歉并撤下广告》,2014 年 1 月 28 日,见 http://money.163.com/14/0128/09/9JLQVCQ70025260S.html。

形成良性的互联网广告自我规制生态。①

　　总体而言,由于互联网广告行业与传统广告业的差异性和独特性,在互联网时代,我国传统广告规制模式面临转型与挑战。互联网广告的种种新型样态设计与权责界定,使得传统完全依靠政府主导的规制方式难以满足新媒体环境下的规制需求。伴随中国互联网广告行业产业结构的升级和竞争力的提升,政府相关部门需要采取多种激励性措施,鼓励互联网广告行业主体充分发挥技术和专业优势,加强行业主体的自我规制与管理,构建起完善的互联网广告行业自我规制管理体系,并健全相应的自我规制保障制度及评估机制,从源头减少各种互联网广告失范行为的产生,共同营造良好的网络生态环境,促进整个互联网广告行业的良性健康发展。

---

①　参见查灿长、孟茹:《第四种力量的崛起:网民舆论监督助推新媒体广告行业自律》,《上海大学学报(社会科学版)》2015 年第 3 期,第 127—128 页。

第六章　互联网广告行业自我
规制的趋向与重点

新媒体技术不断催生新的广告传播方式,相较传统媒体时代,智能技术快速发展下的互联网广告规制也更为复杂与困难,规制内容与范围已经完全不同于传统媒体时代,互联网广告行业自我规制的趋向与重点也在不断进行着调整。

第一节　广告内容自我审核的强化

西方社会责任理论是自由主义理论濒临危机时产生的,它强调媒介享有自由的同时,应承担起社会责任,并且主要通过业界自律的方式来实现。由于互联网广告内容体量大、更新快,外部规制手段往往难以全面、及时地对互联网广告内容进行审查。因此,在互联网广告自律体系的搭建过程中,行业内部强化对于广告内容的自我审核显得尤为重要,应该作为我国完善互联网广告自我规制体系的重点方向。在互联网广告内容审核与自我规制实践中,自律体系应当与法律规制、政府监管相互补充,共同发挥作用。面对互联网广告内容中出现的虚假广告、低俗广告等种种问题,行业内部严格且自觉的内容自审能够在很大程度上降低事后监管的难度,也提升对互联网巨量广告内容的规制效率。另一方面,内容的自我审核也让相关的互联网平台、广告主与广告代理能够有效避免由于事后监管带来的法律制裁和相关经济损失。两者共同发挥作用,能够最大程度地维持互联网广告行业的良性发展,维护广大消费者的利益。

一、广告行业协会应形成明确的互联网广告内容规制准则

和外部内容审核一致,广告内容的行业自我审核应当由广告行业协会牵头形成明确的内容规制准则,来促进内容审核流程的标准化和制度化。英国互联网广告行业的内容自我审核体系,从源头上减少了虚假、低俗等普遍化的广告内容问题,明确的内容规制准则使违法违规广告内容减少广告传播范围和接触受众机会,进而减少受众对于媒体平台和广告主的投诉,切实保障了消费者的人身财产安全,减少不良广告内容危害用户权益的可能性。① 英国对互联网广告的内容审核的准则,主要针对商品和品牌的视觉性问题、女性形象问题、知名人士形象问题、知识产权问题、儿童广告问题等,准则涉及的内容问题全面而具体。同时,内容准则明确规定互联网广告内容必须真实准确,不能直接欺骗或间接误导用户,不得包含不正当竞争内容,不得包含血腥暴力色情歧视等影响受众心理健康的不良内容,不得包含激化社会矛盾的负面内容。此外,各个行业的广告自我规制机构需定期进行广告内容制作与发布的相关咨询活动,对领域内的广告内容进行持续监督,并将审核结果在社会上进行公示。②

二、广告内容自我审核体系应鼓励各行业自律组织参与

除了广告行业协会的整体规制外,广告内容自我审核体系还应当鼓励细分行业内的广告自律组织参与。美国的官方广告协会与各种非政府行业自我规制组织共同架构了一个多维度的广告内容自我规制体系。随着不同产业的快速发展,各行各业的非政府广告自律组织不断诞生,其中比较典型的就是电商行业的广告自律组织。2004 年,美国电商协会委托全国广告审查理事会创立了一个电商行业内部的广告自律小组,美国电商协会为其提供运转资金。该小组的日常监察工作十分独立,但它在整体运营上会接受广告审查理事会的指导。它作为审查主体能够快速、有效地审查互联网广

---

① 参见刘晓丹:《欧美广告行业自律体系研究》,《现代商贸工业》2009 年第 12 期,第125—126 页。

② 参见包娜:《我国与欧美国家广告行业自律的异同》,《中小企业管理与科技(下旬刊)》2017 年第 11 期,第 106 页。

告内容的真实性和准确性。如果在经过审查工作后发现广告内容存在问题，该小组会直接要求广告主对问题广告内容进行下架停播。如果遇到广告主不配合的情况，小组会将问题广告交给全国性的广告委员会和广告协会，在大多数情况下，广告协会将会支持自律小组作出的处理决定，而支持的方式主要是对于相关广告行为主体的警告和行业协会除名。相比于广告行业协会整体性的规制，行业内广告自律组织直接、快速的内容审核与规制，往往能够取得立竿见影的效果，因而获得了行业和消费者的广泛认可。①

三、作为载体的互联网平台应承担起广告内容审核的主体责任

库尔特·卢因在《群体生活的渠道》一文中最早提出"把关人"理论，认为只有符合把关人价值标准的信息才能继续流通并最终到达受众。怀特指出受众最终接收的新闻信息都是经过媒体人"把关"的。"把关人"理论经过历代学者的完善，在新闻传播学科中得到广泛应用。②

互联网环境之下，广告内容的传播主体从传统的广播电视、报纸杂志等媒体转变为互联网媒体平台。虽然在网络媒体平台中每个用户都可以作为信息传播的节点，但在传播过程中，广告信息的传播仍然遵循着把关人理论，把关人的角色由传统媒体平台编辑的单一把关转化为互联网平台传播过程中用户与平台共同参与的多重把关。但从总体来看，媒体平台与普通用户相比，拥有更强的话语权和传播力。互联网媒体平台是互联网广告内容的主要载体，也是广告信息的直接传播者，在把关过程中有着更强的主体责任。随着媒体平台运营生态和经济不断走向成熟，媒体平台作为互联网广告行业的内部规制主体，所承担的责任日益增加。当前，互联网媒体平台发展迅猛并不断向相关行业拓展，平台上的广告内容体量也逐渐巨化，内容审核难度不断加大，这就要求媒体平台在互联网广告内容审核中承担其作

---

① 参见薛敏芝：《美国新媒体广告规制研究》，《上海师范大学学报》2013 年第 3 期，第 67—68 页。

② 参见温佳贝、欧新菊：《基于"把关人"理论的自媒体广告传播模型研究》，《西部皮革》2020 年第 7 期，第 119—120 页。

为内容载体的主体责任,为受众把好广告内容的最后一道关。同时,互联网媒体平台拥有外部监管部门所匮乏的技术、平台和数据资源,可以实现对广告内容的有效自我审核。而平台良好的广告氛围能够为媒体平台打造良好形象,增加用户黏性和平台流量。

以谷歌为例,它在不断获取网络广告收益的同时,也在对平台上刊登的广告内容进行着严格的审核,构建自己平台上的"游戏规则"。以谷歌为代表的网络平台企业对"互联网+平台"背景下的广告内容自审,是美国互联网广告规制体系的重要组成部分之一。① 谷歌的互联网广告业务分为 AdWords 和 AdSense 两部分,对于这两部分的广告业务,谷歌制定了详细具体的规定政策。

在 AdWords 部分,广告限制主要包括禁止的内容、禁止的行为、受限制的内容以及受限制的编辑技术四个方面。在禁止的内容中,谷歌限制了广告主的虚假产品广告、危险产品广告、包含血腥暴力等不当内容的广告。与此同时,谷歌还对涉及成人内容、版权内容、酒精饮料、赌博游戏和保健药物等广告内容进行了一定限制,并对广告内容的呈现形式提出了一定要求,以提高用户体验,降低不良内容广告出现的频率。

在 AdSense 部分,内容限制规定主要针对在谷歌平台投放广告的第三方网站,要求展示谷歌广告的网站不得链接到成人内容、暴力内容、恶意软件内容、销售烈性酒内容等。在这些明确的广告内容限制规定下,谷歌平台在广告内容治理方面取得了明显的效果。根据谷歌在 2019 年发布的统计数据,谷歌在 2019 年全年共清除了 27 亿条互联网违法违规广告内容,暂停了近 100 万个违反政策的广告主账号,并组建了一个专门追踪"网上诱骗"和"诱骗点击"的内部团队,2019 年共屏蔽超过 3500 万个网上诱骗广告和 1900 万个诱骗点击广告。此外,在疫情期间,还屏蔽、删除了数千万个与新冠病毒有关的广告。目前,谷歌平台内有专门对不良广告内容进行审核的小组,并不断扩大内容审查覆盖范围,改进系统审查技术,提高了及时发现

---

① 参见周辉:《美国网络广告的法律治理》,《环球法律评论》2017 年第 5 期,第 153—154 页。

并下线不良广告的能力。① 在互联网广告的市场主体中,互联网媒体平台具有先天的"把关"优势,并具有很强的社会性和公共性,更应该主动承担起广告审核的主体责任,净化互联网广告的投放环境。

四、推动人工智能技术在互联网广告内容审核中发挥更大作用

技术是互联网广告行业发展的重要驱动力,智能技术在促成互联网广告定制化、规模化自动生产的同时,也为互联网广告的内容审核带来新的挑战。如传统对于视频广告内容进行对库审核的方式随着剪辑技术的进步,已经无法对违规广告内容作出全面识别,具有明显的滞后性。这就需要政府监管部门以及各行业主体加快技术升级,以更先进的智能技术遏制各类互联网广告的违规内容,应用人工智能技术防范互联网广告违规内容审核将成为一种愈发重要的规制方式。目前常见的智能技术应用有"关键词屏蔽"技术,不仅可以识别互联网广告中的词汇,也可以识别图片及视频内容。②

2016 年,Facebook 开始尝试使用"识别虚假内容"的人工智能技术,通过与第三方审查机构合作,平台会将核验结果为虚假的内容设置红色警示符。2018 年,Facebook 改进了信息流的算法,通过减少虚假广告内容的显示范围来降低受众接触并受到其影响的可能性。Facebook 通过人工智能技术大范围审查在平台上分享的各种信息内容,识别到的虚假内容将会直接发送给第三方内容审核机构。当内容审核人员确定该广告内容涉及虚假宣传时,平台就会下调该广告内容在信息流中的曝光度和显示排序。这样的内容处理方式能够让虚假广告内容的平均阅览量下降超过 70%,有效地降低了受众接触虚假内容的可能性。

谷歌对于虚假内容的审核也采用了相似的方法。自 2018 年起,谷歌平台对搜索引擎的算法进行了重大的调整,通过在排名系统中加入新的指标

---

① 参见周辉:《美国网络广告的法律治理》,《环球法律评论》2017 年第 5 期,第 153—154 页。

② 参见陈祯:《互联网治理中把关人研究》,《中国报业》2018 年第 24 期,第 22—24 页。

对虚假低俗等不良广告内容进行排名降级,避免这些内容显示在搜索结果的顶部,大范围地接触用户;而对于严重的违规违法内容,平台会将其从搜索结果中直接剔除。针对互联网出现的以图片和视频为主的、辨别真假难度更高的虚假内容,谷歌开发的"图像搜索"工具可以帮助内容审核员发现图片和视频的具体来源,以此来确定广告中涉及的图片是否为冒用或虚假。人工智能技术是互联网媒体平台参与内容审核流程的重要优势,通过提供技术的支持,可以大大提升互联网广告行业广告内容审核的效率和精准度。①

五、完善互联网广告内容生产的全流程审核机制

互联网媒体平台的广告内容审核,应充分利用其技术的便捷性,加强智能技术规制,阻断各种违法广告内容的传播路径。同时,互联网用户也需要提高媒介素养,发挥互联网媒体平台和个人用户的联合"把关"作用,实现互联网广告传播内容的多元化与立体化多重把关,增加广告内容生产的把关节点。良好的网络传播环境需要由专业的"媒体把关"和非专业的"个人把关"共同建构。②

互联网平台的广告内容审核不应仅仅依靠单一的节点,而应将审核工作融入到广告内容生产的整个流程,形成系统化、链式的广告内容审核机制。这样的审核机制一经成形,就会大大提升广告内容审核的精确度和准确度,防止由于单一把关环节的疏漏而导致的不良广告内容传播,减少不良广告内容造成的社会危害。虽然全流程审核链条在实际操作初期可能会在一定程度上降低互联网广告内容生产的效率,因而很可能受到各个生产主体的抵制,但这种全流程的审核模式在整体完成后将大大提高互联网广告内容审核的效率,最终增加各个审核主体的收益。同时,全流程审核也将减少由于审核疏漏导致的有关部门的事后追责,减少企业的经济和声誉损失。

---

① 参见史安斌、叶倩:《虚假信息的多方共治:美国的经验》,《青年记者》2019年4月上,第78页。
② 参见余子纯:《新媒体环境下"把关人"理论探究》,《新闻传播》2020年第17期,第47—48页。

更为重要的是,全流程审核机制能够使各个生产环节的主体获得对于广告内容生产的自律意识和主体责任感。在这样的全流程审核链条中,各个生产主体间会主动进行相互监督,当广告内容出现问题时,有关部门能够更加迅速、准确地锁定审核出现问题的环节,对相关的审核主体进行惩治。当然,这里所说的全流程审核机制并不是让各个主体相互独立来规避连带责任,而是让各个主体能够协同合作、相互监督,形成一种更为完善的审核生态。

腾讯公司建立的广告内容审核机制就更加注重全流程的审查与把关。首先是开户审核环节,这个环节会从广告内容的源头——广告主进行严格的把关,确保入驻平台广告主具有合法资质,能够遵守平台的规定。

其次是最为重要的广告内容审核环节,在这一环节腾讯广告的审核人员将会使用多项机制来保障广告内容合法合规。广告内容审核是腾讯广告审核机制中最为复杂的环节,对此腾讯广告一边不断改善风险管理机制,同时也将人工智能技术引入了内容审核环节,将智能技术作为辅佐人工审核的重要工具,减少违规广告内容审核不到位的概率。腾讯广告的内容审核大致包括七类机制:一是事前预审机制。对部分存在较大风险的广告内容加强审核,如视频广告内容在腾讯广告平台上需要首先通过严格的线下预审,获取广告的上架资格后才能够在平台系统中上传滋生的广告。二是推广链接审核机制。唯有通过平台审核的、合法合规的内容推广链接能够创建广告页面,没有获得相关资质的广告链接地址并不能直接作为广告内容的落地页。三是禁用词图过滤机制。腾讯广告通过长期、系统地收集违规语、违规图,总结出相关词图的特征,建立了违规词库和图库,将违规的词库和图片特征建立黑名单。在广告主提交广告内容后,系统会自动识别其中是否存在与黑名单相匹配的内容。如果存在,系统会将该广告内容进行下架;如果存在误判,广告主可以申请人工复检。这一过程十分迅速,这在最大程度上提升了违规词图的屏蔽概率,同时也没有大幅度降低广告主上架广告的效率。四是要素审核机制。腾讯广告对于广告内容中的违规文案以及页面要素进行标记,在标记之后,如果监测系统在对其他广告内容的检测中发现了相同或类似的内容要素,将会对涉及这些要素的广告直接拒绝或下架。五是系统智能审核机制。腾讯广告会不断积累长期被拒绝的广告内容特征,将其录入内容监控系统。在与第三方广告主合作时,系统会在人工审核之前对提交的广告内容进行 AI 识别,对判别存在违规的广告内容直接进行拒绝,将可能存在违规问题的广告内容提交审核人员进行人工审核,同时审核过程系统会对审核人员进行高风险广告提示。这在一定程度上提高了内容审核的准确率,提高了审核人员对违规内容的警惕程度,降低了人工审核过程中误审的概率。六是广告风险评估机制。腾讯广告的审核人员会对审核过的所有广告内容进行风险评估打分,而这个打分将会作为广告发布后巡查工作的重要线索之一。七是广告复审机制。广告内容在通过审核后还会由独立的质检人员对其进行复检,如果发现内容存在问题或发布的内容与提交审核的广告内容不符合,平台会立即下线广告并对广告的相关责任人进行问责,同时会在系统内部对类似的违规情况进行排查,部分广告还会被抽中进行人工复审,在顺利通过复审后才可以进行投放。

最后是广告内容巡查环节。腾讯广告在系统的内容审查基础上建立了全方位的广告内容巡查机制,会对广告内容进行多维度、高效率的巡查工作,减少内容审核体系的疏漏。该机制将会对可能存在风险的广告及其广告主计算风险分数。综合计算分数后,腾讯平台会将广告主按照风险分数进行排位,在此基础上对高风险分数的广告主进行优先巡查,并保持更加严格的巡查标准。除此之外,腾讯巡查系统会每小时对已经通过审核的广告内容进行全量的自动巡查工作。在量化的广告风险分数机制和全面的全量巡查机制基础上,腾讯广告平台还组建了人工巡查组。该小组由广告审核经验丰富并且深入了解不同广告主的人员构成,发掘部分机器难以辨别的较为隐晦的广告问题,灵活地处理可能出现的各种机器难以独立解决的广告问题,及时与产生问题的广告主进行沟通,实现广告巡查环节的快速反应和及时处理。①

---

① 参见新浪 VR:《严把广告审核,推动行业自律,腾讯广告为行业带来"正能量"》,2019年 8 月 29 日,见 http://vr.sina.com.cn/news/hz/2019 年 8 月 29 日/doc-iicezzrq2008903.shtml。

第二节　反不正当竞争共识的形成

芝加哥学派的 SCP（Structure-Conduct-Performance）理论范式对于互联网广告行业进行反不正当竞争实践具有指导意义，主要表现为"市场结构—企业行为—经济绩效"。该范式作为分析和判断有效竞争的标准，成为世界各国反垄断和反不正当竞争的理论依据。[①] 近年来，国内学者在"SCP"理论的基础上，将规制理论与"SCP"理论范式结合，用于分析互联网产业及广告产业规制问题。[②] 目前我国政府的外部规制在互联网市场结构形成中并不起决定作用，但随着互联网广告市场竞争关系的变化，政府的外部规制也可能随之改变。2017 年 11 月，我国正式施行了修订后的《中华人民共和国反不正当竞争法》，其中第六条规范了互联网领域的所有经营人员，[③]但所涵盖的内容远远不够全面。与此相对，互联网广告行业不正当竞争行为的频发，可能导致政府提高互联网广告市场主体的准入门槛，并采取更为严厉的规制手段，这会导致互联网广告行业市场结构的活力下降，并且影响各个主体的经济效益。因此，对我国互联网广告产业而言，反不正当竞争的自我规制与管理愈发重要。

一、依托各行业广告自律联盟规范内部市场竞争

生物学研究认为依靠同种食物维生的不同物种是无法和谐共存的。该生物学论断同样能够适用于当前互联网广告市场中企业之间的竞争。各个行业内部企业之间的用户资源相互重叠，为了获得更多的用户资源，增加市场占有率，行业内部的竞争愈演愈烈，这也导致诸多不正当竞争行为，损害各个主体的利益和行业的整体发展。这要求各个行业内部企业主体自发地

[①]　参见苏东水：《产业经济学》，高等教育出版社 2002 年版，第 89 页。

[②]　参见杨洪丰：《广告产业规制》，中国社会出版社 2017 年版，第 23—74 页；尚芹：《互联网企业滥用市场支配地位的反垄断法规制研究》，硕士学位论文，辽宁大学，2014 年，第 38—39 页。

[③]　参见贾敏：《互联网不正当竞争行为之危害性》，《山西省政法管理干部学院学报》2020 年第 3 期，第 64—66 页。

结成广告自律联盟,进行有效的行业内部自我规制。

首先,不同行业内部各个广告主体应当团结一致,共同努力建立行业广告自律联盟。不同行业的企业应自觉自愿遵守行业在广告活动方面所特有的原则与规范,形成实现行业广告活动长期良性发展的广告生态。作为广告行为主体的企业自愿参与的非营利性组织,行业广告自律联盟可以通过协商、定期会议等方式来回应行业发展需求,自律联盟应主动承担起自身的责任和义务,规范行业广告竞争,维护消费者权益和行业广告市场的正常竞争。以自律联盟作为合作平台,实现行业在法律和道德约束下的健康发展。

其次,各个行业的广告自律联盟应当制定自身的行动纲领。行业广告自律联盟需要制定行业内部广告相关行为的具体准则以及作为统一标准的广告行为总体纲领,并且在各个主体互相监督、通力合作的基础上贯彻并严格执行准则和纲领的具体条目。行动纲领应当包括:强化行业内部各个企业的自律意识,维护行业广告市场的良性发展;保障面向社会的广告举报渠道通畅高效,对于公众的举报行为进行及时的处理和反馈,设置广告调查小组对可能存在不正当竞争的企业进行监督取证,各个行业的自律联盟应当积极主动地上报互联网不正当竞争案件并强化与投诉平台之间的信息交流。除此以外,广告自律联盟还应加强与相关机构部门的信息共享,及时向行业管理部门、政府有关部门以及相关执法机关上报行业内部存在的不正当竞争情况。行业广告自律联盟中的大企业应主动为行业树立榜样,承担起引导行业正当竞争的责任;各个中小型企业也应当联合起来,共同面对不正当竞争,敢于发声抵制不正当竞争,以行动维护企业自身和广大消费者的合法利益,促进行业竞争的良性发展。2016 年 10 月 25 日,国家发改委专门就电子商务信用问题召开新闻发布会,阿里巴巴、腾讯、京东等 8 家互联网企业共同签订了《反“炒信”信息共享协议书》,这也代表着行业主体对虚假交易、刷单炒信、恶意差评等破坏网络生态环境正常竞争秩序行为的宣战。

二、积极发挥广告协会和媒体平台的桥梁沟通作用

互联网广告协会和媒体平台作为连接广告主和消费者等主体的桥梁和

枢纽,有责任理顺互联网广告行业内部的种种利益关系。其中包括广告管理机构与广告行业组织的关系、广告行业组织与广告主、广告经营者与广告发布者之间的关系以及相同主体之间的关系。理顺管理机构与行业组织的关系,就需要调节监督管理机关与行业组织的隶属关系,由领导与被领导、管理与被管理的关系转化为指导与被指导的平等合作关系。而行业组织、广告主、经营者与发布者等多种行业主体之间关系的调整,则需要改变这些主体之间被行政化的不平等关系,将行业组织和这些主体间的关系变为对于广告主、经营者、发布者的指导关系、协调关系与服务关系。强化广告行业组织的平等性与独立性,唯有摆正位置、实现地位平等才能真正发挥行业组织的沟通作用,推动行业自我规制。对此,欧美发达国家的具体做法是将广告行业协会的地位和职能作用通过法律条文形式予以明确规定,这样广告行业组织不再是广告行业外部行政管理机关的下级,不是被有关部门领导的对象而是仅仅接受行政机构的指导。面对互联网广告中的不正当竞争事件,广告行业组织在处理过程中需要拥有更高的独立性,不应被种种程序细节耽误事件处理的进程。同时,广告行业组织内的管理人员应当由全体成员通过投票选举产生,而不是由外部行政机关直接任命或组织内部的管理人员指定。通过改善广告行业组织内部外部的种种关系,使这些关系趋于平等,才能进一步提升广告行业组织在沟通各方广告主体中的桥梁作用,发挥广告行业组织对于行业自我规制的推动作用。

近年来,K12 在线教育行业引起资本力量的关注,特别在直播时代来临之后,基本全部的教育类 APP 产品或平台都新增了直播课堂的模式,对此许多投资公司发现了新增长点,开始进行新一轮的投资。而这种投资热潮也加剧在线教育平台之间的竞争,甚至产生了许多的不正当竞争现象。从争夺互联网生源到抢夺优秀师资力量,从内容质量到价格,各个在线教育平台都在为了让自身冲出重围背水一战,可以说是无所不用其极,种种不正当竞争事件的出现也体现了行业内部强化自我规制的重要性。

2017 年 8 月,作业帮平台发布声明指控小猿搜题产品上出现了涉黄内容,对此小猿搜题捏造事实,声称涉黄内容是作业帮团队指使己方员工所发布并且委托黑公关公司对小猿搜题平台进行恶意诋毁。小猿搜题的虚假声明在互联网平台迅速发酵,媒体平台上一时间充斥了很多对作业帮及其产品的负面报道以及评论。作业帮认为,小猿搜题的这些举动严重损害了作业帮的品牌价值和声誉,会造成极大的用户流失和商业损失,属于不正当竞争行为,要求小猿搜题在媒体平台道歉并赔偿其经济损失5000万元。值得注意的是,此前小猿搜题平台也曾向北京市朝阳区人民法院提起过诉讼,指控作业帮平台在小猿搜题产品内恶意发布非法色情内容,并且在发布之后将非法内容的发布行为转嫁到小猿搜题产品上,此外还通过公关传播大量散播虚假消息,这一系列行为已经严重侵害了小猿搜题产品的名誉权。同时,小猿搜题还指控百度平台在其发布的官方声明中存在有违事实的陈述,这种虚假陈述也严重诋毁了小猿搜题品牌在社会公众心目中的形象。

对此,教育部办公厅作为外部规制机构印发了《关于严禁有害APP进入中小学校园的通知》,要求各大教育类APP自觉维护良好的市场氛围,抵制不正当竞争行为;同时,开展全面的自检排查,建立教育类APP的审查制度,对于存在有害内容的APP进行备案,防止其进入校园,危害青少年儿童的身心健康。在教育部办公厅的倡议之下,目前主流的教育类APP企业自觉组建起行业自律组织,其中包括一起教育科技、极课大数据等。自律组织机构承诺以教育价值为导向,力图杜绝不正当竞争行为,不断提升技术防护水平,共同促进教育类APP市场的良性发展。2018年,作为行业自律组织成员的教育类APP企业在北京共同发布了行业自律倡议,倡导建设高效、健康、有价值的"互联网+教育"行业,以此作为传统课堂教育的有力补充。其中,倡议明确行业内部要加强自律,尽快杜绝商业广告的违法违规内容和不正当竞争行为。K12在线教育行业自律组织在维护行业市场竞争方面发挥了重要的桥梁作用,将原本各自为战甚至相互对立的教育类APP企业联合起来,并共同签署《K12在线教育行业自律公约》,自觉维护商业广告和公关行为的良性竞争,对在线教育行业的规范发展具有积极的推动作用。

三、互联网企业树立正当经营理念、推动良性竞争

互联网产业组织结构变化过程中最活跃的因素是企业行为,企业行为与"R—SCP"理论分析框架中的政府规制、市场结构、经济绩效直接发生关

系,是互联网产业发展演化过程中最关键的因素。行为主义认为企业行为决定市场结构,也就是说,企业通过资源配置效率、生产效率、技术创新、管理创新等行为不断提高自身竞争力和经济效率,逐渐打败众多的竞争对手,它的市场占有率也相应提升。但为了更加迅速和直接影响市场结构,具有市场支配地位的互联网企业很可能产生不正当的恶性竞争行为。

良性竞争环境下的企业行为与不良竞争环境下的企业行为明显不同,体现了市场结构对企业行为的决定作用;同时,企业也通过自己的行为试图影响市场结构,新进入者想方设法抢占现有企业的市场份额,而具有市场支配地位的企业则会利用种种手段排挤竞争对手或潜在竞争对手。① 这些企业行为影响着市场结构,不正当竞争行为将会导致不良的市场形态,不利于行业的长期良性发展,并且这种市场形态将会反作用于行业内部的各个微观主体,影响各个企业的发展。这就要求互联网企业树立正当经营理念、推动良性竞争。

因此,除了行业组织机构作出的努力,不正当竞争的应对和治理更应该从作为广告主的企业这一源头出发。在互联网平台上,企业间更应该坚持公平竞争、维护良好市场环境的原则,合法合理地参与到市场竞争中。在互联网平台上,不论是传统企业和原生于互联网的企业,其在用户心目中品牌力和认可度都需要依靠自身产品和对于品牌价值的长期维护,例如提升核心技术水平、提高企业管理能力、改善产品和服务质量、加强创新研发、营造良好企业形象等。企业间竞争的根本是不断努力改善和提高自身的水平,而不是在短期内通过不正当竞争手段抹黑竞争对手,来获取短期的市场竞争优势,这种优势会随着新的竞争对手出现被快速打破。

减少不正当竞争需要各个企业主动沟通,共同树立正当经营理念,由此从根源上减少造谣抹黑等行为。正当经营理念要求企业能够自觉地维护正常的市场竞争机制、尊重竞争对手、保障消费者合法权利。各个企业应从自身条件出发,提升技术创新、产品质量、活动经营以及客户服务等各个影响

---

① 参见尚芹:《互联网企业滥用市场支配地位的反垄断法规制研究》,硕士学位论文,辽宁大学,2014年,第42页。

用户评价的因素,增强品牌的核心竞争力;努力加强与用户间的交流沟通,在进行深入的市场调查之后,企业可以从产品服务和品牌形象等方面进行提升,尽可能满足用户的需求,在提升自身市场竞争力的同时,从源头上减少其他竞争对手可以利用来进行抹黑的负面问题,最大程度减少不正当竞争发生的可能性。同时,企业应当自觉承担起宣传社会主义核心价值观的责任,培养符合中国特色社会主义市场要求的品牌形象和企业文化,在适当范围内采用积极合理的公关营销策略,以自觉自律的企业为标杆来规范自身行为,尽力减少雇佣水军、蓄意攻击、发布黑稿等非正当竞争手段的使用。

2010 年 9 月,360 平台发布了新研发的隐私保护软件,监控腾讯 QQ 等社交软件是否对用户的隐私信息进行侵犯。对此,腾讯指出 360 浏览器涉嫌通过不良色情网站进行推广。2010 年 10 月 27 日,腾讯官方刊登了由腾讯、金山、百度、傲游、可牛等公司联合发布的《反对 360 不正当竞争及加强行业自律的联合声明》,该声明要求行业管理机构对 360 公司的不正当商业竞争行为立即进行制止,同时对 360 公司恶意欺骗用户、谋取自身利益的行为进行全面调查。[①] 2010 年 11 月,腾讯官方宣布在下载了 360 系列软件的设备上禁止使用 QQ 软件,因此用户需要卸载 360 系列软件才能够正常使用 QQ 软件。360 公司和腾讯平台为了自身商业利益进行了一系列不正当竞争活动,在两家公司评价下滑的同时,用户的正常使用也受到了诸多不良影响。

作为外部监管机构的工信部通信保障局和公安部的介入相对较为滞后,通过行政命令方式要求 360 和腾讯双方停止不正当竞争行为。在中央有关部门的大力外部干预之下,360 平台于 2010 年 11 月 10 日在官方网站发布公告,正式宣布和 QQ 软件恢复兼容,腾讯公司于 2010 年 11 月 21 日也在官方网站发布了名为《和你在一起》的致歉信,至此互联网行业此次激烈的不正当竞争事件最终落下帷幕。双方的冲突在工信部的介入之下得到了化解,然而反观这次事件,没有行业内部的组织机构进行及时调节,仅仅

---

① 参见腾讯科技:《反对 360 不正当竞争及加强行业自律的联合声明》,2010 年 10 月 27 日,见 https://tech.qq.com/a/20101027/000455.htm。

依赖外部规制的情况使得冲突的缓和被延迟了许久,互联网行业进行内部自律才是更为高效而又温和的调停模式。经过这次战役,腾讯也开始对自身行为和互联网价值观进行深刻反思,广泛吸收用户和同行业媒体平台的意见建议,逐步从垄断战略向开放的生态型战略转型,以实现共创共赢、推动良性竞争。

四、互联网公关行业主体应树立职业道德和正当竞争的价值观念

与欧美发达国家相比,我国的公关行业起步相对较晚,发展迟缓,不成熟的运营体系和较低的准入门槛使得从事互联网公关工作的员工缺乏系统而专业的职业道德培训。互联网公关已然成为企业在互联网市场竞争中生存发展所必需的方法手段,但就目前的情况来看,中国互联网公关行业远远无法满足市场需求。巨大的市场需求一方面为我国的互联网公关事业的发展提供了推动力,另一方面也使公关行业呈现出野蛮生长的态势。但互联网公关行业作为极具发展前途的新兴产业,当前还处于刚刚起步的阶段,面临着种种问题,诸如从业人员的专业水平不足、职业道德缺失、行业内外法规不全、监察不到位、执法不严等,这使得互联网公关公司产生了黑公关等不正当竞争行为。

学界也持续关注着公关理论的范式创新,试图寻找解决当前业界所面临的公关伦理困境的方法。陈先红教授从"公关生态学"角度,提出了"关系生态管理"概念,认为所谓公关,指的是组织、公众与环境系统之间关系生态的管理。[①] 而公关的本质属性是它的公共性,所以,解决公关伦理失范现象应当使公关主体回归到第三方立场,强化公关伦理道德的教育,促进公关环境的生态平衡。[②] 胡百精教授则基于对话视角提出了"公关对话范式",认为公关环境中的各个主体在相互对话之中形成了各种形式的共同体,包括信息层面、利益层面以及价值层面。而解决互联网广告行业黑公关

---

① 参见陈先红:《"关系生态学"的提出及其对公关理论的创新》,《当代传播》2004 年第 3 期,第 26—28 页。

② 参见陈先红、刘晓程:《专业主义的同构:生态学视野下新闻与公关的职业关系分析》,《新闻大学》2013 年第 2 期,第 101 页。

现象则需要业界形成维护正当竞争的共同价值观念,他认为公关应当有利于各个主体之间的信息传递与意义分享,并遵从公共道德标准,奉行康德所阐述的"绝对律令",即人类的普遍道德规律和最高行为准则。[①]

虽然媒介载体发生了变化,在传统媒体到互联网媒体的转型中,互联网公关行为应始终坚持公关事业的原则,即通过传播活动为企业树立起良好的品牌形象和社会形象,使目标企业与受众间形成一种和谐融洽的关系。公关行业在互联网时代应当努力发挥网络媒体和自媒体平台的优势,努力提升传递信息的效率,形成与网络用户的良性互动。在帮助企业维护形象、获取商业利益的同时,也应当提升自我规制水平,不断减少虚假信息的散布,提升自身的专业性,维护公平公正的市场竞争环境,尊重广大用户对于公关信息的知情权。

互联网公关领域的企业内部工作人员需要加强职业道德的培养,以此来提高职业操守,在公关工作中坚持原则、不超越底线,在维护市场合理竞争的基础上进行公关工作。在与企业进行具体的合作时,坚持运用合法合规的公关手段来处理问题,在维护合作企业品牌声誉的同时,要杜绝对于其竞争对手的蓄意抹黑,防止"捧一踩一"的不正当竞争行为。

五、网络媒体平台发挥把关职责,肃清不正当竞争主体

互联网公关需要以媒体平台为载体来进行传播行为,媒体平台作为互联网公关的主要渠道,需要进一步强化自身的把关职责,为互联网用户过滤掉不正当竞争信息。媒体平台应当定期开展对于企业虚假账号、黑户水军账号的注销,同时利用数据监测系统对网络舆情的动向进行实时关注。一旦发现虚假消息、蓄意攻击的评论或者文章等内容,应当及时加以审核并在核查完成后迅速采取相应的措施,如删除涉嫌不正当竞争的内容,并对相关言论的发表主体进行短期或永久的封号处理。强化平台舆论的监管与控制,当媒体平台上出现不正当竞争情况时,应当尽快调取信息发布者的账户

---

① 参见胡百精:《中国公共关系 30 年的理论建设与思想遗产》,《国际新闻界》2014 年第 2 期,第 37 页。

信息,对使用者的真实身份加以调查核实,并在调查完成后从源头上消除黑户账号的流出渠道。如此,才能保证平台信息的真实可靠,建立起良好企业信息传播环境,维护网络媒体作为企业公关平台和广告平台的公信力。

对此,互联网媒体平台应当自觉建立并维护与用户进行沟通的渠道,以此来保证对于不正当竞争行为的洞察力,并为不正当竞争行为的快速处理奠定基础。监管举报平台对不正规竞争行为需要采取全流程措施,其中包括举报、集证、调查、媒体公开、业内告知通报、惩罚等。

各个互联网新媒体与自媒体平台应当尽快设立专门的不正当竞争行为举报入口,并由行业内部的广告自律联盟对行业虚假信息、蓄意抹黑信息等相关举报内容加以收集整理,在业内进行公布。在建立起行业内部举报平台和辟谣平台的同时,媒体平台和自律联盟还应成立相关的技术小组、专家团队为举报内容取证,主动与媒体平台和所涉及的相关企业进行联络并获取不正当竞争行为的相关证据,及时公开回应社会公众及行业内的其他企业,引导社会舆论和行业舆情环境回归正轨。与此同时,行业内部的监管举报平台还应当加强与中央网信办不良信息举报中心建立的中国互联网联合辟谣平台之间的信息互通,将所反映的举报内容及时消化并向上反馈,积极沟通上下层信息,协同各方力量共同维护好行业自律监管举报平台。

第三节　个性化服务与个人隐私安全的平衡

在政治和社会思想中,公共领域与私人领域是一对研究的基本场域。学者汉娜·阿伦特认为,每个公民都属于两种存在秩序,私人的、私有的生活和政治的、公有的生活。[①] 个性化推送的广告内容主要通过 Cookies 等方式来辨识用户的身份,在用户上网过程中跟踪并储存用户的本地浏览数据,进而记录其在网络平台上的具体操作行为,其中也包括了涉及用户个人隐私的内容,如搜索引擎的查询记录、网站访问记录、网页浏览记录、网络购物

---

① 参见[美]汉娜·阿伦特:《人的条件》,竺乾威译,上海人民出版社 1999 年版,第 19 页。

交易记录等。商家通过对用户大量隐私数据进行统计分析,进而向用户个性化推送更为精准、能够激发用户购买欲望、满足用户消费需求的商业广告信息。虽然这种个性化推送在一定程度上减少用户浪费时间浏览自己不感兴趣的广告内容,增加了商品信息传递的效率,但从本质上来说,这种搜集并记录用户数据的行为已经侵犯了用户的个人隐私,使用户在网络环境中仿佛“透明人”一般,被广告主和媒体平台窥视。现代社会正遭遇“监控社会”的威胁,学者马克·波斯特认为基于计算机和数据库的监控比边沁和福柯所设想的圆形监狱更加强大,他称之为“超级圆形监狱”①。实现个人隐私与个性化服务的平衡,将成为互联网广告行业自我规制的趋向与重点。

一、个性化广告推送应以尊重消费者隐私权为基础

1890 年,美国学者塞缪尔·沃伦(Samuel D.Warren)和路易斯·布兰代斯(Louis D.Brandeis)首次提出了隐私权的概念。② 美国乔治华盛顿大学法学教授丹尼尔·J.索洛夫(Daniel J.Solove)认为隐私权包括三个层面:一是独处的权利,即个人有权自处,他的隐私应处于秘密状态;二是有限接触自我的权利,个人可以控制他的个人信息,决定多大程度地向公众公开;三是个人的人格权,隐私保护的目标就是尊重个人的独立人格,保护其完整性。③ 互联网企业提供个性化广告服务的目的应当是更好地传递商品信息,满足用户消费需求,而这种服务不应当超越对于用户的隐私保护。我国对隐私的保护起步晚、发展慢,对消费者的隐私权的定义和保护工作重视不足。在我国互联网广告发展初期,行业内部和有关部门并没有对消费者的隐私权范畴进行明确定义,也没有形成对用户隐私权的具体措施,这种情况一直持续到 2013 年的 3·15 晚会。在晚会上,知情人士对互联网广告公司涉嫌通过 Cookies 等方式来侵犯用户个人隐私信息的行为进行了曝光,如

---

① ［美］马克·波斯特:《信息方式:后结构主义与社会语境》,范静哗译,商务印书馆 2014 年版,第 127 页。

② Samuel D.Warren and Louis D.Brandeis,"The Right To Privacy",*Harvard Law Review*,4 (5),1890,p.193.

③ Daniel J.Solove,*Understanding Privacy*,Harvard University Press,2008,p.15.

此一来才让广大互联网用户开始了解 Cookies 的具体概念和自身在互联网平台上可能遭遇的隐私权侵犯。

2007 年 6 月,国家工商行政管理总局和国家民政部批准中国广告协会互动网络委员会正式成立,委员会在成立后积极发挥作用,担当起促进我国互联网广告行业自我规制的重担。2014 年 3 月,委员会发布了《中国互联网定向广告用户信息保护行业框架标准》,这是我国互联网广告行业保护用户隐私权的重要里程碑。作为第一份关于互联网用户隐私权维护,规制互联网个性化推送广告的行业标准,规范了用户隐私数据收集和使用的合理范围。2016 年,在第一届中国数字营销大会上,中国数字营销委员会联合众多广告主企业和互联网媒介平台共同发布《企业用户信息保护公约》,进一步促进了我国对于互联网用户隐私权的保护。

中国广告协会作为互联网广告自律的重要主体,已经逐渐开始重视受众隐私权的保护工作。以上自律公约的颁布,标志着我国用户隐私权保护正在逐步走向完善。虽然起步较晚,但我国可以借鉴发达国家的信息保护实践经验,不断强化对用户隐私权的保护范围和保护力度,促进大数据商业营销的良性发展,实现互联网个性化广告和个人隐私权保护之间的平衡,增加用户作为互联网参与主体的能动性,使其能够自主选择是否接受广告主企业对自身隐私数据的搜集和使用,而广告主和广告平台需要尊重用户的隐私权来实现互联网广告行业的持续健康发展。①

二、推行个性化服务应当以实现企业和用户双赢为目标

"二次售卖"模式是传媒经济学领域中的一个重要理论成果,最早是来自于罗伯特·G.皮卡德在《媒介经济学:概念与问题》中提出的"双重市场理论"。② 它是指传播媒介先将媒介产品卖给终端消费者,然后再将消费者的时间卖给广告商或广告主的过程。在这个过程中,存在着两次售卖环节。

---

① 参见孟茹:《美国互联网广告的行业自律监管经验》,《现代广告(学术刊)》2016 年第 21 期,第 15 页。

② 参见罗伯特·G.皮卡德:《媒介经济学:概念与问题》,中国人民大学出版社 2005 年版,第 13 页。

第一次售卖,媒介向受众提供信息,满足受众对信息的需求,这里售卖的是信息,信息是商品。受众通过有偿或者无偿的形式获取这些信息,而媒介通过这些信息吸引了受众的注意力。第二次售卖,将受众的注意力售卖给广告商,受众的注意力是商品。① 互联网个性化广告在一定程度上对消费者是有利的。目前,大多数互联网平台的商业模式是二次售卖模式,用户并不需要直接承担互联网平台的运营费用。在这种免费模式之下,媒体平台的经营利润大多来自于广告主。进入大数据时代,互联网个性化广告使这种免费模式更为普遍,不论何种互联网媒体平台,采取何种具体的媒介表现形式,大多数用户都不需要为这些互联网服务直接支付费用。近年来,互联网经济和网络媒体平台的飞速发展也证明了这种免费模式的成功,在满足用户需求的同时,互联网媒体平台的经营者也通过推送商业广告内容,从广告主方面获得了巨额广告营收,用户和网络媒体平台都通过互联网广告获得了益处,实现了双赢。

然而,从合同法的视角来看,用户在接受互联网媒体的服务时并没有直接支付费用,这种用户没有支付对价的合同在很大程度上并没有法律执行力。由于互联网用户没有支付相应费用,消费者权益保护法对于互联网用户的直接保护也难以实现。因此,互联网用户既不能根据合同法进行维权,也无法使用消费者权益保护法来保护自身的合法权益,这对用户权益的保护来说十分不利。但是,在个性化广告快速发展的环境下,媒介平台和广告主企业通过分析用户的非隐私数据和相对敏感的个人信息数据,对不同类型的用户有针对性地发送个性化广告信息来获取经济利益。从这个角度来看,互联网用户虽然并没有直接支付现实中货币,却在不知不觉中付出了其他个人资源,除了"二次售卖理论"中所提到的用户的注意力资源,用户还在不知不觉中为广告主提供了自身的个人信息等隐私数据,间接地向媒体平台支付了网络服务的"对价"。而这种数据资源的提供往往没有经过用户的直接同意,而数据资源的具体用途用户在大多数情况下也无从了解。

---

① 参见杨雅:《中国语境下"二次售卖"理论的本土化阐述与发展》,《新闻学论集》2014年第 2 期,第 29 页。

因此,当前用户和广告主企业之间并没有实现双赢,用户在很大程度上并不知情的情况下蒙受着个人隐私的损失。但从另一方面来看,这种利益交换形式为用户和企业之间的协议提供了"对价",使得相关的法律法规和条约具有了执行力。在媒体平台或广告主企业违约的时候,没有支付现实货币的互联网用户也拥有要求其承担违约责任的权利,这也是用户和企业在个性化广告活动中实现双赢的基础。

另一方面,互联网环境中也存在许多愿意为个性化广告提供自身隐私信息的用户,他们希望能够通过向媒介平台和广告主提供个性信息来实现有针对性的广告推送,来减少互联网浏览过程中其不感兴趣的广告内容的出现。由于互联网平台上的广告信息繁多,对于特定用户而言,大多数的广告信息并没有意义,更加个性化和人性化的网络广告服务能够减少用户注意力资源和企业主广告投资的浪费,使双方在个性化广告的投放和获取中达到双赢的局面。

最后,从法律层面上来看,个性化广告本身并没有侵犯用户的隐私权,互联网媒体平台根据受众偏好进行广告投放的行为也没有违反相关的法律规定,并没有故意对用户的隐私信息进行侵害。同时,由于大部分用户数据的使用客观上并不会侵犯用户的隐私权。因此,媒体平台推行个性化广告服务,在很大程度上能够实现广告主企业和互联网用户的双赢,媒体平台、广告主和广告代理应当以这种双赢的局面作为个性化广告服务的目标。

在大数据的背景之下,个性化广告与个人隐私权的保护并没有直接矛盾,而通过个性化广告服务网,广告主体和用户在很大程度上能够达成双赢。然而,个性化广告的发布者在发布广告时,也存在许多需要注意的事项:第一,个人隐私数据应满足用户的知情权。依据《全国人民代表大会常务委员会关于加强网络个人信息保护的决定》,媒体平台在收集用户数据前需要明确告知个人数据采集、使用的具体方式以及范围,不能通过隐蔽的条款或晦涩的专业词汇来阻碍用户对平台个人信息收集行为的了解。第二,在个人隐私信息的收集过程中应对个人身份信息和其他信息作出明确区分。个人身份信息是互联网用户具有可识别性的基础,媒体平台不应通过任何途径来使用用户的姓名、联系方式、地址等敏感隐私信息来进行个性化广告内容的推送。第三,网站应赋予用户是否同意数据信息收集的选择权。网络媒体平台应当在用户协议中允许用户拒绝网站进行数据采集。用户在确认拒绝网站的数据采集行为后,网站不得通过其他隐蔽的手段来继续采集和使用用户的个人数据。第四,网络媒体平台不得阻碍其他平台或网络企业正当的数据采集工作,阻碍其他企业正当数据采集工作的行为属于不正当竞争,网络平台和企业应共同营造良性的数据环境。第五,网络企业对收集的用户数据具有维护其安全不被泄露和滥用的义务。从技术上来说,平台应努力提高数据的防盗水平,在理念与制度上,平台应强化保障用户信息安全的责任意识,将维护用户的个人隐私权作为重要发展目标,并在此基础上增加相关投入。①

三、平衡个性化服务与个人隐私安全应更注重个人的主体性

自由主义理论认为,人是有理智的动物,人本身就是目的,构成社会的基本单位是个人。每个人作为思想的有机体,能够认识周围的世界,有能力作出促进社会利益的决定。在价值尺度上,人区别于其他动物的地方,就在于他们有思想和记忆,根据经验能够作出正确判断。②"道德代理人"理论指出,人类之所以将技术作为工具看待,实质只是为放纵自我,免去道德责任寻找的一种借口。"当计算机已经取代了那些本该具有道德约束的人类服务人员,再去避免对计算机系统进行道德约束就显得不合适了。"③伦理问题最终研究的是人的道德问题,理应以人为主要研究对象。④

个人隐私权受到侵犯的根源并不在于大数据和互联网技术的发展,技术本身并无善恶,问题的根本原因在于作为个体的人本身,因此解决问题也

①　参见朱巍:《大数据背景下精准广告与隐私保护》,2016 年 3 月 3 日,见 https://mp. weixin.qq.com/s/12_E6lH8QuJcJDo--aR6Jw。
②　参见陈力丹:《自由主义理论和社会责任论》,《当代传播》2003 年第 3 期,第 4—5 页。
③　[荷兰]尤瑞恩·范登·霍文:《信息技术与道德哲学》,赵迎欢等译,科学出版社 2013 年版,第 222—223 页。
④　参见李名亮:《智能广告信息伦理风险与核心议题研究》,《新闻与传播评论》2020 年第 1 期,第 78 页。

应当由此开始。个性化广告推送所带来的个人隐私权侵犯问题与人作为主体的目的性是分不开的。从根本上来说,由于个人隐私侵犯所导致的各种问题是互联网平台上个人欲望与权益间的博弈,所以平衡互联网个性化广告和个人隐私信息保护的工作首先是对从业人员和用户个人的教育和引导。

首先,要增强从业人员的责任意识。用户基于对企业或平台的信任将自己的信息甚至关键性的隐私信息交给平台进行保管,或是基于平台的使用规则将信息被动地交给平台,因此在获得用户的个人信息后平台应主动地承担其相关的保护责任,而这种责任应该贯穿于持有用户个人信息的全过程。为了在用户信息收集、储存和使用的全流程中有效保护个人隐私权,需要增强涉及的各个相关群体的责任意识,其中主要包括运营人员、技术人员以及用户等。运营人员需要承担起对用户个人隐私权进行保护的主体责任,防止用户个人信息被泄露和滥用;技术人员应当承担起对用户个人信息保护的技术研发责任,为保护个人信息安全储存、不受外部侵犯提供技术保障,在努力开发个人隐私保护新技术的同时,也要防止数据信息技术的越位和滥用,在面对可能会对用户隐私权造成损害的技术时应采取更加严谨的态度。

其次,要提升从业人员的数据治理能力。作为直接掌控或者能够接触到用户数据的个体,行业内的数据人员很容易受到利益驱使,将用户的个人隐私数据泄露,造成难以挽回的损失。为了预防这种行业内部信息泄露行为的发生,需要对从业人员进行有效的监督并提升其数据治理的能力。对此,广告行业和媒介平台应当设立系统化的专业数据治理机构,建立完善的监督体系,对于泄露隐私数据的从业人员在行业内进行公示,记入个人隐私泄露的"黑名单"。在行业加强自我规制的同时,督导行业内部从业人员增强自身的自控能力,在面对利益诱惑时能够顾及行业督察体系,进而减少由于个体造成的用户个人隐私权损害。

四、对数据技术和算法的开发和应用采取更加严谨的态度

互联网时代,数据技术是推进社会进步的助推器,然而数据技术的发展

并不能毫无节制。李伦教授认为,互联网公司奉行的是数据主义,数据主义推崇的是数据的权力而不是数据的伦理和人的权利。数据主义主张算法至上,数据名义上是用户的,但算法是商业公司的,没有算法,数据其实没有价值。[①] 为实现商业公司的竞争性,算法黑箱成为必然产物,算法主动权总是掌握在公司手中,用户的权利和国家、法律的监管无从显现与制约。[②] 个性化广告推送中可能出现的个人隐私权侵犯与数据技术的不当应用有着很高的相关性。因此,数据技术的开发和应用应当采取更为严谨的态度,对于存在隐私泄露风险的技术应当适度地进行限制,保护用户个人隐私权。

首先,为技术发展划定范围,设定适当的禁区。数据技术对于互联网广告行业像一把双刃剑,既可以推动行业的发展、满足用户的个性化需求,使企业与用户实现双赢,也可能带来对用户个人隐私权的侵犯,使受众对互联网广告行业失去信任。为了对互联网用户的个人隐私权进行有效保护,对数据收集技术的无节制发展加以限制具有必要性。在数据收集技术的使用下,用户的种种信息渐渐被互联网平台和企业所获取,作为进行个性化广告推送的基础。如果对于数据技术发展不加以规制,那么很可能导致未来出现数据分析和预测等技术带来数据层面的"歧视"。当人们发觉某种数据新技术的开发与应用可能危害公民的合法权益,给社会的稳定带来风险甚至造成难以弥补的损害时,需要科研人员进行把关,以谨慎的态度作出理智选择。为了互联网广大用户个人隐私信息的安全,需要加强对数据技术的管理。企业应当对自己研发的数据工具加以限制,在经济利益和社会利益中作出选择,这需要企业树立对于数据技术的自律意识,明确损害用户隐私权所带来经济利益只可能是短期利益,而因损害受众利益而失去用户的信任则是永久性。而这种自律意识的形成需要互联网广告行业联合起来共同制定数据发展的原则,设定技术禁区。

其次,在数据技术的发展中加入伦理道德的制约。除了对数据技术的

---

① 参见李伦:《"楚门效应":数据巨机器的"意识形态"——数据主义与基于权利的数据理论》,《探索与争鸣》2018 年第 5 期,第 30 页。

② 参见马澈:《隐私、言论与平台规制——基于扎克伯格听证会的议题分析与思考》,《现代传播》2020 年第 1 期,第 29—33 页。

外部法律制约,将伦理道德内化到数据技术的发展与应用中,能够减少数据技术带来的个人隐私侵犯问题,保护广大用户的隐私权。虽然数据技术本身并不具备伦理道德,但其开发者和应用者在一定程度上都是具有价值取向和社会责任感的,数据技术发展中所包含的伦理道德便是开发者和应用者所赋予的。与此同时,在技术研发阶段就将伦理道德融入其中可能是一种新的突破。技术员在开发与应用数据技术的过程中,可将不对用户的隐私信息进行泄露和滥用等原则像编码一样注入相关程序,即当程序在预测数据收集和数据分析结果不会对用户的隐私权造成侵害时再允许启动,同时当数据发生泄露时能够自动进行销毁或复杂加密。对此,互联网平台和企业的技术部门需要给予数据技术一定的判断能力和选择能力,使其使用目的不光是为了谋求企业的商业利益,同时也要保障广大用户的合法权益和社会利益。①

五、发挥广告行业协会在平衡个人隐私与个性化服务中的作用

长期而又系统的个人隐私侵犯行为使有关部门出台了相关的法律法规并成立专门的工作小组,来对这种行为进行外部约束。但是仅仅通过政府监管部门的他律,很难从根本上断绝商家对于消费者个人隐私的侵犯。广告行业加强对用户的隐私保护,强化相关自律意识的重要性日益显著。从欧美发达国家互联网广告业对个人隐私保护的实践来看,为了避免政府更加严格甚至"一刀切"式的管制模式,美国的许多广告自律协会都在自觉地对互联网个性化广告进行内部监管。

目前,美国政府有关部门对于互联网广告行业的外部管制主要由联邦贸易委员会来主导,从联邦贸易委员会的发展过程来看,虽然美国立法部门在一定程度上给予了委员会特定的强制权力,但这种政府的外部规制并没有获得理想效果。在这种政府与商业力量相互博弈的市场环境下,广告行业自我规制的价值逐渐凸显出来,多种多样的广告自律协会也在这种环境

①　参见刁生富、赵亚萍:《网络环境下精准定向广告推送与隐私权保护》,《淮阴师范学院学报》2018 年第 5 期,第 526—527 页。

中迅速发展起来,形成系统化的自我规制体系。政府对广告个性化推送的规制,主要是由于许多企业在搜集用户上网数据的过程中存在不当行为,因此经常受到消费者对于侵犯隐私行为的投诉。但是,政府的外部规制存在一定的弊端,因而美国政府对个性化广告推送的规制政策是十分严谨的,这样保守的态度也为美国广告行业自律协会进行自我规制与管理留下了发挥空间。

2009年1月,美国五家自律协会,包括互动广告局、美国广告代理协会、美国广告主协会、商誉促进局、美国直销协会就在线行为广告自律规制问题展开合作,形成"广告自律联盟"。该广告自律联盟在《在线行为广告自律原则》中制定了关于个性化推送的七大原则:一是教育原则,即向消费者与企业传播个性化广告的相关信息和知识;二是透明原则,即成立多种传达机制来保障告知用户关于个性化广告的数据搜集与使用的具体事宜;三是用户可控原则,即确保被搜集上网数据信息的用户,能够自主地选择被搜集的数据是否将会进行转移或用于商业目的;四是数据安全原则,即保障个性化广告搜集与使用的数据能够被妥善保存,不会被公开或泄露给第三方;五是内容变换原则,即广告主或数据持有者对用户数据收集政策与应用政策的任何具体变化都需要事先征求用户的同意;六是敏感数据原则,即涉及儿童信息、金融信息、社保信息、药品处方信息或医疗就诊信息等特定敏感数据信息,需要与常规数据进行区别对待;七是问责制原则,即各个自律协会共同合作,对违反个性化广告自律原则的行为进行制裁和公开,共同维护广告市场的良性发展。广告自律协会关于个性化广告的这些原则规定相比于政府的宏观规制更具有针对性,在细化的原则基础上更加强调对于广告商和广告平台自律意识培养的重要性。

在自律联盟原则的指导之下,美国广告自律协会对于个性化广告推送的自我规制取得了明显成果。美国广告主协会在广告自律联盟所制定的原则基础上,强调了关于互联网用户在个性化推送中的主体性,即消费者对于个人数据的收集应当具有知情权和选择是否接受的权利。此外,美国国家广告主协会在重申"教育原则"的同时还强调了问责制。在个性化推送广告自律原则的执行层面,美国商誉促进局与美国直销协会起到了至关重要的作用,它们把数据技术检测平台加以强化,以此来完成对于广告主企业的问责和消费者投诉的解决。

随着移动互联网技术的不断发展,美国的个性化广告自律规范也逐渐考量移动广告的新特点,将其纳入自律原则的修订与适用过程中,这种实践可以说是《在线行为广告自律原则》在移动互联网环境中的新发展。此后,美国广告业联合会与网络广告促进会也加入到了之前的"广告自律联盟"中,七家广告自律协会组成的美国广告自律联盟在 2013 年 7 月发布《移动环境中自律原则的应用》。原则中包含了对于新的数据类型的隐私保护和自律策略,如多站点数、深度数据、精确位置数据、个人目录数据等新型数据类型,以此来规范个性化广告自律原则在移动网站与移动 APP 环境中的应用。①

同时,由于互联网广告的传播具有超越国家界限的特点,单一国家的广告自律规制很难在全球范围达到理想的规制效果,因此,国际化的个性化广告自律标准变得十分关键。美国对于个性化广告的自律规制拥有更多的实践经验,其广告自律联盟的规制形式和原则化的自律标准,在很大程度上促进了世界各国相关广告规制的发展进步。对此,国际商业协会依据美国的个性化广告自律原则和规制经验,在 2011 年 8 月发布了《国际商会广告与营销传播实务统一准则》。该准则包含了全球范围内首个个性化推送广告的行为指南,为世界各国的广告主企业进行个性化广告跨国经营和商业合作规划了方向。

第四节　行业数据监测标准的议定

当前我国互联网广告数据监管最大的问题是尚未建立起行业统一的数据监测标准以及监测流程的标准化管理。互联网广告数据监管与治理是一个复杂性、多维度问题,涉及政府管理部门、广告主、广告代理公司、网络媒

---

① 参见孟茹:《美国在线行为广告的自律规制研究》,《新闻界》2016 年第 10 期,第 60—64 页。

体平台、第三方数据监测机构等多方主体,不同利益主体间的碰撞和博弈增加了行业标准的议定难度,这就需要发挥行业协会的组织力量,探讨各利益攸关方的最优激励问题。

一、行业数据监测标准的议定需要广告协会的推动

在中国互联网广告行业快速发展的背后,市场中一直存在着对互联网广告数据测量指标不统一、难以测量及测量不准确等问题的质疑。如何推进整个互联网广告行业的健康和稳定发展,广告行业数据监测标准及广告数据监测工具的标准化这个话题一直备受关注。为推进中国互联网广告行业数据监测标准化、透明化的建设工作,中国无线营销联盟于 2012 年 9 月成立移动广告标准与测量委员会,致力于议定符合中国互联网广告市场需求以及能够被行内广泛认可的移动广告数据标准,进而推动中国互联网以及移动互联网广告行业的进一步发展。

在没有统一互联网数据监测标准与具体工具之前对移动端互联网广告的曝光数、点击量等数据进行切实有效的统计与监测,需要广告平台与第三方的数据监测组织进行合作,在平台的广告终端内嵌入第三方数据监测机构的测量工具。如果不同的广告主和广告平台使用的数据监测标准不统一,采用不同的第三方广告监测标准,就需要终端添加多个不同的广告数据监测工具,这在很大程度上增加了数据监测的成本和不稳定性。

2017 年 9 月起,中国无线营销联盟开始进行对互联网移动端广告数据监测工具的测试,并在几个月的时间内取得良好的效果。目前,广告终端只需要添加统一的互联网广告数据监测工具,就能够满足绝大部分第三方数据监测机构的需求,减少虚假数据和无效数据,增加互联网广告数据的可信度和有效性。与此同时,互联网广告行业的数据监测工具实现标准化,能够有效降低数据监测的开发成本和维护成本。中国无线营销联盟主席对此发布讲话表示,此次互联网广告数据测量工具的发布和测试工作只是我国移动互联网广告行业启动广告数据测量标准化和统一化的一次初步尝试。在之后的互联网广告数据测量环节中,依然需要互联网广告行业上下游各方的持续配合,否则新的互联网广告数据监测工具也难以维持它的装机量和

使用量,而只有维持很高的装机量才能对移动互联网广告产业数据监测的标准化和规范化带来切实的进步。

中国广告协会也对中国无线营销联盟近些年来对中国互联网广告数据监测标准的制订与推广表示了认可与赞同。中国广告协会是行业内的管理和指导角色,中国无线营销联盟内部的移动互联网广告标准与测量委员会是行业内的执行角色,双方将会在未来继续保持合作关系,在互联网广告数据规范和测量工具的开发与推广等方面不断进行新的尝试。中国广告协会将尽力推进中国无线营销联盟的数据监测标准规范化工作,提升互联网广告数据的透明度,推动互联网广告数据层面的自我规制,减少无效数据和错误数据,营造良好的互联网广告数据生态,发挥行业协会的推动作用。

欧美等发达国家在互联网广告数据监测标准的统一化方面同样存在需求。根据美国广告商协会的统计报告显示,互联网广告数据在交易中的透明度存在不足。对此,脸书平台在2017年公布了平台系列广告的流量测量误差,同时谷歌平台也面临着多个客户由于所投放的广告数据结果与协议不符而停止合作的困境。目前,谷歌公司已经联合众多媒体平台共同推行名为 Ads.txt 的互联网广告行业倡议,对虚假广告流量数据问题进行有力回击。该倡议的主要内容即通过公开已经授权的广告代理数据标准,来提升互联网广告投放中的数据透明度,减少无效数据对于广告决策的干扰。2017年初,欧美的互联网广告行业开始进行数据测量方面的改革运动,宝洁公司的广告执行官在许多演说中都曾公开呼吁:数字媒体数据需要得到净化,存在虚假数据的广告位应当被清理。[1]

行业管理机构和行业协会的共同推动有利于行业统一标准与数据监测标准的建立,未来的重点则是继续发挥行业协会的组织力量,推动这些行业标准的有效落地与执行,促进互联网广告市场健康繁荣发展的重要手段。

二、行业数据监测标准的议定需要第三方数据监测机构积极参与

近年来,互联网媒体平台的发展十分迅猛,数据标准以及测量工具各不

---

[1] 参见腾讯传媒:《谷歌揽着各大媒体推了份行业倡议:我们要作虚假广告清洗剂!》,2017年8月1日,见 https://www.sohu.com/a/161356263_465296。

相同。这一方面使互联网广告在发展中受到更少限制、更容易普及,另一方面也引发了广告市场流量数据不透明、不准确的问题,成为限制行业持续发展的制约因素。缺乏权威公正的广告数据监测标准和权威的第三方数据监测机构,已成为制约我国互联网广告行业发展的瓶颈。我国广告市场数据失范现象的治理,需要在行业协会的组织领导之下与第三方数据监测机构开展长期的战略合作,定期对广告数据进行监测与评估,以统一的标准来提升数据的真实性和可信性。对此,除了行业内部广告代理与媒体平台对数据标准加以统一外,第三方数据监测机构作为考量广告平台广告价值的重要参考,对行业数据监测标准的议定应当承担起自身的主体责任。

对于互联网媒体平台来说,广告点击数据与广告投放数据是广告主和广告代理商判断媒介平台影响力和广告传播效果的重要标准。就目前的情况来看,虚假流量和虚假点击量已经影响了互联网广告行业的声誉,使企业对网络媒体的广告投放行为变得十分拘谨。媒体平台通过与第三方的权威数据监测机构进行长期合作,不但能够提升媒介形象,同时也能为作为客户的广告主和广告代理提供更加可信的数据凭证。今日头条副总裁表示:"如果广告主愿意采用第三方机构来监测广告内容在头条平台的传播效果,今日头条平台可以为广告主的投放数据监测支付费用。"2017 年 2 月,宝洁公司宣布,将给互联网广告费用增加一条限制条件,即广告代理机构、广告技术媒体必须采用第三方机构的可见性数据测量,以消除广告数据欺诈。2018 年 6 月,联合利华集团宣布,联合利华将会永久性拒绝与购买虚假粉丝和进行流量数据作弊的社交媒体明星或红人进行合作,并且在选择合作伙伴时对打击数据欺诈行为的平台优先予以考虑。

就我国目前的情况来看,国双平台作为我国最早涉及数据监测领域的企业之一,一直在数据行业占据领先地位,并且在互联网广告、营销和媒体流量监测等细分领域拥有先进的技术和丰富的经验。在发展企业自身、不断扩大经营范围、提升技术水平的同时,国双平台也在为互联网广告行业的持续健康发展贡献自身的力量,积极地参与到行业数据监测标准的议定工作中。通过与互联网广告行业内部的企业和媒体平台进行深度合作,国双致力于为互联网广告市场建立标准化的数据监测基础。为了进一步规范互联网广告数据监测标准,推动我国互联网广告市场的良性发展,国双平台在第一时间响应了中国无线营销联盟广告标准与测量委员会制定数据监测标准的号召,积极参与到互联网广告数据监测标准的议定中。2018 年 5 月,国双平台正式担任中国营销联盟广告标准与测量委员会 OTT 监测标准小组组长,主要负责拟定我国第一个 OTT 领域的广告监测标准。该标准议定的主要目的是建立起一个能够被互联网广告行业各个参与主体所共同接受的统一数据监测标准,通过统一互联网同类型广告数据监测的数据测量单位、数据传输标准、数据测量方法以及对广告效果评估提供更加有力依据等具体方式,来推动广告市场的发展。提升数据对于广告主的参考价值。

作为国内较为先进的人工智能和大数据监测平台,国双通过知识图谱、分布式计算、自然语言处理等优势技术,为互联网数字广告营销、网络融媒体数据分析等诸多领域挖掘数据价值,提升互联网广告行业的规范化与标准化。通过自身的技术与经验,联合多家行业全体成员共同发布《中国无线营销联盟 OTT 广告 SDK 监测标准》,为互联网广告行业提供一系列数据标准。这些标准在保障用户隐私权的同时,也能有效而规范地进行数据监测。2018 年 7 月,国双平台与勾正数据平台共同发布《汽车数字广告受众触媒习惯分析》报告,将一年时间内用户在 PC 端、移动端的广告接触习惯收集起来进行大数据分析,数据结果展现了汽车行业互联网广告投放的具体效果和发展趋势,为行业内的数据监测提供了十分具有参考价值的案例。

三、行业数据监测标准的议定需要考虑到具体的数据监测方式

除了强大的数据分析能力外,全面的数据监测能力对于互联网广告数据监测标准的规范化十分关键,这在很大程度上也需要第三方数据监测机构的支持。就一般情况来看,数据监测的流程越长,不同的数据之间越需要相互印证,不能彼此产生矛盾,这也使流量数据的造假成本变得极高,数据异常在监测过程中能够更加明显地表现出来。如果仅仅是对广告数据的前端监测,平台对部分广告数据进行虚报会很容易,能够逃避掉第三方的监测;但是如果在监测标准中加上后端监测,例如热力图或多维度剖析,那么就可以更容易发现数据异常。因此,在数据监测中将广告平台前后端打通

并将这种监测方式纳入数据监测标准,能够在很大程度上促进数据监测的标准化和规范化,减少监测机构和媒体平台数据造假的空间。

目前,国双平台采用的 AdDissector 可以为互联网平台上的广告主提供打通各个终端数据的监测技术。具体来说,国双的监测技术主要涵盖了三个层面:首先是打通线上线下的广告数据监测,使数据监测的范围覆盖到用户日常生活中能够接触到的各种媒介终端,其中包括 PC 端、移动端、OTT端、户外屏幕等。其次是打通前后端的广告数据监测,所谓前端数据监测,指的是监测机构对媒体平台上明确展示的广告位的数据监测;而后端监测指的是对于用户点击广告链接之后的行为进行持续跟踪监测,其中包括官网、微信、微博、APP 等。最后是打通广告主自建平台和第三方平台的广告数据监测。通过完善具体的监测方式,让数据监测的各个终端以及各个环节间的数据能够彼此之间相互验证,由此得到的数据监测结果更加具有权威性和可信性。通过采用这样一系列覆盖线上数据与线下数据、前端数据与后端数据、自建平台数据与第三方平台数据的全领域数据监测方案,国双平台不光能够生产基础的数据报告,还可以通过规范化的数据监测标准来减少虚假数据和无效数据,输出能够为广告主提供可靠参考的真实数据。在互联网广告数据监测标准的议定中,不仅要努力达成一种能够为各方主体所共同接受的规范化标准,同时也要考虑到符合监测标准的具体监测方式,增加数据监测标准的科学性和可行性。

四、行业数据监测标准的议定需要互联网媒体平台强化反作弊技术

在中国互联网广告市场,反数据作弊是一场持久战。随着广告数据作弊的手段和技术不断更新换代,反作弊措施也必须不断更新,减少广告数据作弊对互联网广告行业数据监测标准的规范化具有至关重要的意义。对此,腾讯在净化广告数据生态方面不断努力,连续两年推出《广告反欺诈白皮书》,与秒针系统共同建立了我国第一个反广告欺诈的数据实验室,利用大数据技术构建起行业内领先的数据监测模型,以此来鉴别广告虚假流量及运作的具体模式,净化互联网广告数据监测环境,为数据监测标准化贡献出巨大价值。[①]

腾讯平台和秒针系统通过发布《广告反欺诈白皮书》,揭露了目前互联网广告市场中数据伪造的情况,剖析了数据作弊产业链的构成情况,并且有针对性地提出了反数据监测作弊的具体方案建议,希望以此减少虚假数据对互联网广告主的侵害,推动互联网广告行业的数据监测实现透明化和规范化发展。根据腾讯平台所统计的数据,随着互联网数据监测的不断规范和升级,目前进行数据作弊的小规模组织已经被基本消除,数据造假逐渐呈现出规模化的趋势,呈现出分工明确、体系发达、架构合理等特点,这导致刷量等数据造假操作变得更加难以察觉。还有前文提到的腾讯平台内部"灯塔"小组开发的反数据作弊引擎,用媒体平台的力量为互联网广告行业数据监测的标准化与规范化提供支持,对我国互联网广告生态向规范化、标准化的方向发展具有重要推动作用。

五、行业数据监测的标准化需要多方协同参与

目前,行业数据监测标准规范化所面临的最大问题在于如何打通不同类型、不同形式的数据。解决这一难题需要整合不同数据进行综合监测,实现系统化的数据评估;同时,还要进一步提高广告数据监测的透明度,让广告活动中各个主体开放数据监测的必要权限,提供更为丰富的数据监测资源;此外,还需要通过多种技术手段来防止广告数据作弊,减少数据欺诈,提升用以分析的数据可信度和安全性。因此,实现互联网广告行业数据监测标准化,需要政府、行业组织和媒介数据公司等互联网广告市场主体共同努力,形成良性的共治模式。[②]

就相关的政府部门来说,需要与互联网广告行业组织和第三方数据监测机构形成制度化、系统化的数据信息沟通模式。针对行业组织所反映的企业或平台的数据违规行为,政府部门应发挥强制力,对其进行外部的行政

---

① 参见中国新闻网:《腾讯灯塔联手秒针、AdMaster 发布广告反欺诈白皮书》,2017 年10 月19 日,见 https://www.chinanews.com/it/2017/10-19/8356088.shtml。

② 参见王淼:《数据驱动的互联网广告效果监测研究》,《广告大观》2017 年第 4 期,第31—46 页。

处罚和法律规制,对数据行业准入标准进行完善,提升互联网广告数据领域的准入门槛,并强制不符合市场规则的企业和平台退出互联网广告市场。

就广告行业组织和第三方数据监测机构来说,需要对自律意识与制度建设加以强化,积极开展对数据企业的评价,使作为"监测者"的组织机构同样能够接受外部的监测与评价,以此来促使平台机构提升自身数据监测的质量和水平,同时对其在数据监测过程中可能产生的不当行为加以约束。对于数据监测机构的不规范行为,广告行业组织可以采取约谈或警告等形式来敦促其整改,严重的问题应及时通报相关政府主管部门,对相关行为主体进行处罚,而这一过程也应在社会和互联网广告行业进行公开。① 2019年9月,中国通信标准化协会大数据技术标准推进委员会在中国信息通信研究院召开讨论会,完成了对于数据平台的技术要求的协定和相关的数据测试。由此,中国数据平台标准2.0正式确立,而此次数据平台技术标准协定的顺利完成就是由政府相关部门、媒体平台和第三方数据监测机构共同合作的结果,具体是由中国信息通信研究院进行领导,国双数据监测平台与阿里巴巴、百度等二十多家互联网企业共同参与。②

---

① 参见廖秉宜:《中国媒介市场数据失范现象与治理对策》,《编辑之友》2018年第10期,第34—35页。

② 参见晓梅:《国双参与制定 TC601"数据管理平台标准2.0"正式确立》,2019年9月27日,见 http://science.china.com.cn/2019-9/27/content_40908479.htm。

结　语

本书对中国互联网广告行业自我规制的理念、市场条件、体系构建与实践路径作了多视角的分析和探索，以探究我国互联网广告规制的困境所在与根本问题，并借此了解智能技术快速发展的时代广告产业较为发达国家的广告规制模式变革。

一、构建具有中国特色的互联网广告自我规制体系

广告业是国民经济的先导产业，对于推动国家经济发展、促进文化繁荣和社会进步都具有重要作用。国际上发达国家非常重视广告业发展，西方发达国家广告产业起步较早，广告规制体系相对完善，广告业自我规制体系的实践也较早。但是伴随互联网技术的发展，传统广告自我规制模式纷纷面临转型升级的问题。在新的自我规制模式中行业自我规制组织管理机构更趋于简化，组织成员构成更加大众化，自我规制守则更加全面细化，同时增加了志愿式融资的资金保障路径。这些都增加了互联网情境下广告业自我规制的执行效率，反映出国际上互联网广告规制实践中以行业自我规制为主导的发展趋势。

中国互联网广告发展二十多年的历程，在行业动力、市场环境、市场结构等方面已经具备自我规制的基本市场条件。一方面，我国的法律法规建设、广告产业发展、互联网媒体环境以及广告规制模式等都与其他国家有所不同，所以不能完全照搬其他国家的广告规制模式。另一方面，在互联网广告飞速发展的时代，也不能简单延续基于大众媒体环境所形成的传统广告规制模式。智能算法技术和程序化购买已经颠覆了传统的广告产业链，形

成了一个由行业多主体参与的复杂广告产业网络,互联网广告的表现形态和运作模式均发生了结构性变化。因此,互联网广告行业的各类失范问题,如果完全依靠政府主管部门依据《广告法》主动实施行政监管,就容易面临规制不足与过度规制的双重风险。所以,必须按照互联网广告自身独特的规律和技术特点,以全新的规范逻辑和规制手段应对互联网广告行业市场的快速发展,充分调动行业主体的参与和潜能,充分发挥行业多元主体的权力、技术和专业优势,构建起一套具有中国特色的互联网广告行业自我规制体系。

我国互联网广告行业自我规制体系必须在政府规制的支撑作用下实现。自我规制并不等于完全自治,有效的自我规制需要以政府规制机构提供的法律监管框架为基础。政府以及互联网广告行业主体需调整其在规制过程中的固有角色和定位。政府主要从广告规制的前后两端入手,提供事前合规指引和事后归责框架,并形成行业主体的责任威慑机制,推动督促建立完善的互联网广告行业自我规制管理体系,促进互联网媒体平台、广告主、代理机构以及第三方技术公司等多元行业主体共同参与行业自我规制与管理,包括针对不同技术类型的互联网广告制定自我规制审查指南或操作规程,细化并完善互联网信息服务商的广告审查标准等,使之适应互联网环境的不断变化,这也是一种受监督的行业自我规制。

二、互联网广告行业自我规制共同体的形成

德国社会学家费迪南·滕尼斯(Ferdinand Tönnies)提出了"共同体"的概念,认为共同体往往具有相互一致的,能够结合到一起的信念,即"共同领会"。① 以往学者对共同体的研究提出了多种不同的分类方式和观察视角,这些分类都强调了共同体的纽带。共同体的形成一般会基于互动性、情感联系、利益导向、一致行动、文化相似性、关系结构、身份认同与共同体意识等核心要素的认定。不同类型的共同体可能具备其中的某几种要素,但

---

① 参见[德]费迪南·滕尼斯:《共同体与社会》,张巍卓译,商务印书馆 2019 年版,第94 页。

并不一定同时兼备以上所有要素。一般而言,具备的要素越多,共同体的稳定性与紧密程度也会越高。①

　　参照这些研究,我国互联网广告行业应该形成一种自我规制的共同体,行业市场主体基于自觉自愿的原则制定并实施自我规制守则,在成员组织或行业内部执行。其中互联网广告行业市场主体包括网络媒体平台、广告主、广告公司及其他相关行业组织,其规制内容、规制方式的选择以及内部激励机制的设计均由行业内部成员决定。从共同体的维系纽带来看,我国互联网广告行业主体具有利益共同体、文化共同体和职业共同体的性质,行业主体往往具有共同的利益导向,也具备行业主体间互动与交流的沟通机制,已经具备一些共同体的基本要素,只是目前尚缺乏一种共同体意识与身份认同,即互联网广告行业主体并不能明确意识到自我规制共同体的存在,而这种共同体意识与身份认同直接关系到行业主体进行自我规制的约束力与执行意识。因而,政府监管机构、行业协会组织可采取各种激励措施促成我国互联网广告行业自我规制共同体的形成,使共同体成员能够在自我规制的目标导向下形成统一、协调的自我规制行为,自觉规范互联网广告活动中的行为,从源头防治各种失范行为的产生。逐渐培育互联网广告行业自我规制共同体具备行为方式与文化的相似性,即自我规制共同体成员在自我规制行为、行业标准采用以及价值观等方面具有较大的相似性,最终形成较为紧密的关系结构,获得社会责任、行业归属感与声望地位的情感满足。

三、加强智能技术在互联网广告行业自我规制中的运用

　　随着互联网广告程序化购买的快速应用与发展,程序化广告投放中各个环节可供作弊的灰色区域也不断增多。以数据造假为例,造假手段已呈现出体系化、技术化与仿真性的发展态势。从早期的微博平台刷粉丝量,电商平台刷订单量、刷好评,到如今的微信公众号刷阅读量、刷赞,直播平台刷观看人数、刷打赏……为了使虚假数据更具"真实感",数据造假技术发展

---

① 参见彭兰:《"液态""半液体""气态":网络共同体的"三态"》,《国际新闻界》2020年第10期,第31—47页。

也是日新月异,从最初人工刷量发展到机器人刷量,如今更是将各种技术手段应用于互联网媒体平台的数据造假环节,比如静默安装、设备 ID 重置、流量劫持以及归因作弊等技术造假方式。① 技术成为互联网媒体平台数据造假手段的强大助推力,"技术+造假"的手段越来越"高明",这就需要政府监管部门以及各行业主体加快升级监管技术,遵循"技术带来的问题以技术的手段来解决"的逻辑思路,以更先进的智能技术遏制互联网广告产业链条中的各种失范行为,技术规制将发挥越来越重要的辅助监管作用。对此,我国一些大的互联网媒体平台和第三技术公司已经作出一些积极尝试,如新浪微博建立智能反垃圾系统,通过用户日常行为数据分析以及人工举报等多种方式,辨别各种数据异常现象;京东则利用大数据技术搭建反刷单系统,对订单数据、用户数据等数据源进行多维度分析,精准识别刷单等恶意造假行为;第三方数据技术公司精硕科技(AdMaster)发布了定投识别系统,秒针系统推出反作弊技术工具 UserPulse 等。②

　　在智能技术发挥着愈发重要作用的同时也面临着一些新的挑战。一是智能技术的持续更新与时效性要求。以上述互联网程序化广告投放环节中的数据造假为例,其技术手段不断更新,传统人工方式已经难以辨别,面对海量级的互联网广告投放数据,技术的审核与运用成为一种必然,这就对反数据失范等智能技术的更新速度与实效性提出极高要求。并且,依托单一组织的技术力量已经难以解决整个产业生态网络的数据失范行为,需要建立产业技术联盟,联合行业内数据监测机构、互联网媒体平台、广告主等行业主体相关技术部门,共同维护互联网广告产业生态网络的健康发展。另外,反数据失范等智能技术的研发资源投入巨大,亟须建立包括投放前数据预判、采集、计算以及投放后监测与检验的一套完整技术监测体系,深入互联网广告数据运营的全流程,完善智能技术监管体系。二是智能技术规制专业人才团队的培育问题。当前一些参与失范行为技术人员的实力可能比

---

　　①　参见鞠宏磊、李欢:《程序化购买广告造假问题的主要类型及影响》,《编辑之友》2019年第 1 期,第 61—62 页。
　　②　参见刘晓:《互联网媒体平台:数据造假"重灾区"》,《媒介》2017 年第 4 期,第 33—37 页。

一般第三方技术公司都强,这就增加了反失范行为智能技术开发的难度,并且对技术研发人员的要求极高。技术开发人员需要对不断翻新的失范行为技术手段、应用场景、表现方式等细节充分掌握,并进行反复的建模演练。这要求技术人员具备极高的持续学习能力,因而,行业主体需要有意识地培养一支具有持续学习能力的技术规制人才团队,并在互利网广告内容审核、传播过程中以及传播效果衡量等全流程强化智能技术的运用,发挥智能技术在互联网广告行业自我规制中的重要作用。

四、推进互联网广告自我规制过程中的行业合规

互联网广告行业主体的合规操作对于提升自我规制框架有效性具有重要作用,综合国际经验,互联网广告行业自我规制体系的有效运行特别需要注意以下几个方面的合规操作。一是自我规制书面准则的创建,书面准则的编制应结合互联网广告运作流程中的具体内容,在编写方式和语言使用方面符合行业具体标准,并针对互联网广告行业不断出现的实际问题及时更新或编建。二是明确自我规制体系的资金来源,资金是互联网广告行业自我规制体系运营的基础和关键。如澳大利亚在广告业自我规制体系的转型升级中实施了志愿式融资方案,在行业自我规制成员中收取一定比例的媒体总额附加费,使行业自我规制组织具有相对稳定的资金来源。三是分类投诉机制的建立与规范执行,即将竞争对手的投诉与公众投诉分类处理,避免竞争对手出于行业个体利益而滥用投诉机制干扰投诉处理的行为,提高自我规制体系效率。四是自我规制执行程序的定期审计,自我规制体系中具备一套完善的监察制度已成为国际共识,但对于审查的性质和规模却尚未统一。行业自我规制机构运作的公开性和透明性对于体系的维持至关重要,引进第三方机构进行审计可以及时发现体系内部问题并提高其信誉和社会地位。五是业内教育及公共意识的培育,业内教育是通过熟悉行业标准与守则,了解最近的研究及先例裁定来实现持续教育,并可以通过公开披露纪律处分的方式进行。

互联网广告行业自我规制体系的未来发展很大程度还取决于各行业主体的自我规制意识强弱以及资源分配是否合理。保持互联网广告行业自我

规制体系自身的完整性、独立性和严格性,应避免自我规制体系成为外部市场竞争及内部权力分配的工具和牺牲品。在行业自我规制体系内部,参与各方权力分配需要平衡,避免出现某一部分权力过盛,使参与各方资源、利益分配不均;同时应最大程度避免体系规范商业化,规避体系架构的不稳定因素。因而,作为以业界为权力中心的行业自我规制组织,必须时刻接受外部利益相关方,如政府机构与消费团体等的不断审查与监督,同时强化内部管理机制,平衡好相关内部各方利益,构建一个公平开放的互联网广告行业自我规制体系。

参考文献

一、译著类中文文献

1. ［德］黑格尔：《哲学史讲演录（第 1 卷）》，贺麟等译，商务印书馆 2011 年版。

2. ［法］米歇尔·福柯：《知识考古学》，谢强等译，生活·读书·新知三联书店 2003 年版。

3. ［法］让·梯若尔：《产业组织理论》，张维迎译，中国人民大学出版社 2015 年版，第 35 页。

4. ［荷兰］尤瑞恩·范登·霍文：《信息技术与道德哲学》，赵迎欢等译，科学出版社 2013 年版。

5. ［美］汉娜·阿伦特：《人的条件》，竺乾威译，上海人民出版社 1999 年版。

6. ［美］罗伯特·G.皮卡德：《媒介经济学：概念与问题》，赵丽颖译，中国人民大学出版社 2005 年版。

7. ［美］马克·波斯特：《信息方式：后结构主义与社会语境》，范静哗译，商务印书馆 2014 年版。

8. ［美］尼尔·波兹曼：《娱乐至死》，章艳译，广西师范大学出版社 2004 年版。

9. ［美］约翰·帕夫利克：《新媒体技术——文化和商业前景》，周勇等译，清华大学出版社 2005 年版。

10. ［日］川岛武宜：《现代化与法》，申政武等译，中国政法大学出版社 1994 年版。

11. ［日］植草益：《微观规制经济学》，朱绍文、胡欣欣等译，中国发展出版社 1992 年版。

12. ［英］安东尼·奥格斯：《规制——法律形式与经济学理论》，骆梅英译，中国人民大学出版社 2008 年版。

13. ［英］米尔恩：《人的权利与人的多样性——人权哲学》，夏勇等译，中国大百科全书出版社 1995 年版。

二、国内著作类中文文献

1. 陈昌凤:《美国传媒规制体系》,清华大学出版社 2013 年版。

2. 陈富良:《放松规制与强化规制——论转型经济中的政府规制改革》,上海三联书店 2001 年版。

3. 陈富良:《我国经济转轨时期的政府规制》,中国财政经济出版社 2000 年版。

4. 陈绚:《广告伦理与法规》,中国人民大学出版社 2015 年版。

5. 陈正辉编:《广告伦理学》,复旦大学出版社 2008 年版。

6. 邓小兵、冯渊源:《网络广告行政监管研究》,人民出版社 2014 年版。

7. 丁俊杰、陈刚:《广告的超越:中国 4A 十年蓝皮书》,中信出版社 2016 年版。

8. 范志国主编:《中外广告监管比较研究》,中国社会科学出版社 2008 年版。

9. 郭海英:《传媒行业政府规制体制研究》,中国广播影视出版社 2018 年版。

10. 国家工商行政管理总局广告监督管理司编:《〈互联网广告管理暂行办法〉释义》,中国工商出版社 2016 年版。

11. 何辉:《广告学概论》,中国人民大学出版社 2011 年版。

12. 黄河、江凡、王芳菲:《中国网络广告十七年(1997—2014)》,中国传媒出版社 2014 年版。

13. 姜奇平:《新文明论概略》,商务印书馆 2015 年版。

14. 朗胜主编:《中华人民共和国广告法释义》,法律出版社 2015 年版。

15. 李彬:《中国传媒产业规制及其演进研究》,中国传媒大学出版社 2017 年版。

16. 李建华:《中国网络传播制度研究:基于新制度经济学的视角》,红旗出版社 2016 年版。

17. 李明合、史建:《国外广告自律研究》,河南人民出版社 2010 年版。

18. 梁丽丽:《程序化广告:个性化精准投放实用手册》,人民邮电出版社 2017 年版。

19. 廖秉宜:《广告产业经济学理论与实践研究》,学习出版社 2012 年版。

20. 廖秉宜:《中国广告监管制度研究》,人民出版社 2015 年版。

21. 廖义铭:《产业自律性管制》,台湾翰芦图书出版有限公司 2005 年版。

22. 刘林清编:《广告监管与自律》,中南大学出版社 2003 年版。

23. 刘林清主编:《广告法规与管理》,高等教育出版社 2009 年版。

24. 刘双舟、杨乐:《互联网广告法律问题研究》,中国政法大学出版社 2018

年版。

25. 刘勇：《网络广告学》，东北财经大学出版社 2018 年版。

26. 罗丹、马明泽：《信息流广告实战：今日头条、百度、腾讯三大平台全解析》，电子工业出版社 2019 年版。

27. 马英娟：《政府监管机构研究》，北京大学出版社 2007 年版。

28. 孟茹、查灿长：《新媒体广告规制研究》，南京大学出版社 2018 年版。

29. 苏东水：《产业经济学》，高等教育出版社 2002 年版。

30. 王俊豪：《政府管制经济学导论》，商务印书馆 2001 年版

31. 王小锡：《道德资本与经济伦理》，人民出版社 2009 年版。

32. 王昕：《广告生态系统变迁中的中国广告管理研究》，中国传媒大学出版社 2015 年版。

33. 谢地：《政府规制经济学》，高等教育出版社 2003 年版。

34. 杨洪丰：《广告产业规制研究》，中国社会出版社 2017 年版。

35. 于林洋：《广告荐证的行为规范与责任解构》，中国书籍出版社 2015 年版。

36. 余晖：《政府与企业：从宏观管理到微观管制》，福建人民出版社 1997 年版。

37. 张文峰：《走向治理：媒介融合背景下西方传媒规制理性与实践》，西南交通大学出版社 2015 年版。

38. 张文显：《二十世纪西方法哲学思潮研究》，法律出版社 2006 年版。

39. 郑洁：《中国网络广告伦理失范研究》，中国社会科学出版社 2011 年版。

40. 周晖：《网络广告治理比较研究》，中国社会科学出版社 2018 年版。

41. 周辉：《变革与选择：私权利视角下的网络治理》，北京大学出版社 2016 年版。

42. 周辉：《中国网络广告发展与法治研究》，中国社会科学出版社 2019 年版。

三、非论著类中文文献

1. ［新］Peng Hwa Ang：《新加坡的社交媒体广告规制》，陕少霞译，《全球传媒学刊》2017 年第 2 期。

2. 白晓晴：《中美广告行业组织建设比较分析》，《改革与开放》2010 年第 8 期。

3. 包娜：《我国与欧美国家广告行业自律的异同》，《中小企业管理与科技（下旬刊）》2017 年第 11 期。

4. 曹新伟：《网络广告的低俗化及治理对策》，《青年记者》2016 年第 17 期。

5. 查灿长、孟茹：《第四种力量的崛起：网民舆论监督助推新媒体广告行业自

律》，《上海大学学报（哲学社会科学版）》2015 年第 3 期。

6. 陈德兴：《关于加强新媒体广告监管的思考》，《中国工商管理研究》2014 年第 2 期。

7. 陈刚：《广告的重新定义》，《广告人》2015 年第 12 期。

8. 陈刚、潘洪亮：《重新定义广告——数字传播时代的广告定义研究》，《新闻知识》2016 年第 4 期。

9. 陈力丹：《原生广告及对传统广告的挑战》，《新闻记者》2016 年第 12 期。

10. 陈力丹：《自由主义理论和社会责任论》，《当代传播》2003 年第 3 期。

11. 陈先红、刘晓程：《专业主义的同构：生态学视野下新闻与公关的职业关系分析》，《新闻大学》2013 年第 2 期。

12. 陈先红：《"关系生态学"的提出及其对公关理论的创新》，《当代传播》2004 年第 3 期。

13. 陈肖盈：《日本互联网广告行政规制的现状与启示》，《经济法研究》2014 年第 2 期。

14. 陈晓哲：《虚假广告的类型与判定》，《中国工商报》2018 年 8 月 4 日。

15. 陈园园：《Admaster：第三方数据的先行者》，《互联网周刊》2013 年第 10 期。

16. 陈祯：《互联网治理中把关人研究》，《中国报业》2018 年第 24 期。

17. 程凯：《美国广告行业的自律管理》，《外向经济》1997 年第 8 期。

18. 程明、赵静宜：《论大数据时代的定向广告与个人信息保护——兼论美国、欧盟、日本的国家广告监管模式》，《浙江传媒学院学报》2017 年第 2 期。

19. 崔保国、王竟达：《互联网的规制与网络媒体的自制》，《新闻战线》2018 年第 17 期。

20. 崔明太：《广告监管的自律与他律》，《中国工商管理研究》2005 年第 10 期。

21. 邓敏：《中国数字广告产业二十年：基于"组织—技术"逻辑的制度化进程》，《国际新闻界》2018 年第 11 期。

22. 刁生富、赵亚萍：《网络环境下精准定向广告推送与隐私权保护》，《淮阴师范学院学报》2018 年第 5 期。

23. 丁俊杰：《中国广告的新思想》，《广告人》2010 年第 6 期。

24. 丁绒：《自组织演化视角下的战略联盟企业间合作机制研究》，博士学位论文，华南理工大学，2013 年。

25. 窦锋昌：《新〈广告法〉的规制效果与规制模式转型研究——基于 45 起典型违法广告的分析》，《新闻大学》2018 年第 5 期。

26. 窦佳乐、黄迎新:《自媒体广告的规制失灵与多主体规制体系建构———一项基于自媒体人深度访谈的探索性研究》,《新闻大学》2018 年第 5 期。

27. 杜国清、邵华冬、陈怡、石乔:《中国广告主互联网媒体营销传播研究》,《现代传播》2010 年第 6 期。

28. 杜志华:《欧盟广告法律规制研究》,《法学评论》2002 年第 5 期。

29. 范志国、毕小青:《变化中的日本广告规制》,《广告人》2010 年第 5 期。

30. 方兴东、张静、刘国辉:《谷歌产品对用户个人隐私的影响———表现、趋势与对策》,《新闻界》2014 年第 11 期。

31. 冯博博、刘砚议:《微信广告的监管》,《新媒体》2018 年第 5 期。

32. 冯利芳:《Facebook 让广告"隐形"》,《成功营销》2012 年第 4 期。

33. 傅若岩:《Facebook 应用封杀谷歌 AdSense 广告紧握用户数据不愿与人"分享"》,《IT 时代周刊》2011 年第 6 期。

34. 高秦伟:《社会自我规制与行政法的任务》,《中国法学》2015 年第 5 期。

35. 葛文龙:《社会自我规制:政府与社会协同构建研究》,《四川省干部函授学院(四川文化产业职业学院)学报》2019 年第 2 期。

36. 顾明毅、姜智彬、李海容:《百年广告定义研究辨析》,《现代传播》2018 年第 4 期。

37. 郭东阳:《治理虚假网络广告 期待辟谣平台升级》,《中国商报》2013 年 9 月 27 日。

38. 韩仁哲、李季刚:《新〈广告法〉下自然人虚假荐证责任之完善———基于保护与规制的平衡视角》,《新闻界》2018 年第 3 期。

39. 胡百精:《中国公共关系 30 年的理论建设与思想遗产》,《国际新闻界》2014 年第 2 期。

40. 胡丹:《中国广告产业发展报告(2018)》,《两岸创意经济研究报告(2019)》2019 年 10 月 1 日。

41. 胡丹:《中国互联网广告市场发展报告(2017)》,《两岸创意经济研究报告(2018)》,2018 年 9 月 1 日。

42. 胡海升:《综合施治,清除互联网虚假广告》,《人民日报》2018 年 8 月 21 日。

43. 胡仁春:《建立我国广告监管信息系统的构想》,《新闻传播》2007 年第 2 期。

44. 胡振宇:《国内数字营销伦理乱象探因与治理研究———基于数字营销从业精英的访谈》,《当代传播》2018 年第 5 期。

45. 黄婧怡:《植入式广告法律问题研究———以综艺为对象》,《法制与社会》

2019 年第 11 期。

46. 黄维札、曾路:《外国广告业自律对完善我国广告业的启示》,《华侨大学学报(哲学社会科学版)》1991 年第 1 期。

47. 黄蔚:《中国互联网广告的现时态》,《艺术科技》2017 年第 11 期。

48. 黄宇宸、周辉:《韩国互联网广告监管研究报告》,《网络法律评论》2016 年第 2 期。

49. 黄玉波、杨金莲:《美国信息流广告的规制框架及其借鉴意义》,《现代传播》2020 年第 1 期。

50. 黄玉涛:《解析中国网络广告的发展轨迹》,《中国广告》2004 年第 7 期。

51. 贾敏:《互联网不正当竞争行为之危害性》,《山西省政法管理干部学院学报》2020 年第 3 期。

52. 贾雪:《美国广告主如何自律?》,《现代广告》2017 年第 7 期。

53. 金雪涛:《英国广播电视业规制之借鉴》,《华东经济管理》2004 年第 2 期。

54. 靳亚聪:《国内互联网广告规制研究——新〈广告法〉及〈互联网广告管理暂行办法〉出台后的新变化》,《广告大观(理论版)》2017 年第 8 期。

55. 景凯洋:《网络弹窗广告的伦理与规范问题研究》,《法制与社会》2018 年第 23 期。

56. 鞠宏磊、李欢:《程序化购买广告造假问题治理难点》,《中国出版》2019 年第 2 期。

57. 鞠宏磊、李欢:《程序化购买广告造假问题的主要类型及影响》,《编辑之友》2019 年第 1 期。

58. 鞠晔:《试论网络广告的法律规制》,《法制与经济》2011 年第 12 期。

59. 康瑶、张爱娣:《社会责任论和新闻工作者的自律》,《新闻世界》2010 年第 8 期。

60. 李安渝、朱峻萱:《互联网广告规制国内外比较研究》,《中国工商管理研究》2015 年第 4 期。

61. 李彬:《英国广告业管理模式和法律规制及对我国的启示》,《工商行政管理》2013 年第 4 期。

62. 李翠莲:《浅析美国广告自律体系及特征》,《声屏世界·广告人》2012 年第 12 期。

63. 李德成:《互联网广告规制应成为广告法修改的重要内容》,《中国工商管理研究》2015 年第 3 期。

64.李国民:《网络"黑公关",还要横行到几时》,《检察日报》2019 年 12 月 2 日。

65.李洪雷:《论互联网的规制体制——在政府规制与自我规制之间》,《网络信息法学研究》2017 年第 1 期。

66.李嘉丽:《浅析自媒体植入式广告的法律规制》,《法制与经济》2019 年第 11 期。

67.李金英:《网络弹出式广告的危害及其治理对策》,《河北企业》2010 年第 10 期。

68.李伦:《"楚门效应":数据巨机器的"意识形态"——数据主义与基于权利的数据理论》,《探索与争鸣》2018 年第 5 期。

69.李敏富:《微信广告监管的难点与对策研究》,《传媒》2016 年第 17 期。

70.李名亮:《广告公司经营模式转型研究》,博士学位论文,上海大学,2014 年。

71.李名亮:《智能广告信息伦理风险与核心议题研究》,《新闻与传播评论》2020 年第 1 期。

72.李明伟:《论网络广告治理的现实问题与学术回应》,《现代传播(中国传媒大学学报)》2012 年第 4 期。

73.李鹏:《中国数字内容产业的发展与平台生态自我规制研究》,博士学位论文,东南大学,2016 年。

74.李韶驰、程文丽:《网络广告公信力问题及其治理研究》,《探求》2016 年第 1 期。

75.李亦宁、杨琳:《大数据背景下广告产业生态的嬗变与重构》,《当代传播》2014 年第 2 期。

76.李友根:《经营者公平竞争权初论——基于判例的整理与研究》,《南京大学学报(哲学·人文科学·社会科学版)》2009 年第 7 期。

77.李肇:《新媒体时代视频网站内容"把关人"角色初探》,《中国报业》2019 年第 2 期。

78.梁贵贞:《美国广告自律机制》,《中国广告》1998 年第 6 期。

79.廖秉宜、刘雪琪:《新加坡互联网广告管理体系建构及启示》,《中国出版》2018 年第 4 期。

80.廖秉宜:《大数据时代中国广告产业的发展研究》,《广告大观》2015 年第 6 期。

81.廖秉宜:《中国媒介市场数据失范现象与治理对策》,《编辑之友》2018 年第 10 期。

82. 刘宏杰、陆浩:《基于微博的六度空间理论研究》,《计算机应用研究》2012 年第 8 期。

83. 刘梅:《互联网广告中品牌安全问题的困境与治理》,《青年记者》2018 年第 20 期。

84. 刘晓:《互联网平台:数据造假"重灾区"》,《媒介》2017 年 4 月。

85. 刘晓丹:《欧美广告行业自律体系研究》,《现代商贸工业》2009 年第 12 期。

86. 刘晓萍:《网络和广告语言低俗化及其治理》,《厦门广播电视大学学报》2017 年第 4 期。

87. 刘燕南、吴浚诚:《互联网原生广告中隐私悖论的嬗变与规制》,《当代传播》2019 年第 6 期。

88. 刘燕南:《新旧媒体受众测量之比较》,《新闻战线》2010 年第 9 期。

89. 罗江:《刘双舟:互联网广告监管需协同共治》,《经济》2019 年第 11 期。

90. 马澈:《隐私、言论与平台规制——基于扎克伯格听证会的议题分析与思考》,《现代传播》2020 年第 1 期。

91. 马二伟、俞倩:《大数据时代中国广告公司的现实困境与转型路径——基于广告从业人员的深度访谈分析》,《新闻与传播评论》2019 年第 1 期。

92. 梅晓春:《我国广告产业政策的发展研究》,《广告大观》2012 年第 1 期。

93. 孟令光:《中国广告企业发展进程研究(1978—2016)》,博士学位论文,华东师范大学,2017 年。

94. 孟茹:《美国互联网广告的行业自律监管经验》,《现代广告(学术刊)》2016 年第 21 期。

95. 孟茹:《美国网络用户隐私保护的自律规制研究》,《当代传播》2018 年第 3 期。

96. 孟茹:《美国在线行为广告的自律规制研究》,《新闻界》2016 年第 10 期。

97. 米晓文:《英国金融广告监管经验对我国的启示》,《海南金融》2018 年第 5 期。

98. 鸣涧:《斩断自媒体"黑公关"利益链》,《经济日报》2018 年 10 月 29 日。

99. 倪宁、雷蕾:《互联网广告的长尾市场管理》,《广告大观》2012 年第 2 期。

100. 倪宁、王芳菲:《新媒体环境下中国广告产业结构的变革》,《当代传播》2014 年第 1 期。

101. 倪崛、李平:《广告行业依法自治自律的研究》,《中国广告》2015 年第 8 期。

102. 庞云黠:《新闻与广告的边界真的模糊了么？——微信公众号 10 万+文章

的软文现状分析》,《中国出版》2018 年第 16 期。

103. 彭兰:《移动互联网时代的"现场"与"在场"》,《湖南师范大学哲学社会科学学报》2017 年第 3 期。

104. 齐爱民、佟秀毓:《美国在线行为广告领域个人信息保护自律模式研究》,《苏州大学学报(哲学社会科学版)》2018 年第 3 期。

105. 权鲜枝、周为:《法律视角下的药品虚假广告及其解决方案初探》,《中国食品药品监管》2018 年第 2 期。

106. 闫文静:《跨文化广告传播的文化差异及对策探析》,《东南传播》2010 年第 1 期。

107. 邵国松、杨丽颖:《在线行为广告中的隐私保护问题》,《新闻界》2018 年第 11 期。

108. 佘朝虎:《互联网广告的伦理问题及其治理路径》,《新闻战线》2018 年第 6 期。

109. 沈玲:《从 Facebook 事件后续进展看美国互联网平台的数据治理思路》,《人民邮电》2018 年 6 月 15 日。

110. 史安斌、叶倩:《虚假信息的多方共治:美国的经验》,《青年记者》2019 年第 10 期。

111. 史奉楚:《让未成年人远离"网络烟草营销"》,《检察日报》2019 年 4 月 17 日。

112. 舒年:《互联网不能成为烟草营销法外之地》,《工人日报》2019 年 4 月 21 日。

113. 宋亚辉:《互联网广告规制模式的转型》,《中国市场监管研究》2019 年第 2 期。

114. 宋亚辉:《竞价排名广告规制模式的转型——从政府规制到受监督的自我规制》,《中国市场监管研究》2018 年第 4 期。

115. 宋亚辉:《网络市场规制的三种模式及其适用原理》,《法学》2018 年第 10 期。

116. 唐英、朱娜:《网络广告生态习性及环境治理》,《当代传播》2015 年第 5 期。

117. 唐英:《新〈广告法〉语境下微信信息流广告监管制度研究》,《当代传播》2020 年第 1 期。

118. 唐远清、李秀莉:《从 Facebook 看美国社交媒体的虚假新闻治理》,《新闻界》2018 年第 9 期。

119. 陶爱萍、刘志迎:《国外政府规制理论研究综述》,《经济纵横》2003 年第 6 期。

120. 田舒:《浅析恶俗广告的成因及治理对策》,《辽宁师专学报(社会科学版)》2011 年第 4 期。

121. 田志强:《APP"种烟草":电商平台广告亟待加强监管》,《工人日报》2019 年 4 月 21 日。

122. 王爱君、孟潘:《国外政府规制理论研究的演进脉络及其启示》,《山东工商学院学报》2014 年第 1 期。

123. 王超、胡雪瑾:《弹出式广告的现状及发展研究》,《现代营销杂志》2016 年第 12 期。

124. 王磊:《美国新媒体广告法律规制初探》,《中国市场监管报》2014 年 4 月 26 日。

125. 王淼:《数据驱动的互联网广告效果监测研究》,《广告大观》2017 年第 4 期。

126. 王媛:《探析自媒体短视频广告的监管与治理》,《传媒论坛》2020 年第 2 期。

127. 魏书音:《从 Facebook 数据泄露事件看网络运营者对第三方应用的安全管理责任》,《网络空间安全》2018 年第 3 期。

128. 温佳贝、欧新菊:《基于"把关人"理论的自媒体广告传播模型研究》,《西部皮革》2020 年第 7 期。

129. 吴笑雯:《中英美关于儿童商业广告的管制分析》,《国际商贸》2017 年第 5 期。

130. 席琳:《我国网络广告监管研究》,博士学位论文,吉林大学,2017 年。

131. 夏超群:《移动互联网广告发展现状、问题及对策》,《中国广告》2016 年第 9 期。

132. 谢胜男:《英国新媒体广告自律管理》,《编辑之友》2015 年第 10 期。

133. 徐程程:《我国广告事前审查与事后规范的法律规制》,《法制博览》2020 年第 1 期。

134. 徐卫华:《大数据时代个人信息保护与互联网广告治理》,《浙江传媒学院学报》2017 年第 2 期。

135. 徐卫华:《论我国"政府主导型"广告监管体制》,《湖南大众传媒职业技术学院学报》2006 年第 4 期。

136. 徐卫华:《我国广告法制建设四十年:分期、特点及成果》,《浙江传媒学院学报》2018 年第 6 期。

137. 徐卫华:《中国广告管理体制研究——基于国家与社会关系分析框架》,博士学位论文,武汉大学,2009 年。

138. 薛敏芝:《美国新媒体广告规制研究》,《上海师范大学学报(哲学社会科学版)》2013 年第 3 期。

139. 闫海、张华琴:《药品广告规制:准则、监管与责任》,《中国卫生法制》2019 年第 6 期。

140. 杨海军:《广告舆论传播研究——基于广告传播及舆论导向的双重视角》,博士学位论文,复旦大学,2011 年。

141. 杨燎原:《中美广告行业协会比较研究》,《广告大观(理论版)》2013 年第 5 期。

142. 杨文兵:《论道德资本的供给与需求》,《经济师》2004 年第 6 期。

143. 杨效宏、龙珍平:《中国广告产业的观念演变研究》,《广告大观》2017 年第 6 期。

144. 杨雅:《中国语境下"二次售卖"理论的本土化阐述与发展》,《新闻学论集》2014 年第 2 期。

145. 杨志强、何立胜:《自我规制理论研究评介》,《外国经济与管理》2007 年第 8 期。

146. 姚曦、翁祺:《中国广告产业四十年的回顾与思考》,《新闻爱好者》2019 年第 4 期。

147. 姚志伟、曾玉锋:《对"二跳"广告页面违规问题的思考》,《中国工商报》2018 年 4 月 10 日。

148. 姚志伟:《新广告法规中互联网广告概念的合理性辨析——以电子商务网站销售页面信息为中心》,《湖南师范大学社会科学学报》2017 年第 6 期。

149. 余平:《美国的在线行为广告自我规制理念嬗变》,《青年记者》2014 年第 11 期。

150. 余子纯:《新媒体环境下"把关人"理论探究》,《新闻传播》2020 年第 17 期。

151. 禹顺强、胡雅婷:《我国移动 O2O 平台企业间竞争关系分析》,《汉江师范学院学报》2019 年第 6 期。

152. 喻国明、丁汉青等:《植入式广告:研究框架、规制构建与效果评测》,《国际新闻界》2011 年第 4 期。

153. 喻国明:《镶嵌、创意、内容:移动互联广告的三个关键词——以原生广告的操作路线为例》,《新闻与写作》2014 年第 3 期。

154. [日]原田大树:《自主规制的制度设计》,何东译,《山东大学法律评论》2008 年第 1 期。

155. 张红凤、杨慧:《规制经济学沿革的内在逻辑及发展方向》,《中国社会科学》2011 年第 6 期。

156. 张继红:《我国互联网金融广告行为的法律规制》,《经贸法律评论》2019 年第 5 期。

157. 张龙:《互联网广告管理的法律规制与问题思考》,《编辑之友》2018 年第 4 期。

158. 张楠:《"大数据"背景下营销体系的解构与重构》,《现代经济信息》2019 年第 3 期。

159. 张绕新:《互联网广告的法律监管刍议》,《出版广角》2020 年第 2 期。

160. 张文锋:《英国广告规制中的替代性规制及启示》,《青年记者》2015 年第 3 期。

161. 张晓静:《推进·跃迁:中国广告产业发展阶段研究》,博士学位论文,武汉大学,2015 年。

162. 张新华:《美国广告行业自律发展的社会影响因素略探》,《湖南大众传媒职业技术学院学报》2008 年第 3 期。

163. 张仪:《虚假广告傍上"鸡汤文" 社交网络"污染"如何治理》,《中国防伪报道》2016 年第 9 期。

164. 章祝、陶然:《浅析保健品虚假广告的法律规制与监管体制》,《医学与法学》2019 年第 6 期。

165. 赵丽:《浅谈电子商务中网络广告与消费者权益的法律保护》,《商场现代化》2007 年第 1 期。

166. 赵文雯、周文婷:《浅析自媒体黑公关的影响与对策》,《科技传播》2019 年第 16 期。

167. 赵月奇:《浅析互联网广告虚假流量的常见类型及产生原因》,《传播力研究》2019 年第 27 期。

168. 中关村互动营销实验室:《中国互联网广告发展报告》,2019 年 1 月 10 日。

169. 中国互联网络信息中心:《第 46 次中国互联网络发展状况统计报告》,2020 年 6 月。

170. 钟时、刘丹:《基于环境变化的广告监管研究》,《商业研究》2012 年第 1 期。

171. 钟时:《中国广告市场的综合治理研究》,博士学位论文,吉林大学,2013 年。

172. 周辉:《美国网络广告的法律治理》,《环球法律评论》2017 年第 5 期。

173. 周建明:《日本的广告自律与他律》,《国际新闻界》2005 年第 4 期。

174. 周刘芳:《网络虚假医疗广告监管中的问题与对策探讨》,《江苏卫生事业管理》2013 年第 6 期。

175. 周茂君:《建立我国"行业类型"广告审查制度构想》,《武汉大学学报(哲学社会科学版)》2011 年第 6 期。

176. 周瑞华:《小众 KOL 崛起,小即是美》,《成功营销》2017 年第 Z5 期。

177. 周叶、黄虹斌:《战略性新兴产业创新生态系统自组织演化条件及路径研究》,《技术与创新管理》2019 年第 2 期。

178. 周勇:《自省、自律、自强——日本广告业的良性发展之路》,《国际新闻界》2002 年第 6 期。

179. 朱一:《法国网络广告规制研究》,《广告大观(理论版)》2011 年第 1 期。

180. 左亦鲁:《告别"街头发言者" 美国网络言论自由二十年》,《中外法学》2015 年第 2 期。

四、外文文献

1. Alexander, Ralph S., "Report of the Definition Committee", *Journal of Marketing*, 13(2), 1948.

2. Andrew, McStay, *Digital Advertising*, New York: Palgrave Macmillan, 2010.

3. Beard, Fred, "The US Advertising Industry's Self-regulation of Comparative Advertising", *Journal of Historical Research in Marketing*, 4(3), 2012.

4. Belen Sakalis, Maria, "The Global Advertising Regulation Handbook", *Journal of Consumer Marketing*, 32(4), 2015.

5. Black, Julia, "Constitutionalising Self-regulation", *The Modern Law Review*, 59(1), 1996.

6. Brown, Andrew, "Advertising Regulation and Co-regulation: The Challenge of Change", *Economic Affairs*, 26(2), 2006.

7. Cane, C.F.P., "Self-regulation and Judicial Review", *Civil Justice*, 1987(6).

8. Choi, Min-Wook, "A Study on the Equity of Regulation in Advertising", *Journal of

Digital Convergence,16(11),2018.

9. Choi,Min-Wook,"A Study on the Regulation of Online Advertising in New Advertising Environment",*International Journal of Applied Business and Economic Research*,15(14),2017.

10. Cornelius B. Pratt, E. Lincoln James, "A Factor Analysis of Advertising Practitioners' Perceptions of Advertising Ethics",*Psychological Reports*,73(3),1993.

11. Daniel J.Solove,*Understanding Privacy*,Harvard University Press,2008.

12. DeMarzo, Peter M., Fishman, Michael J. and Hagerty, Kathleen M., "Self-Regulation and Government Oversight",*Review of Economic Studies*,72(3),2005.

13. Dommett,Katharine and Power,Sam,"The Political Economy of Facebook Advertising:Election Spending, Regulation and Targeting Online", *Political Quarterly*, 90(2),2019.

14. Eijlander,Philip,"Possibilities and Constraints in the Use of Self-regulation and Co-regulation in Legislative Policy:Experiences in the Netherlands-lessons to be Learned for the EU?",*Electronic Journal of Comparative Law*,9(1),2005.

15. Edelstein Jeffrey S.,"Self-Regulation of Advertising:An Alternative to Litigation and Government Action",*IDEA:The Journal of Law and Technology*,43(3),2003.

16. Ferrell O. C., Gresham L. G., "A Contingency Framework for Understanding Ethical Decision Making in Marketing",*Journal of Marketing*,49(3),1985.

17. Forsyth, Angus, "The Regulations of Advertising to Children in Hong Kong", *Young Consumers*,16(4),2015.

18. Freeman, Jody, "Private Parties Public Functions and the New Administrative Law",53 *Administrative Law Review*,2000.

19. Gilpin,Brain G.,"Attorney Advertising and Solicitation on the Internet:complying with Ethics Regulation and Netiquette", *John Marshall Journal of Computer and Information Law*,13(4),1995.

20. Ginosar, Avshalom, "Co-Regulation:From Lip-Service to a Genuine Collaboration—The Case of Regulating Broadcast Advertising in Israel",*Journal of Information Policy*,2013(3).

21. Ginosar,Avshalom,"Self-Regulation of Online Advertising:A Lesson From a Failure",*Policy and Internet*,6(3),2014.

22. Grajzl,Peter and Murrell,Peter,"Allocating Law Making Powers:Self-regulation

vs Government Regulation", *Journal of Comparative Economics*, 35(3), 2007.

23. Hanjun Ko, Chang-Hoan Cho, and Marilyn S. berts, "Internet Uses and Gratification: A Structural Equation Model of Interactive Advertising", *Journal of Advertising*, 2005, 34(2).

24. Harker, Debra and Harker, Michael, "Dealing with Complaints about Advertising in Australia: the Importance of Regulatory Self-Discipline", *International Journal of Advertising*, 21(1), 2002, pp.23-45.

25. Harker, Debra and Harker, Michael, "Responsibility for Regulating Online Advertising in Australia: An Exploratory Discussion", *Electronic Markets*, 12(2), 2002.

26. Harker, Debra, "Regulating Online Advertising: the Benefit of Qualitative Insights", *Qualitative Market Research*, 11(3), 2008.

27. Harker, Debra and Harker, Michael, "The Role of Codes of Conduct in the Advertising Self-Regulatory Framework", *Journal of Mactromarketing*, 20 (2), 2000, pp. 155-166.

28. Harker, Debra, "Towards Effective Advertising Self-regulation in Australia: the Seven Components", *Journal of Marketing Communications*, 9(2), 2003.

29. Harlow, Carol and Rawlings, Richard, *Law and Administration*, 2nd Ed. London: Butterworths, 1997.

30. Haufler, Virginia, "A Public Role for the Private Sector: Industry Self-regulation in a Global Economy", *Washington D.C. Carnegie Endowment*, 2001.

31. Ian, Ayres and John, Braithwaite, *Responsive Regulation: Transcending the Deregulation Debate*, Oxford: OUP, 1992.

32. John G. Keane, "On Professionalism in Advertising", *Journal of Advertising*, 3 (4), 1974.

33. Jordan, Jerry L., "Effective Supervision and the Evolving Financial Services Industry", *Economic Commentary*, 2001(6).

34. Keaty, Anne, "Can Internet Service Providers and Other Secondary Parties Be Held Liable for Deceptive Online Advertising", *Business Lawyer*, 58(1), 2002.

35. Legge, Adam, "Online Behavioural Advertising: A Comparative Study of Regulation between the EU and Hong Kong", *Computer Law & Security Review*, 31 (3), 2015.

36. Logue, Kyle D., "Coordinating Sanctions In Tort", *Cardozo Law Review*, 31

(6),2010.

37. Minogue, M., "Governance – Based Analysis of Regulation", *Annals of Public and Cooperative Economics*, 73(4), 2002.

38. Murhem, Sofia, "Advertising in a Regulated Economy: Swedish Advertisements 1760–1800", *Journal of Historical Research in Marketing*, 8(4), 2016.

39. Natascha Just, Michael Latzer, "Self-and co-regulation in the mediamatics sector: European community (EC) Strategies and Contributions Towards a Transformed Statehood", *Knowledge Technology & Policy: The International Journal of Knowledge Transfer and Utilization*, 17(2), 2004.

40. Núñez, Javier, "A Model of Self-regulation", *Economics Letters*, 74(1), 2001.

41. Parsons, Andrew G., Christoph Schumacher, "Advertising Regulation and Market Drivers", *European Journal of Marketing*, 46(11–12), 2012.

42. Petty, Ross D., "The Historic Development of Modern US Advertising Regulation", *Journal of Historical Research in Marketing*, 7(4), 2015.

43. Pitofsky, Robert, "Self-regulation and Antitrust", *Prepared Remarks in the D.C. Bar Association Symposium*, 1998.

44. Raju, T. Mallikarjuna, "Advertising Regulations in India", *Journal for Studies in Management and Planning*, 4(1), 2018.

45. Ratliff, James D. and Rubinfeld, Daniel L., "Online Advertising: Defining Relevant Markets", *Journal of Competition Law and Economics*, 6(3), 2011.

46. Rubin, Paul H., "Regulation of Information and Advertising", *Cpi Journal*, 4(1), 2008.

47. Samuel D. Warren and Louis D. Brandeis, "The Right To Privacy", *Harvard Law Review*, 4(5), 1890.

48. Schlosser, Ann E., Shavitt, Sharon and Kanfe, Alaina, "Survey of Internet Users' Attitudes Toward Internet Advertising", *Journal of Interactive Marketing*, 13(3), 1999.

49. Shi Qi, "The Impact of Advertising Regulation On Industry: the Cigarette Advertising Ban of 1971", *The RAND Journal of Economics*, 44(2), 2013.

50. Silva, Andres, Higgins, Lindsey M. and Hussein, Mohamud, "An Evaluation of the Effect of Child-Directed Television Food Advertising Regulation in the United Kingdom", *Canadian Journal of Agricultural Economics*, 63(4), 2015.

51. Singh R., Raja S., "Convergence in Information and Communication Technology:

Strategic and Regulatory Considerations ", *World Bank Publications*; *Ebsco Publishing*, 2010.

52. Smith, Tyson, "Googling a Trademark: A Comparative Look at Keyword Use in Internet Advertising", *Texas International Law Journal*, 46(1), 2010.

53. Stigler, G., "The Theory of Economic Regulation", *Bell Journal of Economics*, 2 (1), 1971.

54. Valentine, Debra A., "Industry Self-regulation and Antitrust Enforcement: An Evolving Relationship", *Prepared Remarks in Federal Trade Commission*, 1998.

55. Vijayalakshmi, Akshaya, Lin, Meng-Hsienand Laczniak, Russell N., "Managing Children's Internet Advertising Experiences: Parental Preferences for Regulation", *Journal of Consumer Affairs*, 52(3), 2018.

56. Weiser Philip J., "Future of Internet Regulation", *U.C. Davis Law Review*, 2009 (43), pp.529-590.

57. Woods, Lorna, "The Consumer and Advertising Regulation in the Television without Frontiers and Audiovisual Media Services Directives", *Journal of Consumer Policy*, 31(1), 2008.

58. Xuemei Bian, Kitchen, Philip and Cuomo, Maria Teresa, "Advertising Self-regulation: Clearance Processes, Effectiveness and Future Research Agenda", *The Marketing Review*, 11(4), 2011.

59. Zabin, Jeff and Brebach, Gresh, *Precision Marketing: The New Rules for Attracting, Retaining, and Leveraging Profitable Customers*, John Wiley & Sons, 2004.

后　记

自 1997 年中国第一则互联网广告发布至今,中国互联网广告发展已历经 24 个年头。在这 20 多年的光景里,伴随网络经济的发展,我国互联网广告市场也经历了由初创、调整、猛进到持续平稳增长的过程。当前,我国互联网广告产业规模已经跃居世界第二位,仅次于美国,互联网广告产业链渐趋成熟,广告主数量不断增多,互联网广告行业几乎涵盖了互联网生态链的各个角色,发展成为一个较为复杂的产业生态网络。广告的概念在互联网业务中已发生脱胎换骨的变化,在互联网广告运作流程中,机器和算法取代了大量人工服务,数据计算、实时生成创意、程序化购买等成为互联网广告的鲜明特色。在互联网经济中,互联网广告已成为互联网最重要的"发动机",并支撑着互联网营收业务的大半壁江山。互联网广告的表现形态、投放方式、产业角色较传统广告都发生了颠覆性变化,技术对互联网广告市场的驱动让数字营销面临种种变化。这些变化在催生互联网广告行业繁荣发展的同时,随之出现的各种新问题也让政府监管者和市场营销者感到困惑。当前,互联网已成为广告违法案件数量占比最高的媒介,国家市场监督管理总局已将互联网广告专项整治工作列为广告监管的重点任务。

在我国基于传统媒体时代建立起来的政府主导型广告规制模式下,行业组织和社会个体采取的行动相对有限,面对互联网媒体的快速发展,这种传统广告规制模式与规制理念受到多方面冲击。根据规制理论及国际经验,在监管机构缺乏必要资源或专业技术信息时,适宜在政府规制的支撑作用下采用行业自我规制的管理方式,即政府监管部门通过正反面激励与合规指引,形成行业主体的责任威慑机制与事后归责框架,推动督促行业主体共同参与各种失范问题的自我规制与管理。但是目前我国现有研究多聚焦于政府规制的视角,缺乏对行业自我规制全面系统的学理观照,而我国互联网广告行业发展当前已具备自我规制的基本条件,行业主体在自我规制方面也已具备市场需求。因此,在中国当前的数字媒体环境下,构建一套适合我国国情的互联网广告行业自我规制管理体系,已成为广告界的重要课题之一。本书结合国际实践经验与国内现实状况,通过剖析造成我国互联网广告规制问题的根源所在,运用规制经济学、新闻传播学、广告学以及生态学等诸多学科知识,以规制理论和产业组织理论为依据,提出我国互联网广告行业应在政府规制的支撑作用下,辅以社会舆论监督的力量,建立起一套完善的行业自我规制管理体系,并从规制主体、规制内容、规制方式与规制目标等维度探究其框架构成与实践路径,以期增强互联网广告行业自我约束、自我规范的意识与能力,从源头防范违法违规广告的投放,充分调动行业主体的参与和潜能,发挥行业多元主体的权力、技术和专业优势,提升行业自我规制效果。

本书是我主持的 2018 年教育部人文社会科学研究青年基金项目"中国互联网广告行业自我规制研究"最终成果(项目编号:18YJC860052)。我于2003 年至 2004 年间就开始面向本科生开设"网络广告"课程。后来又面向研究生讲授"数字广告创意"课程。在授课的这十余年间见证了我国互联网广告行业的跨越式发展、技术驱动变革以及持续稳步增长的不同发展阶段,在对课程相关前沿理论与产业变革的不断关注、梳理与讲授过程中,我也逐步形成了个人的研究兴趣及研究领域,围绕互联网广告与新媒体传播的相关内容,发表过《美国互联网广告业自我规制:多元主体与路径选择——以广告数据欺诈防范为切入点》《互联网广告数据治理的智能技术应用——基于防范数据造假的视角》《智能技术时代的广告内容营销传播》《基于区块链技术的广告场景应用与生态网络变革》等论文。在该教育部项目研究基础上申请了 2019 年国家社科基金项目"中国互联网广告数据治理体系构建研究",并将这些研究成果中的新观点又融入教学内容讲授环节,实现了"科研反哺教学"的资源整合应用,可以说本书的成果也是受益于"教研相长、以研促教、于教中研"的理念与坚持。

　　本书的写作过程中吸收了相关研究者的成果,在此一并致谢!本书特别感谢河北大学新闻传播学院韩立新院长给予的帮助和支持,使得本书得以出版。同时感谢商建辉副院长多次为本书的内容框架提出中肯的指导意见。感谢我的博士生导师北京外国语大学何辉教授就出版事宜给出了许多可行性建议。感谢人民出版社安新文编辑和李媛媛编辑对本书提出的宝贵意见。感谢我的研究生吴越凡、周子玉以及河北大学新闻传播学院研究生冯天赐和楚静宇同学,他们为本书的资料搜集与整理作出了大量贡献,祝愿他们学业有成、工作顺利!最后还要特别感谢一直默默支持我的家人!

　　受限于自身学力与智识,书中难免错漏之处,敬请诸君多多批评指正。

张　艳

2021 年 3 月 12 日

责任编辑:李媛媛
封面设计:胡欣欣
责任校对:陈艳华

图书在版编目(CIP)数据

中国互联网广告行业自我规制研究/张艳 著. —北京:人民出版社,2021.5
ISBN 978－7－01－022993－5

Ⅰ.①中…　Ⅱ.①张…　Ⅲ.①网络广告-广告业-规章制度-研究-中国
　Ⅳ.①F713.8

中国版本图书馆 CIP 数据核字(2020)第 272764 号

中国互联网广告行业自我规制研究
ZHONGGUO HULIANWANG GUANGGAO HANGYE ZIWO GUIZHI YANJIU

张 艳 著

人民出版社 出版发行
(100706　北京市东城区隆福寺街 99 号)

中煤(北京)印务有限公司印刷　新华书店经销

2021 年 5 月第 1 版　2021 年 5 月北京第 1 次印刷
开本:710 毫米×1000 毫米 1/16　印张:17.25
字数:256 千字

ISBN 978－7－01－022993－5　定价:69.00 元

邮购地址 100706　北京市东城区隆福寺街 99 号
人民东方图书销售中心　电话 (010)65250042　65289539